2024年用
共通テスト実戦模試

❷ 英語リスニング

Z会編集部 編

リスニング音声は，右の二次元コードを読み込むか，下記URLから2025年3月末まで聞くことができます。
https://service.zkai.co.jp/books/zbooks_data/dlstream?c=3043

目次

共通テストに向けて ……………………… 3
本書の効果的な利用法 …………………… 4
共通テスト攻略法
　　データクリップ…………………………… 6
　　傾向と対策………………………………… 8

模試　第1回
模試　第2回
模試　第3回
模試　第4回
模試　第5回
大学入学共通テスト　2023 本試
大学入学共通テスト　2023 追試

マークシート ………………………………………………… 巻末

共通テストに向けて

■ 共通テストは決してやさしい試験ではない。

　共通テストは，高校の教科書程度の内容を客観形式で問う試験である。科目によって，教科書等であまり見られないパターンの出題も見られるが，出題のほとんどは基本を問うものである。それでは，基本を問う試験だから共通テストはやさしい，といえるだろうか。

　実際のところは，共通テストには，適切な対策をしておくべきいくつかの手ごわい点がある。まず，**勉強するべき科目数が多い**。国公立大学では共通テストで「5教科7科目以上」を課す大学・学部が主流なので，科目数の負担は決して軽くない。また，基本事項とはいっても，**あらゆる分野から満遍なく出題される**。これは，"山"を張るような短期間の学習では対処できないことを意味する。また，広範囲の出題分野全体を見通し，**各分野の関連性を把握する必要もある**が，そうした視点が教科書の単元ごとの学習では容易に得られないのもやっかいである。さらに，**制限時間内で多くの問題をこなさなければならない**。しかもそれぞれが非常によく練られた良問だ。問題の設定や条件，出題意図を素早く読み解き，制限時間内に迅速に処理していく力が求められているのだ。こうした処理能力も，漫然とした学習では身につかない。

■ しかし，適切な対策をすれば，十分な結果を得られる試験でもある。

　上記のように決してやさしいとはいえない共通テストではあるが，適切な対策をすれば結果を期待できる試験でもある。共通テスト対策は，できるだけ早い時期から始めるのが望ましい。長期間にわたって，①教科書を中心に基本事項をもれなく押さえ，②共通テストの過去問で出題傾向を把握し，③出題形式・出題パターンを踏まえたオリジナル問題で実戦形式の演習を繰り返し行う，という段階的な学習を少しずつ行っていけば，個別試験対策を本格化させる秋口からの学習にも無理がかからず，期待通りの成果をあげることができるだろう。

■ 本書を利用して，共通テストを突破しよう。

　本書は主に上記③の段階での使用を想定して，Z会のオリジナル問題を教科別に模試形式で収録している。巻末のマークシートを利用し，解答時間を意識して問題を解いてみよう。そしてポイントを押さえた解答・解説をじっくり読み，知識の定着・弱点分野の補強に役立ててほしい。

　早いスタートが肝心とはいえ，時間的な余裕がないのは明らかである。できるだけ無駄な学習を避けるためにも，学習効果の高い良質なオリジナル問題に取り組んで，徹底的に知識の定着と処理能力の増強に努めてもらいたい。

　本書を十二分に活用して，志望校合格を達成し，喜びの春を迎えることを願ってやまない。

Z会編集部

本書の効果的な利用法

▎本書の特長▎

　本書は，共通テストで高得点をあげるために，試行調査から2023年度本試・追試までの出題形式と内容を徹底分析して作成した実戦模試である。共通テストの本番では，限られた試験時間内で解答する正確さとスピードが要求される。本書では時間配分を意識しながら，共通テストの出題傾向に沿った良質の実戦模試を複数回演習することができる。また，解答・解説編には丁寧な解説をほどこしているので，答え合わせにとどまらず，正解までの道筋を理解することで確実に実力を養成することができる。

■ 共通テスト攻略法 ──── 情報収集で万全の準備を

　以下を参考にして，共通テストの内容・難易度をしっかり把握し，本番までのスケジュールを立て，余裕をもって本番に臨んでもらいたい。

　　データクリップ ➡ 共通テストの出題教科や2023年度本試の得点状況を収録。
　　傾向と対策 ➡ 2023年度をはじめとする過去の出題を徹底分析し，来年度に向けての対策を解説。

■ 共通テスト実戦模試 ──── 本番に備える

　本番を想定して取り組むことが大切である。時間配分を意識して取り組み，自分の実力を確認しよう。巻末のマークシートを活用して，記入の仕方もしっかり練習しておきたい。
　また，実戦力を養成するためのオリジナル模試にプラスして，2023年度本試・追試もついている。合わせて参考にしてもらいたい。

　問題を解いたら必ず解答・解説をじっくり読み，しっかり復習することが大切である。本書の解答・解説編には，共通テストを突破するために必要な重要事項がポイントを押さえて書いてある。不明な点や疑問点はあいまいなままにせず，必ず教科書・参考書などで確認しよう。

スマホでサクッと自動採点！　学習診断サイトのご案内

スマホでマークシートを撮影してサクッと自動採点。ライバルとの点数の比較や，学習アドバイスももらえる！　本書のオリジナル模試を解いて，下記URL・二次元コードにアクセス！
（詳しくは別冊解説の目次ページへ）

　　Z会共通テスト学習診断　検索

　　https://service.zkai.co.jp/books/k-test/

▌共通テストの段階式対策 ▌

0. まずは教科書を中心に，基本事項をもれなく押さえる。

▼

1. さまざまな問題にあたり，上記の知識の定着をはかる。その中で，自分の弱点を把握する。

▼

2. 実戦形式の演習で，弱点を補強しながら，制限時間内に問題を処理する力を身につける。とくに，頻出事項や狙われやすいポイントについて重点的に学習する。

▼

3. 仕上げとして，予想問題に取り組む。

▌Z会の共通テスト関連教材 ▌

1. 『ハイスコア！共通テスト攻略』シリーズ
   オリジナル問題を解きながら，共通テストの狙われどころを集中して学習できる。

▼

2. 『2024年用　共通テスト過去問英数国』
   複数年の共通テストの過去問題に取り組み，出題の特徴をつかむ。

▼

3. 『2024年用　共通テスト実戦模試』（本シリーズ）

▼

4. 『2024年用　共通テスト予想問題パック』
   本シリーズを終えて総仕上げを行うため，直前期に使用する本番形式の予想問題。

※『2024年用　共通テスト実戦模試』シリーズは，本番でどのような出題があっても対応できる力をつけられるように，最新年度および過去の共通テストも徹底分析し，さまざまなタイプの問題を掲載しています。そのため，『2023年用　共通テスト実戦模試』と掲載問題に一部重複があります。

共通テスト攻略法
データクリップ

1 出題教科・科目の出題方法

下の表の教科・科目で実施される。なお，受験教科・科目は各大学が個別に定めているため，各大学の要項にて確認が必要である。

※解答方法はすべてマーク式。
※以下の表は大学入試センター発表の『令和6年度大学入学者選抜に係る大学入学共通テスト出題教科・科目の出題方法等』を元に作成した。
※「 」で記載されている科目は，高等学校学習指導要領上設定されている科目を表し，『 』はそれ以外の科目を表す。

教科名	出題科目	解答時間	配点	科目選択方法
国語	『国語』	80分	200点	
地理歴史・公民	「世界史A」，「世界史B」，「日本史A」，「日本史B」，「地理A」，「地理B」 「現代社会」，「倫理」，「政治・経済」，『倫理，政治・経済』	1科目60分 2科目120分	1科目100点 2科目200点	左記10科目から最大2科目を選択（注1）（注2）
数学①	「数学Ⅰ」，『数学Ⅰ・数学A』	70分	100点	左記2科目から1科目選択
数学②	「数学Ⅱ」，『数学Ⅱ・数学B』，『簿記・会計』，『情報関係基礎』	60分	100点	左記4科目から1科目選択（注3）
理科①	「物理基礎」，「化学基礎」，「生物基礎」，「地学基礎」	2科目60分	2科目100点	左記8科目から，次のいずれかの方法で選択（注2）（注4） A：理科①から2科目選択 B：理科②から1科目選択 C：理科①から2科目および理科②から1科目選択 D：理科②から2科目選択
理科②	「物理」，「化学」，「生物」，「地学」	1科目60分 2科目120分	1科目100点 2科目200点	
外国語	『英語』，『ドイツ語』，『フランス語』，『中国語』，『韓国語』	『英語』【リーディング】80分【リスニング】30分 『ドイツ語』，『フランス語』，『中国語』，『韓国語』【筆記】80分	『英語』【リーディング】100点【リスニング】100点 『ドイツ語』，『フランス語』，『中国語』，『韓国語』【筆記】200点	左記5科目から1科目選択（注3）（注5）

（注1）地理歴史においては，同一名称のA・B出題科目，公民においては，同一名称を含む出題科目同士の選択はできない。
（注2）地理歴史・公民の受験する科目数，理科の受験する科目の選択方法は出願時に申請する。
（注3）数学②の各科目のうち『簿記・会計』『情報関係基礎』の問題冊子の配付を希望する場合，また外国語の各科目のうち『ドイツ語』『フランス語』『中国語』『韓国語』の問題冊子の配付を希望する場合は，出願時に申請する。
（注4）理科①については，1科目のみの受験は認めない。
（注5）外国語において『英語』を選択する受験者は，原則として，リーディングとリスニングの双方を解答する。

2 2023年度の得点状況

　2023年度は，前年度に比べて，下記の平均点に★がついている科目が難化し，平均点が下がる結果となった。

　地理歴史，公民，理科のように選択科目になっている教科は，科目間の難易度の差が合否に影響することもあるため，原則として，平均点に20点以上の差が生じ，それが試験問題の難易差に基づくものと認められる場合に得点調整が行われるが，今年度は『物理』『化学』『生物』がその対象となり，得点調整が行われた。

教科名	科目名等	本試験（1月14日・15日実施）		追試験（1月28日・29日実施）
		受験者数(人)	平均点(点)	受験者数(人)
国語（200点）	国語	445,358	105.74	2,761
地理歴史（100点）	世界史B	78,185	★58.43	2,469 (注1)
	日本史B	137,017	59.75	
	地理B	139,012	60.46	
公民（100点）	現代社会	64,676	★59.46	
	倫理	19,878	★59.02	
	政治・経済	44,707	★50.96	
	倫理，政治・経済	45,578	★60.59	
数学①（100点）	数学Ⅰ・数学A	346,628	55.65	2,434 (注1)
数学②（100点）	数学Ⅱ・数学B	316,728	61.48	2,279 (注1)
理科①（50点）	物理基礎	17,978	★28.19	901 (注1)
	化学基礎	95,515	29.42	
	生物基礎	119,730	24.66	
	地学基礎	43,070	★35.03	
理科②（100点）	物理	144,914	63.39	1,587 (注1)
	化学	182,224	54.01	
	生物	57,895	★48.46	
	地学	1,659	★49.85	
外国語（100点）	英語リーディング	463,985	★53.81	2,923
	英語リスニング	461,993	62.35	2,938

※2023年3月1日段階では，追試験の平均点が発表されていないため，上記の表では受験者数のみを示している。
(注1) 国語，英語リーディング，英語リスニング以外では，科目ごとの追試験単独の受験者数は公表されていない。
　　　このため，地理歴史，公民，数学①，数学②，理科①，理科②については，大学入試センターの発表どおり，教科ごとにまとめて提示しており，上記の表は載せていない科目も含まれた人数となっている。

共通テスト攻略法
傾向と対策

■過去３年間の出題内容
「英語リスニング」

<table>
<tr><th colspan="2">大問</th><th>設問数</th><th>配点</th><th>本試・問題の概要</th><th>追試・問題の概要</th></tr>
<tr><td rowspan="12">2023年度</td><td rowspan="2">第1問</td><td>A</td><td>4</td><td>16</td><td>短い発話の聞き取り（英文のみ）</td><td>同左</td></tr>
<tr><td>B</td><td>3</td><td>9</td><td>短い発話の聞き取り（イラスト選択）</td><td>同左</td></tr>
<tr><td colspan="2">第2問</td><td>4</td><td>16</td><td>短い対話の聞き取り（イラスト選択）</td><td>同左</td></tr>
<tr><td colspan="2">第3問</td><td>6</td><td>18</td><td>短い対話の聞き取り（英文のみ）</td><td>同左</td></tr>
<tr><td rowspan="2">第4問</td><td>A</td><td>8</td><td>8</td><td>指示・説明の聞き取り（グラフ・図表完成問題）</td><td>同左</td></tr>
<tr><td>B</td><td>1</td><td>4</td><td>複数の説明の聞き取り（生徒会会長候補の演説）</td><td>複数の説明の聞き取り（国際会議の会場の説明）</td></tr>
<tr><td colspan="2">第5問</td><td>7</td><td>15</td><td>講義の聞き取り（アジアゾウについて）</td><td>講義の聞き取り（美術館のデジタル化について）</td></tr>
<tr><td rowspan="2">第6問</td><td>A</td><td>2</td><td>6</td><td>対話の聞き取り
（ソロハイキングについての対話）</td><td>対話の聞き取り
（旅行の持ち物（カメラ）についての対話）</td></tr>
<tr><td>B</td><td>2</td><td>8</td><td>議論の聞き取り
（就職後に住む場所に関する学生4名の議論）</td><td>議論の聞き取り
（卒業研究に関する学生4名の議論）</td></tr>
</table>

※ 2023年度は1月14日・15日実施の「本試」と，1月28日・29日実施の「追試」が行われました。
※ 設問数は「問」の数でカウントしています。

<table>
<tr><th colspan="2">大問</th><th>設問数</th><th>配点</th><th>本試・問題の概要</th></tr>
<tr><td rowspan="10">2022年度</td><td rowspan="2">第1問</td><td>A</td><td>4</td><td>16</td><td>短い発話の聞き取り（英文のみ）</td></tr>
<tr><td>B</td><td>3</td><td>9</td><td>短い発話の聞き取り（イラスト選択）</td></tr>
<tr><td colspan="2">第2問</td><td>4</td><td>16</td><td>短い対話の聞き取り（イラスト選択）</td></tr>
<tr><td colspan="2">第3問</td><td>6</td><td>18</td><td>短い対話の聞き取り（英文のみ）</td></tr>
<tr><td rowspan="2">第4問</td><td>A</td><td>8</td><td>8</td><td>指示・説明の聞き取り（イラスト並べ替え・図表完成問題）</td></tr>
<tr><td>B</td><td>1</td><td>4</td><td>複数の説明の聞き取り（来月の読書会で読む本を決める）</td></tr>
<tr><td colspan="2">第5問</td><td>7</td><td>15</td><td>講義の聞き取り（ギグワークモデルという働き方について）</td></tr>
<tr><td rowspan="2">第6問</td><td>A</td><td>2</td><td>6</td><td>対話の聞き取り（料理の作り方についての対話）</td></tr>
<tr><td>B</td><td>2</td><td>8</td><td>議論の聞き取り（エコツーリズムに関する4名の学生の議論）</td></tr>
</table>

※ 2022年度は1月15日・16日実施の「本試」と，1月29日・30日実施の「追試」が行われました。
※ 設問数は「問」の数でカウントしています。

<table>
<tr><th colspan="2">大問</th><th>設問数</th><th>配点</th><th>本試・第1日程　問題の概要</th></tr>
<tr><td rowspan="10">2021年度</td><td rowspan="2">第1問</td><td>A</td><td>4</td><td>16</td><td>短い発話の聞き取り（英文のみ）</td></tr>
<tr><td>B</td><td>3</td><td>9</td><td>短い発話の聞き取り（イラスト選択）</td></tr>
<tr><td colspan="2">第2問</td><td>4</td><td>16</td><td>短い対話の聞き取り（イラスト選択）</td></tr>
<tr><td colspan="2">第3問</td><td>6</td><td>18</td><td>短い対話の聞き取り（英文のみ）</td></tr>
<tr><td rowspan="2">第4問</td><td>A</td><td>8</td><td>8</td><td>指示・説明の聞き取り（円グラフ・料金表の穴埋め）</td></tr>
<tr><td>B</td><td>1</td><td>4</td><td>複数の説明の聞き取り（ニューヨークで見るミュージカルを決める）</td></tr>
<tr><td colspan="2">第5問</td><td>7</td><td>15</td><td>講義の聞き取り（幸福感について）</td></tr>
<tr><td rowspan="2">第6問</td><td>A</td><td>2</td><td>6</td><td>対話の聞き取り（フランス留学についての対話）</td></tr>
<tr><td>B</td><td>2</td><td>8</td><td>議論の聞き取り（レシートの電子化に関する4名の学生の議論）</td></tr>
</table>

※ 2021年度は1月16日・17日実施の「第1日程」と，1月30日・31日実施の「第2日程」の2回の本試が行われました。
※ 設問数は「問」の数でカウントしています。

特記事項
- 出題形式や分量は2021年度以降，ほぼ同様で，難易度にも大きな変化はありません。
- リスニングの特徴としては，読み上げ音声にはアメリカ英語以外にも多様な英語が含まれており，英語を聞きながら情報を整理するなど，実戦的な英語のリスニング力が求められるものになっています。
- 第4問以降は設問を解くためには与えられたグラフや表などの資料を読み，聞き取った情報から素早く正答を導き出す必要があり，高い情報処理力が求められます。
- リスニング音声の読み上げ回数は，第1～第2問は2回読み，第3問～第6問は1回読みで出題されています。

2023年度の本試出題内容詳細

第1問A
1人の短い発話に合う英文を選ぶ設問形式で，形式・難易度・語数いずれも2022年度から変化はありませんでした。身のまわりに関する平易な英語で話される短い発話を聞き取る力と，その状況を把握する力が問われています。

第1問B
1人の短い発話から状況に合うイラストを選ぶ設問形式で，形式・難易度・語数いずれも2022年度から変化はありませんでした。問われたのは数，位置，物の特徴などで，難易度は高くありません。

第2問
形式・難易度・語数いずれも2022年度から変化はありませんでした。どの設問でも4つの選択肢の共通点・相違点は明確で，正解を選ぶのは比較的容易でした。

第3問
2022年度よりも1回の発言の語数がやや長くなった対話もありますが，形式・難易度ともに大きな変化はありませんでした。アメリカ英語以外の英語が使われているのも2022年度と同様です。第3問から音声の放送は1回のみになるので，事前に設問文や選択肢に目を通しておくのがよいでしょう。

第4問A
2022年度のイラストを時系列順に並べ替える問題ではなく，初回の共通テストに出題されたグラフに入る項目を選択する問題が出題されました。比較されているグラフに関する説明を放送から聞き取る必要があります。図表完成問題は2022年度から大きな傾向の変化はありませんでした。

第4問B
形式・難易度・語数いずれも2022年度から変化はありませんでした。設問文が英語で書かれていることや，非ネイティブによる発話がある点にも変化はありませんでした。出題形式に慣れている受験生にとっては，情報を整理しながら正解にたどり着くのは容易だったと思われます。

第5問
テーマは「アジアゾウ」について。問題形式は2022年度とほぼ同じで，テーマも取り組みやすかったと思われますが，問33は講義の続きを聞いて答える問題から，グループの発表内容を聞いて答える問題になり，グラフも2つから1つに変更になりました。長い放送を1回で聞き取る必要があるため高い集中力が求められます。

第6問A

テーマは「ソロハイキング」について。2022年度から大きな変化は見られませんでしたが，発言の要点を問う問題がなくなり，話者が同意するであろう記述を選ぶ問題と，会話終了時の意見を選ぶ問題になりました。会話から話者の考えを理解し，放送文の表現を言い換えた選択肢の中から正答を選ぶ必要があります。

第6問B

テーマは「就職後に住む場所」について。4人が「都市部と郊外のどちらに住むべきか」について話し合っているという設定です。会話終了時の状況が問われているため，4人の考え方の変化に注意して会話の流れを理解する必要があります。

■対策

●自分でも発音できるようになろう！

共通テストに限らず，一般的にリスニングテストでは「英語を聞いて理解できるか」が問われています。新しく覚えた語彙知識を文字だけでなく，音声としても理解できるようになる必要があるので，単語や熟語を覚える際は音声も一緒に覚えることが大切です。特に，**自分で発音できない音は聞き取れません**。『発音できれば聞き取れる！ リスニング×スピーキングのトレーニング』シリーズ（Z会）なども活用しながら，リスニング力をUPさせましょう。

●解いた問題を使ってさらに耳を鍛えよう！

リスニング問題を解いたら，スクリプトを見ながら繰り返し聞くことで耳を鍛えましょう。リスニング力の向上には「シャドーイング」（スクリプトを見ずに流れてくる音声を聞いたとおりに声に出し，影のようについていく練習法）や，「ディクテーション」（聞き取った英文の書き取り）も効果的です。「シャドーイング」は1つ目のポイントでふれた，「発音できる音は聞き取れる」ことに通じますし，「ディクテーション」は，自分がどこを聞き取れなかったかが鮮明になるため，弱点つぶしにはうってつけです。

●毎日英語の音に触れよう！

リスニング力は一朝一夕には向上しません。10分でもよいので，毎日のトレーニングを積み重ねましょう。その際，共通テストでは1回読みも実施されますので，**普段から1回で理解するような意識で取り組むとよいですね**。

※この問題冊子の『注意事項』は，実際の共通テストを想定して掲載しました。
なお，本番の形式と同じく，問題ページは 4 ページを始まりとしています。

模試　第1回

(100点 / 30分)

〔英　語（リスニング）〕

リスニング音声は，右の二次元コードを読み込むか，下記URLから2025年3月末まで聞くことができます。
https://ex2.zkai.co.jp/books/2024JM/2024JM1_full.mp3

（※設問ごとの個別音声には，目次ページの二次元コードからアクセスできます。）

注意事項

1　解答用紙に，正しく記入・マークされていない場合は，採点できないことがあります。

2　問題冊子の異常で解答に支障がある場合は，ためらわずに黙って手を高く挙げなさい。監督者が筆談用の用紙を渡しますので，トラブルの内容を記入しなさい。試験が終わってから申し出ることはできません。

3　この試験では，聞き取る英語の音声を2回流す問題と，1回流す問題があります。流す回数は下の表のとおりです。また，流す回数は，各問題の指示文にも書かれています。

問題	第1問	第2問	第3問	第4問	第5問	第6問
流す回数	2回	2回	1回	1回	1回	1回

4　問題音声には，問題文を読むため，または解答をするために音の流れない時間があります。

5　解答は，設問ごとに解答用紙にマークしなさい。問題冊子に記入しておいて，途中や最後にまとめて解答用紙に転記してはいけません（まとめて転記する時間は用意されていません。）。

6　解答用紙の汚れに気付いた場合は，そのまま解答を続け，解答終了後，監督者に知らせなさい。解答時間中に解答用紙の交換は行いません。

7　解答時間中は，試験問題に関する質問は一切受け付けません。

8　不正行為について
　①　不正行為に対しては厳正に対処します。
　②　不正行為に見えるような行為が見受けられた場合は，監督者がカードを用いて注意します。
　③　不正行為を行った場合は，その時点で受験を取りやめさせ退室させます。

9　試験終了後，問題冊子は持ち帰りなさい。

英　　語（リスニング）

（解答番号　1　～　37　）

第1問　（配点　25）　音声は2回流れます。

第1問はAとBの二つの部分に分かれています。

A　第1問Aは問1から問4までの4問です。英語を聞き，それぞれの内容と最もよく合っているものを，四つの選択肢(①～④)のうちから一つずつ選びなさい。

問1　1

① The speaker doesn't like a particular food.
② The speaker is buying hamburgers and pickles.
③ The speaker is ordering one hamburger without pickles.
④ The speaker works at a fast food restaurant.

問2　2

① The speaker is concerned about a problem with the trains.
② The speaker wants to take an earlier train.
③ The speaker wants to change the day of a meeting.
④ The speaker was late preparing for a meeting.

問3 3

① Keiko has a headache before going to work.
② Keiko isn't going to work because of a stomachache.
③ Keiko stopped by a drugstore this morning.
④ Keiko will probably go to a clinic when she goes out.

問4 4

① The speaker is trying to make a decision about a trip.
② The speaker hasn't decided who to travel with.
③ The speaker wants to buy a round-trip train ticket.
④ The speaker will travel around Japan by car.

これで第1問Aは終わりです。

B 第1問Bは問5から問7までの3問です。英語を聞き，それぞれの内容と最もよく合っている絵を，四つの選択肢(①~④)のうちから一つずつ選びなさい。

問5　　5

①

②

③

④

問6

問7 　7

①

②

③

④

これで第1問Bは終わりです。

（下書き用紙）

リスニングの試験問題は次に続く。

第2問 (配点 16) 音声は2回流れます。

第2問は問8から問11までの4問です。それぞれの問いについて，対話の場面が日本語で書かれています。対話とそれについての問いを聞き，その答えとして最も適切なものを，四つの選択肢(①~④)のうちから一つずつ選びなさい。

問8 ライブ会場で空いている席に座ろうとしています。 8

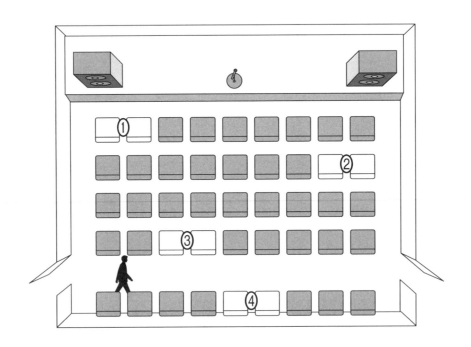

問9　イベントの来場者数について話をしています。　9

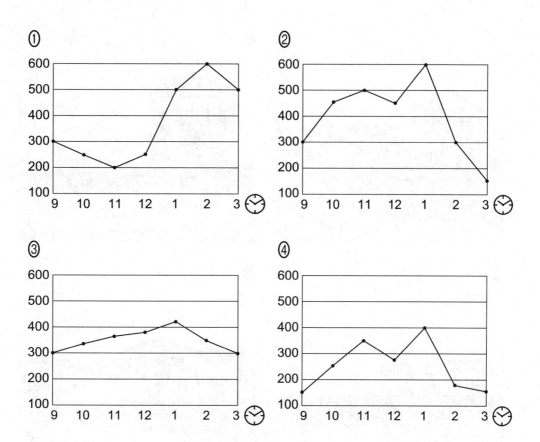

問10　夏に住む別荘について話をしています。　10

① ② ③ ④

問11　始めたいスポーツについて話をしています。　11

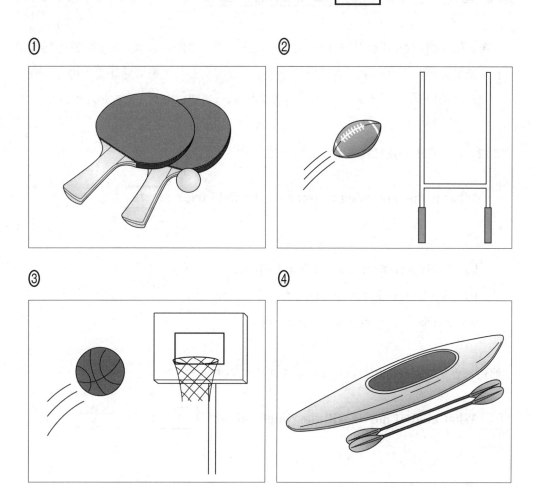

これで第2問は終わりです。

第3問 （配点 18） 音声は1回流れます。

第3問は問12から問17までの6問です。それぞれの問いについて，対話の場面が日本語で書かれています。対話を聞き，問いの答えとして最も適切なものを，四つの選択肢(①〜④)のうちから一つずつ選びなさい。（問いの英文は書かれています。）

問12　母と息子が遠足に着ていく服を選んでいます。

What is the boy going to wear on the field trip? 　12

① A black T-shirt and jeans
② A black T-shirt, jeans, and a belt
③ A white T-shirt and shorts
④ A white T-shirt, shorts, and a belt

問13　カップルがこれから見る映画を決めています。

What kind of movie will the couple go to? 　13

① A comedy
② A love story
③ An action film
④ An SF film

問14　教授と大学生が遅刻について話をしています。

What happened to the male student this morning? 　14

① He missed his usual train.
② His alarm clock didn't go off.
③ His communication device couldn't be used.
④ His professor didn't answer her phone.

問15 看護師が患者と話をしています。

What will the nurse most likely do next? 15

① Get an appointment
② Give the man some medicine
③ Take the man's temperature
④ Talk with the doctor

問16 近所に住む人同士が話をしています。

What will the man do next? 16

① Ask the woman how to get to the station
② Go to the supermarket
③ Tell his family about the opening sale
④ Try to buy some food

問17 同僚同士が職場で，仕事終わりに話をしています。

What is true about the man? 17

① He does not need his umbrella today.
② He forgot to bring his umbrella today.
③ He will leave his car at the office.
④ He will lend his car to the woman.

これで第3問は終わりです。

第4問 (配点 12) 音声は1回流れます。

第4問はAとBの二つの部分に分かれています。

A 第4問Aは問18から問25の8問です。話を聞き，それぞれの問いの答えとして最も適切なものを，選択肢から選びなさい。**問題文と図表を読む時間が与えられた後，音声が流れます。**

問18〜21 あなたは，授業で配られたワークシートのグラフを完成させようとしています。先生の説明を聞き，四つの空欄 18 〜 21 に入れるのに最も適切なものを，四つの選択肢(①〜④)のうちから一つずつ選びなさい。

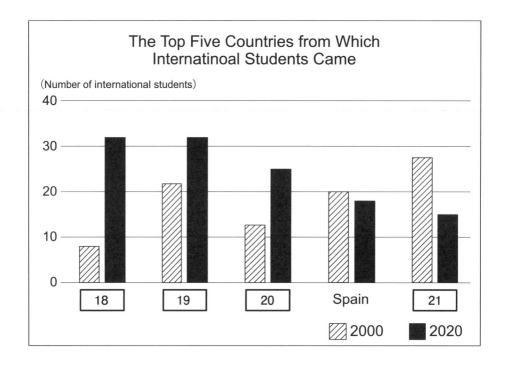

① China
② France
③ India
④ Korea

問22～25 あなたは宴会場でアルバイトをしています。配膳係の人数についての説明を聞き，下の表の四つの空欄 22 ～ 25 に入れるのに最も適切なものを，五つの選択肢(①～⑤)のうちから一つずつ選びなさい。選択肢は2回以上使ってもかまいません。

① 7   ② 13   ③ 14   ④ 19   ⑤ 22

Rooms and Uses		Guests	Servers
Private Parties	Room A (Lunch)	15	
	Room B (Dinner)	28	22
Events	Room C (Lunch)	35	23
	Room D (Dinner)	52	
Weddings	Room E (Lunch)	55	24
	Room F (Dinner)	64	25

これで第4問Aは終わりです。

B 第4問Bは問26の1問です。話を聞き，示された条件に最も合うものを，四つの選択肢(①〜④)のうちから一つ選びなさい。後の表を参考にしてメモを取ってもかまいません。**状況と条件を読む時間が与えられた後，音声が流れます。**

状況
あなたは引っ越し先の地域を選んでいます。地域を選ぶために不動産店の四人の話を聞いています。

あなたが考えている条件
 A. 近くに自然に触れられる場所がある。
 B. 電車の駅からの交通網が発達している。
 C. 買い物が便利である。

	Condition A	Condition B	Condition C
① Bellevue			
② Magnolia			
③ Petersville			
④ Renton			

問26 26 is the area you are most likely to choose.

① Bellevue
② Magnolia
③ Petersville
④ Renton

これで第4問Bは終わりです。

（下書き用紙）

リスニングの試験問題は次に続く。

第5問 (配点 15) 音声は1回流れます。

第5問は問27から問33の7問です。

最初に講義を聞き,問27から問32に答えなさい。次に続きを聞き,問33に答えなさい。状況・ワークシート,問い及び図表を読む時間が与えられた後,音声が流れます。

状況
あなたは大学で,エキゾチックペットに関する講義を,ワークシートにメモを取りながら聞いています。

ワークシート

Exotic Pets

◇ **Definition**
- pets that are 〔 27 〕

◇ **Reasons for Popularity**
- The 28 of an exotic pet is in how it looks.
- Exotic pets are unusual and have 29 .

◇ **Problems**
- may cause disease
- may damage the 30
- may be under 31

問27 ワークシートの空欄 27 に入れるのに最も適切なものを，四つの選択肢(①〜④)のうちから一つ選びなさい。

① dangerous to people
② not native to the country
③ not regarded as normal
④ very expensive

問28〜31 ワークシートの空欄 28 〜 31 に入れるのに最も適切なものを，六つの選択肢(①〜⑥)のうちから一つずつ選びなさい。選択肢は2回以上使ってもかまいません。

① charm   ② disaster   ③ ecosystem
④ rarity value ⑤ sickness   ⑥ stress

問32 講義の内容と一致するものはどれか。最も適切なものを，四つの選択肢(①〜④)のうちから一つ選びなさい。 32

① It should be against the law to have an exotic pet because they make people sick.
② People will always try to buy their favorite animal if they have enough money.
③ Pet owners need to be informed about exotic pets before bringing one home.
④ Taking care of an exotic pet is a great way to teach children responsibility.

第5問はさらに続きます。

問33 グループの発表を聞き，**次の図から読み取れる情報と講義全体の内容からどのようなことが言えるか**，最も適切なものを，四つの選択肢(①〜④)のうちから一つ選びなさい。 33

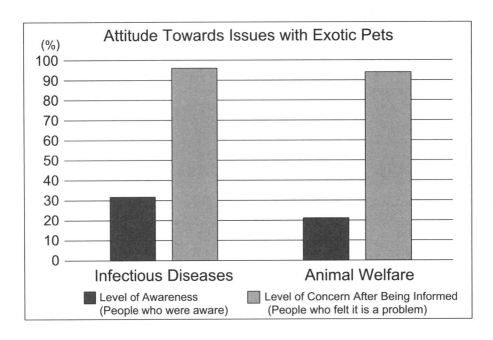

① Education has very little effect on people's consciousness regarding exotic pets.

② For exotic pets, animal welfare is not as important an issue as infectious diseases.

③ Most people do not know about the problems posed by exotic pets despite their popularity.

④ Regarding exotic animals, more people are concerned about the legal issues than about safety issues.

これで第5問は終わりです。

（下書き用紙）

リスニングの試験問題は次に続く。

第6問 （配点 14） 音声は1回流れます。

第6問はAとBの二つの部分に分かれています。

A 第6問Aは問34・問35の2問です。二人の対話を聞き，それぞれの問いの答えとして最も適切なものを，四つの選択肢(①〜④)のうちから一つずつ選びなさい。（問いの英文は書かれています。）**状況と問いを読む時間が与えられた後，音声が流れます。**

状況
　Coach Smith と Ms. Anderson が，ラグビーについて話をしています。

問34　Which statement would Coach Smith agree with the most?　34

① Playing rugby is more important than training for it.
② Rugby is all the more fun because it is dangerous.
③ Rugby is completely safe because the players wear helmets.
④ The benefits of playing rugby exceed the risks.

問35　Which statement best describes Ms. Anderson's opinion about her son playing rugby by the end of the conversation?　35

① It is almost ideal.
② It is out of the question.
③ It is still dangerous.
④ It is worth considering.

これで第6問Aは終わりです。

（下書き用紙）

リスニングの試験問題は次に続く。

B 第6問Bは問36・問37の2問です。会話を聞き，それぞれの問いの答えとして最も適切なものを，選択肢のうちから一つずつ選びなさい。後の表を参考にしてメモを取ってもかまいません。**状況と問いを読む時間が与えられた後，音声が流れます。**

状況
　ラウンジで，四人の学生（Jake, Yumi, Mary, Stan）が，環境問題について話しています。

Jake	
Yumi	
Mary	
Stan	

問36　会話が終わった時点で，道路の使用を規制することに**賛成している人**を，四つの選択肢（①〜④）のうちから一つ選びなさい。　36

① Jake
② Stan
③ Jake, Mary
④ Mary, Yumi

問37 会話を踏まえて，Jake の考えの根拠となる図表を，四つの選択肢(①〜④)の うちから一つ選びなさい。 37

①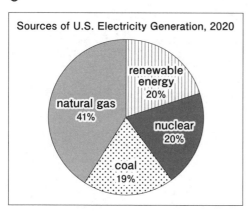

②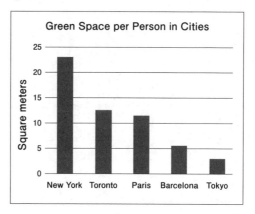

③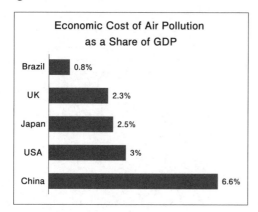

④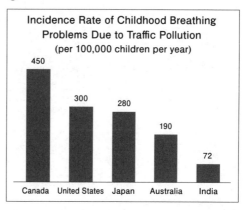

これで第6問Bは終わりです。

※この問題冊子の『注意事項』は，実際の共通テストを想定して掲載しました。
なお，本番の形式と同じく，問題ページは 4 ページを始まりとしています。

模試 第 2 回

(100点 / 30分)

〔英　　語（リスニング）〕

リスニング音声は，右の二次元コードを読み込むか，下記URLから2025年3月末まで聞くことができます。
https://ex2.zkai.co.jp/books/2024JM/2024JM2_full.mp3

（※設問ごとの個別音声には，目次ページの二次元コードからアクセスできます。）

注 意 事 項

1　解答用紙に，正しく記入・マークされていない場合は，採点できないことがあります。

2　問題冊子の異常で**解答に支障がある場合**は，ためらわずに**黙って手を高く挙げなさい**。監督者が筆談用の用紙を渡しますので，トラブルの内容を記入しなさい。試験が終わってから申し出ることはできません。

3　この試験では，**聞き取る英語の音声を 2 回流す問題と，1 回流す問題があります**。流す回数は下の表のとおりです。また，流す回数は，各問題の指示文にも書かれています。

問題	第 1 問	第 2 問	第 3 問	第 4 問	第 5 問	第 6 問
流す回数	2 回	2 回	1 回	1 回	1 回	1 回

4　問題音声には，**問題文を読むため，または解答をするために音の流れない時間**があります。

5　解答は，**設問ごとに解答用紙にマークしなさい**。問題冊子に記入しておいて，途中や最後にまとめて**解答用紙に転記してはいけません**（まとめて転記する時間は用意されていません。）。

6　解答用紙の汚れに気付いた場合は，そのまま解答を続け，解答終了後，監督者に知らせなさい。解答時間中に解答用紙の交換は行いません。

7　解答時間中は，試験問題に関する質問は一切受け付けません。

8　**不正行為について**

①　不正行為に対しては厳正に対処します。

②　不正行為に見えるような行為が見受けられた場合は，監督者がカードを用いて注意します。

③　不正行為を行った場合は，その時点で受験を取りやめさせ退室させます。

9　試験終了後，問題冊子は持ち帰りなさい。

英　　語（リスニング）

（解答番号 1 ～ 37 ）

第 1 問（配点 25） 音声は 2 回流れます。

第 1 問は A と B の二つの部分に分かれています。

A　第 1 問 A は問 1 から問 4 までの 4 問です。英語を聞き，それぞれの内容と最もよく合っているものを，四つの選択肢（①～④）のうちから一つずつ選びなさい。

問 1　1

① The speaker doesn't think Mayumi can get a driver's license.
② The speaker doesn't want Mayumi to drive a car.
③ The speaker thinks Mayumi can get a driver's license easily.
④ The speaker thinks Mayumi needs to get a driver's license.

問 2　2

① The exhibition had a large number of visitors.
② The exhibition was not open to everyone.
③ The exhibition was unsuccessful as expected.
④ The exhibition was visited by only a few people.

問3　|　3　|

① The speaker doesn't want to eat dinner at home.
② The speaker is going to eat out at a restaurant.
③ The speaker is going to order food delivery.
④ The speaker is reluctant to go out for dinner.

問4　|　4　|

① Robin had his meeting on Thursday.
② Robin moved to a new place on Saturday.
③ Robin's meeting was put off to the weekend.
④ Robin's meeting was rescheduled to Thursday.

これで第1問Aは終わりです。

B 第1問Bは問5から問7までの3問です。英語を聞き，それぞれの内容と最もよく合っている絵を，四つの選択肢(①〜④)のうちから一つずつ選びなさい。

問5　5

①

②

③

④

問6 6

問7 　7

①

②

③

④

これで第1問Bは終わりです。

（下書き用紙）

リスニングの試験問題は次に続く。

第２問 （配点 16） 音声は２回流れます。

第２問は問８から問11までの４問です。それぞれの問いについて，対話の場面が日本語で書かれています。対話とそれについての問いを聞き，その答えとして最も適切なものを，四つの選択肢（①〜④）のうちから一つずつ選びなさい。

問８　家のバルコニーを増築する場所について話をしています。　8

問9　地元の町への観光客数について話をしています。　9

①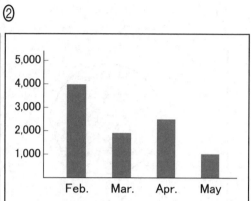

②

③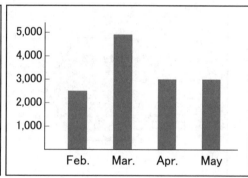

④

問10 社員が新しいバッジの形について話をしています。 10

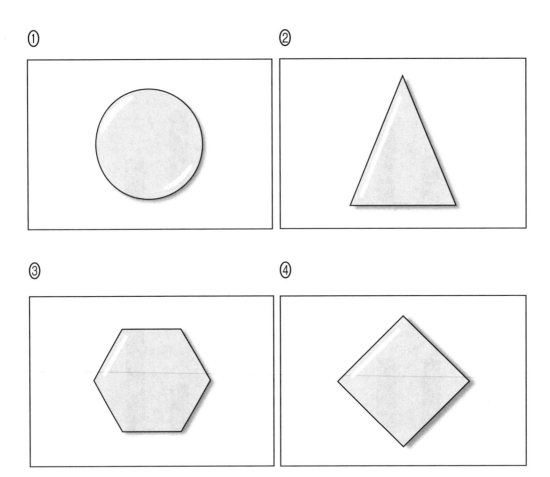

問11　祖母へのお土産について話をしています。　11

① ② ③ ④

これで第2問は終わりです。

第 3 問 （配点 18） **音声は 1 回流れます。**

第 3 問は問12から問17までの 6 問です。それぞれの問いについて，対話の場面が日本語で書かれています。対話を聞き，問いの答えとして最も適切なものを，四つの選択肢(①～④)のうちから一つずつ選びなさい。（問いの英文は書かれています。）

問12 夫婦が花瓶について電話で話をしています。

What color are the vases the woman will buy? 12

① Blue and gray
② Gray and yellow
③ Red and blue
④ Yellow and blue

問13 大学の構内で友達同士が話をしています。

Where will the man go next? 13

① To the administration building
② To the east building
③ To the main building
④ To the west building

問14 男性が売り場の店員に話しかけています。

How does the man feel about black shoes? 14

① He doesn't like the color.
② He thinks they are the most expensive.
③ He would like to buy a pair.
④ He would like to buy them now.

問15　父親と娘が週末の予定について話をしています。

Which is true according to the conversation? 15

① The girl might change her plans with Mary.
② The girl's father does not want her to go to the beach.
③ The girl's father will speak to Mary on the phone.
④ The girl's father will take her to the beach.

問16　出張先への交通手段について話をしています。

What do the two people agree about? 16

① They are going to get to their destination ahead of time.
② They are going to leave on Monday by train.
③ They are going to take the first train on Tuesday.
④ They are going to use a company car.

問17　イギリスに留学中の学生が，ホストマザーと話をしています。

Why is the host mother surprised? 17

① Akira cut the grass in her yard.
② She learned about a cultural difference.
③ She was asked to cut the grass.
④ Something was missing from her garden.

これで第3問は終わりです。

第4問 (配点 12) 音声は1回流れます。

第4問はAとBの二つの部分に分かれています。

A 第4問Aは問18から問25の8問です。話を聞き，それぞれの問いの答えとして最も適切なものを，選択肢から選びなさい。**問題文と図表を読む時間が与えられた後，音声が流れます。**

問18~21 あなたは，授業で配られたワークシートのグラフを完成させようとしています。発表者の説明を聞き，四つの空欄 18 ～ 21 に入れるのに最も適切なものを，四つの選択肢 (①~④) のうちから一つずつ選びなさい。

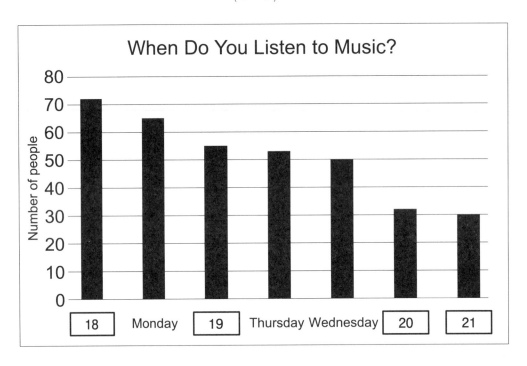

① Tuesday
② Friday
③ Saturday
④ Sunday

問22〜25 あなたは，リゾート地のホテルでのアルバイト条件（出勤日数や日給）について説明を受けています。それを聞き，下の表の四つの空欄 22 〜 25 に入れるのに最も適切なものを，五つの選択肢（①〜⑤）のうちから一つずつ選びなさい。選択肢は2回以上使ってもかまいません。

① $800 ② $1,000 ③ $1,200 ④ $1,400 ⑤ $2,000

Hotel	Month	Pay per Day	Total Pay
Hotel Forest	August	$60	$1,200
Hotel Forest	September	$50	22
Mountain Inn	August	$60	23
Mountain Inn	September	$80	$800
Hotel Luxury	August	$100	24
Hotel Luxury	September	$100	25

これで第4問Aは終わりです。

B 第4問Bは問26の1問です。話を聞き，示された条件に最も合うものを，四つの選択肢(①〜④)のうちから一つ選びなさい。下の表を参考にしてメモを取ってもかまいません。**状況と条件を読む時間が与えられた後，音声が流れます。**

状況
あなたは自分が作った曲に歌詞をつけてくれる人を探しています。その人を選ぶために四人の候補者の話を聞いています。

あなたが考えている条件
 A. 作詞・録音を含めて2週間以内でできる人
 B. 本人，もしくは依頼した代理の人が，録音できること
 C. 作詞・録音を含めて50ドル以内で請け負ってくれる人

	Condition A	Condition B	Condition C
① Bob			
② Helen			
③ Kate			
④ Steve			

問26　26　is the person you are most likely to choose.

① Bob
② Helen
③ Kate
④ Steve

これで第4問Bは終わりです。

（下書き用紙）

リスニングの試験問題は次に続く。

第5問 (配点 15) 音声は1回流れます。

第5問は問27から問33の7問です。

最初に講義を聞き，問27から問32に答えなさい。次に続きを聞き，問33に答えなさい。状況・ワークシート，問い及び図表を読む時間が与えられた後，音声が流れます。

状況
あなたは大学で，顔認証に関する講義を，ワークシートにメモを取りながら聞いています。

ワークシート

Facial Recognition on Trains

◇ **Method**
- ◆ Register: passengers register photo and payment information
- ◆ Board: a camera scans their face
- ◆ Exit: [27]

◇ **Benefits**
- ◆ don't need to carry [28]
- ◆ need less time to pass the [29]

◇ **Problems**
- ◆ don't want to share their [30]
- ◆ some cannot afford the [31]

問27 ワークシートの空欄 27 に入れるのに最も適切なものを，四つの選択肢(①〜④)のうちから一つ選びなさい。

① the fare is paid automatically
② the passenger pays by credit card
③ the passenger registers with the app
④ the passenger takes a photo

問28〜31 ワークシートの空欄 28 〜 31 に入れるのに最も適切なものを，六つの選択肢(①〜⑥)のうちから一つずつ選びなさい。選択肢は2回以上使ってもかまいません。

① card   ② entrance   ③ information
④ money   ⑤ opinion   ⑥ technology

問32 講義の内容と一致するものはどれか。最も適切なものを，四つの選択肢(①〜④)のうちから一つ選びなさい。 32

① Facial recognition systems have been installed to help people find which train they should take.
② Smartphones are being used instead of tickets in order to collect personal information.
③ The introduction of facial recognition systems in public transport is changing the way people travel.
④ Train lines now have apps instead of tickets, which creates a sharp social division between rich and poor.

問33 グループの発表を聞き，**次の図から読み取れる情報と講義全体の内容から**どのようなことが言えるか，最も適切なものを，四つの選択肢(①〜④)のうちから一つ選びなさい。33

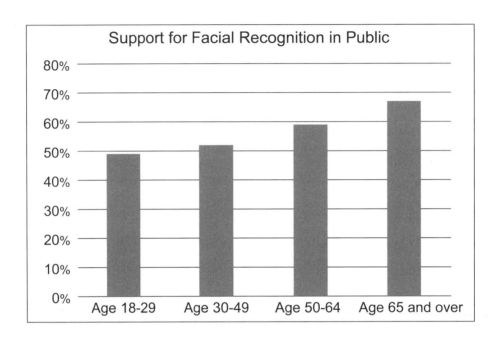

① Older people are more likely to have trouble registering for facial recognition services.
② Support for public facial recognition has been increasing recently especially among the older generation.
③ Young people are more likely to own smartphones, so they support facial recognition less.
④ Young people have more concerns about privacy issues than older people do.

これで第5問は終わりです。

（下書き用紙）

リスニングの試験問題は次に続く。

第6問 (配点 14) 音声は1回流れます。

第6問はAとBの二つの部分に分かれています。

A 第6問Aは問34・問35の2問です。二人の対話を聞き，それぞれの問いの答えとして最も適切なものを，四つの選択肢 (①～④) のうちから一つずつ選びなさい。(問いの英文は書かれています。) 状況と問いを読む時間が与えられた後，音声が流れます。

> 状況
> 二人の大学生が，男性の育児休暇 (paternity leave) について話しています。

問34 What is Fumi's main point? | 34 |

① Paternity leave does not always improve the father-baby relationship.
② Paternity leave helps workers enhance their reputation.
③ Paternity leave is not a realistic option for some people.
④ Paternity leave is recommended only if it's a short period of time.

問35 What is Tyler's main point? | 35 |

① Companies must take action to change the current situation regarding paternity leave.
② Companies should give longer paternity leave than maternity leave.
③ Fathers are not helpful when it comes to taking care of new babies.
④ Fathers should not take paternity leave for granted.

これで第6問Aは終わりです。

（下書き用紙）

リスニングの試験問題は次に続く。

B 第6問Bは問36・問37の2問です。会話を聞き，それぞれの問いの答えとして最も適切なものを，選択肢のうちから一つずつ選びなさい。後の表を参考にしてメモを取ってもかまいません。**状況と問いを読む時間が与えられた後，音声が流れます。**

状況
　四人の学生（Mark, Misa, Julia, Minoru）が，クリックアンドコレクトについて意見交換をしています。

Mark	
Misa	
Julia	
Minoru	

問36　会話が終わった時点で，クリックアンドコレクトを利用することに**積極的でない人**を，四つの選択肢（①〜④）のうちから一つ選びなさい。　36

① Julia
② Mark
③ Mark, Minoru
④ Minoru, Misa

問37 会話を踏まえて，Markの意見を最もよく表している図表を，四つの選択肢(①～④)のうちから一つ選びなさい。 37

①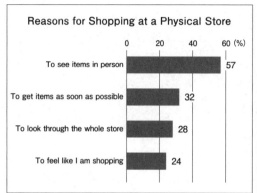

②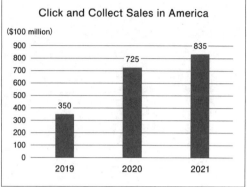

③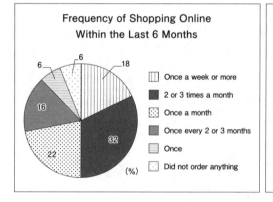

④

	Items Bought Most Online	
1	Home appliances	60%
2	Books	59%
3	PC appliances	57%
4	Daily necessities	54%
5	CDs / DVDs	50%

これで第6問Bは終わりです。

※この問題冊子の『注意事項』は，実際の共通テストを想定して掲載しました。
なお，本番の形式と同じく，問題ページは 4 ページを始まりとしています。

模試 第3回

(100点
30分)

〔英　　語（リスニング）〕

リスニング音声は，右の二次元コードを読み込むか，下記URLから 2025年3月末まで聞くことができます。
https://ex2.zkai.co.jp/books/2024JM/2024JM3_full.mp3

（※設問ごとの個別音声には，目次ページの二次元コードからアクセスできます。）

注意事項

1　解答用紙に，正しく記入・マークされていない場合は，採点できないことがあります。

2　問題冊子の異常で**解答に支障がある場合**は，ためらわずに**黙って手を高く挙げなさい**。監督者が筆談用の用紙を渡しますので，トラブルの内容を記入しなさい。試験が終わってから申し出ることはできません。

3　この試験では，**聞き取る英語の音声を2回流す問題と，1回流す問題があります**。流す回数は下の表のとおりです。また，流す回数は，各問題の指示文にも書かれています。

問題	第1問	第2問	第3問	第4問	第5問	第6問
流す回数	2回	2回	1回	1回	1回	1回

4　問題音声には，**問題文を読むため，または解答をするために音の流れない時間が**あります。

5　解答は，**設問ごとに解答用紙にマークしなさい**。問題冊子に記入しておいて，途中や最後に**まとめて解答用紙に転記してはいけません**（まとめて転記する時間は用意されていません。）。

6　解答用紙の汚れに気付いた場合は，そのまま解答を続け，解答終了後，監督者に知らせなさい。解答時間中に解答用紙の交換は行いません。

7　解答時間中は，試験問題に関する質問は一切受け付けません。

8　**不正行為について**

①　不正行為に対しては厳正に対処します。

②　不正行為に見えるような行為が見受けられた場合は，監督者がカードを用いて注意します。

③　不正行為を行った場合は，その時点で受験を取りやめさせ退室させます。

9　試験終了後，問題冊子は持ち帰りなさい。

英　語（リスニング）

（解答番号 1 ～ 39 ）

第1問 （配点 25） 音声は2回流れます。

第1問はAとBの二つの部分に分かれています。

A 　第1問Aは問1から問4までの4問です。英語を聞き，それぞれの内容と最もよく合っているものを，四つの選択肢（①～④）のうちから一つずつ選びなさい。

問1　1

① The speaker called you once.
② The speaker did not call you.
③ The speaker was waiting for your call.
④ The speaker will be busy.

問2　2

① The speaker did well on the math test.
② The speaker is looking for his calculator.
③ The speaker needs his calculator back.
④ The speaker wants to borrow a calculator.

問3　3

① Yuri danced with Rick.
② Yuri made Rick a present.
③ Yuri told an exciting story.
④ Yuri was happy to hear the news.

問4　4

① The speaker has just got off the elevator.
② The speaker is waiting for the elevator to be fixed.
③ The speaker knows where there is a working elevator.
④ The speaker wants to use the stairs.

これで第1問Aは終わりです。

B 　第１問Ｂは問５から問７までの３問です。英語を聞き，それぞれの内容と最もよく合っている絵を，四つの選択肢（①〜④）のうちから一つずつ選びなさい。

問５　　5

問6 6

①

②

③

④

問7 ☐7

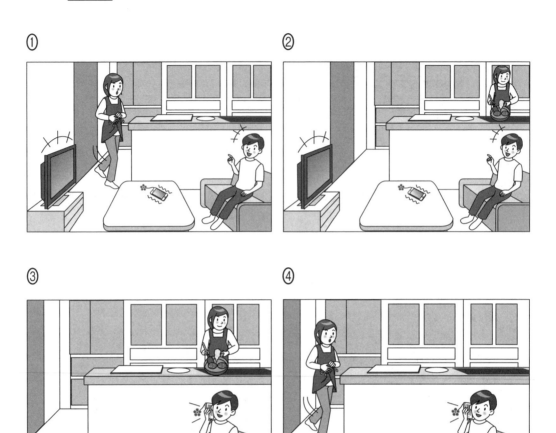

これで第1問Bは終わりです。

(下書き用紙)

リスニングの試験問題は次に続く。

第2問 (配点 16) 音声は2回流れます。

第2問は問8から問11までの4問です。それぞれの問いについて、対話の場面が日本語で書かれています。対話とそれについての問いを聞き、その答えとして最も適切なものを、四つの選択肢（①〜④）のうちから一つずつ選びなさい。

問8　転入生について話をしています。　8

問9　どんな眼鏡を買うかについて話をしています。　9

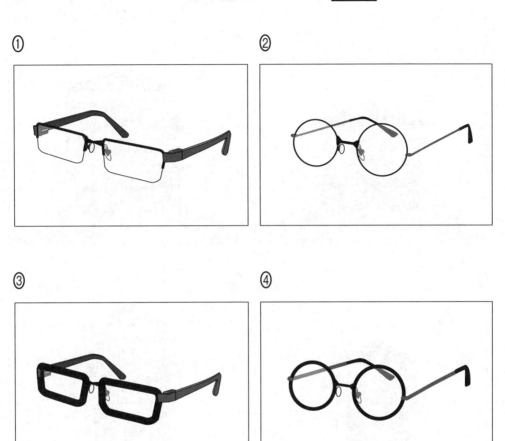

問10 祖母の家について話をしています。 10

①

②

③

④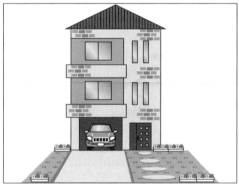

問11　博物館で見てきた恐竜について話をしています。　11

①

②

③

④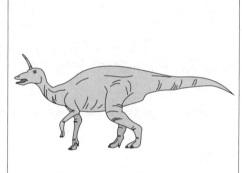

これで第2問は終わりです。

第3問 （配点 18） 音声は1回流れます。

第3問は問12から問17までの6問です。それぞれの問いについて，対話の場面が日本語で書かれています。対話を聞き，問いの答えとして最も適切なものを，四つの選択肢(①～④)のうちから一つずつ選びなさい。(問いの英文は書かれています。)

問12　男性が歯科医院のスタッフと話をしています。

What day will the man's appointment be on? 12

① Monday
② Friday
③ Saturday
④ Sunday

問13　友達同士が電話で話をしています。

Where was the woman when the man called earlier? 13

① At the gym
② At the library
③ On the plane
④ On the subway

問14　友達同士が夏休みの予定について話をしています。

Where will the man probably go this summer? 14

① France
② Germany
③ Singapore
④ South Korea

問15　友達同士が今受けた理科のテストについて話をしています。

What do the two people agree about?　15

① The test asked about future experiments.
② The test included a question they knew in advance.
③ The test was difficult.
④ The test was given unexpectedly.

問16　友達同士が留学生のIchiroについて話をしています。

Which is true about Ichiro according to the conversation?　16

① He has been in London for a year.
② He has never been to Canada.
③ He is going to visit Singapore.
④ His parents live in Japan.

問17　友達同士が駅で話をしています。

How will they solve their problem?　17

① They will ask the station attendant where they are now.
② They will buy new umbrellas at the convenience store.
③ They will rent umbrellas at the station.
④ They will use the man's folding umbrella.

これで第3問は終わりです。

第4問 （配点 12） 音声は1回流れます。

第4問はAとBの二つの部分に分かれています。

A 第4問Aは問18から問25の8問です。話を聞き，それぞれの問いの答えとして最も適切なものを，選択肢から選びなさい。**問題文とイラスト・図表を読む時間が与えられた後，音声が流れます。**

問18～21 女性が，買い物に行ったときのことを話しています。話を聞き，その内容を表した四つのイラスト（①～④）を，出来事が起きた順番に並べなさい。

18 → 19 → 20 → 21

問22～25 あなたは子供服の店でアルバイトをしています。来週に向けての仕入れについての説明を聞き，下の表の四つの空欄 22 ～ 25 に入れるのに最も適切なものを，五つの選択肢(①～⑤)のうちから一つずつ選びなさい。選択肢は2回以上使ってもかまいません。

① 80   ② 150   ③ 180   ④ 200   ⑤ 270

	Size	Sold This Week	Order
Infant clothes	<12 months	95	
Toddler clothes	12-24 months	180	22
	2 years	220	23
Preschooler clothes	3 years	124	24
	4 years	85	25
	5 years	53	

これで第4問Aは終わりです。

B 第4問Bは問26の1問です。話を聞き，示された条件に最も合うものを，四つの選択肢（①〜④）のうちから一つ選びなさい。下の表を参考にしてメモを取ってもかまいません。**状況と条件を読む時間が与えられた後，音声が流れます。**

状況
あなたは大学の学園祭に向けて，電子書籍（e-books）に関する講演をしてもらうためのゲストスピーカーを選んでいます。ゲストスピーカーを選ぶために四人の推薦者の説明を聞いています。

あなたが考えている条件
A. 電子書籍について知識が豊富である。
B. 電子書籍について中立の立場である。
C. 週末の午前中に時間がある。

	Condition A	Condition B	Condition C
① Dr. Lee			
② Mr. Evans			
③ Ms. Harris			
④ Professor Rogers			

問26 　26 　 is the guest speaker you are most likely to choose.

① Dr. Lee
② Mr. Evans
③ Ms. Harris
④ Professor Rogers

これで第4問Bは終わりです。

（下書き用紙）

リスニングの試験問題は次に続く。

第5問 (配点 15) 音声は1回流れます。

第5問は問27から問35の9問です。

最初に講義を聞き，問27から問34に答えなさい。次に続きを聞き，問35に答えなさい。状況・ワークシート，問い及び図表を読む時間が与えられた後，音声が流れます。

状況
　あなたはアメリカの大学で，有給休暇の現状とその効果について，ワークシートにメモを取りながら，講義を聞いています。

ワークシート

○ Vacation days taken in the US

　　―― days in 1978-2000　→　―― days in 2014

　　　　Change: | 27 |

○ Comparison of paid vacation days between EU and US, and expected consequences of an increase or decrease in vacation days

		Number of paid vacation days: ① more or ② fewer	Expected consequences: ③ higher or ④ lower
EU	Provided by employers		28	than the US	higher workplace morale
EU	Taken by employees	more than the US		29	productivity
US	Provided by employers		30	than the EU		31	competitiveness
US	Taken by employees		32	than the EU		33	stress levels

問27 ワークシートの空欄 27 に入れるのに最も適切なものを，六つの選択肢(①〜⑥)のうちから一つ選びなさい。

① an average increase of more than 4 days
② an average increase of less than 4 days
③ an average increase of more than 10 days
④ an average decrease of more than 4 days
⑤ an average decrease of less than 4 days
⑥ an average decrease of more than 10 days

問28〜33 ワークシートの表の空欄 28 〜 33 に入れるのに最も適切なものを，四つの選択肢(①〜④)のうちから一つずつ選びなさい。選択肢は2回以上使ってもかまいません。

① more   ② fewer   ③ higher   ④ lower

問34 講義の内容と一致するものはどれか。最も適切なものを，四つの選択肢(①〜④)のうちから一つ選びなさい。 34

① As Americans get busier, they are taking less and less vacation time.
② Because European countries work fewer hours, their economies are hurting.
③ Both employees and employers can benefit from more paid vacation time.
④ Neither American workers nor employers realize the importance of vacation time.

第5問はさらに続きます。

問35 講義の続きを聞き，下の図から読み取れる情報と講義全体の内容からどのようなことが言えるか，最も適切なものを，四つの選択肢(①～④)のうちから一つ選びなさい。 35

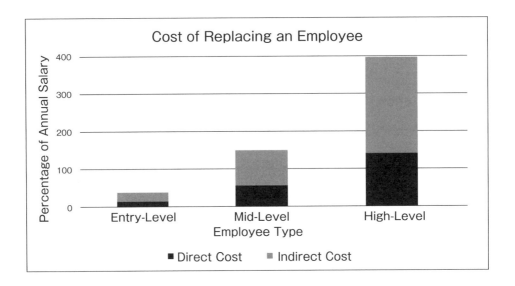

① Entry-level employees are unlikely to quit even if they don't get paid vacation time.
② High-level employees do not need as much paid vacation time as entry-level employees.
③ Indirect costs are hard to calculate and are a small portion of replacement costs.
④ Providing more paid vacation time will help employers save money.

これで第5問は終わりです。

（下書き用紙）

リスニングの試験問題は次に続く。

第6問 (配点 14) 音声は1回流れます。

第6問はAとBの二つの部分に分かれています。

A 　第6問Aは問36・問37の2問です。二人の対話を聞き、それぞれの問いの答えとして最も適切なものを、四つの選択肢(①~④)のうちから一つずつ選びなさい。(問いの英文は書かれています。) 状況と問いを読む時間が与えられた後、音声が流れます。

> 状況
> 　SarahがBenと、特定のジェンダー(=社会的な性別)向けのおもちゃ(gender-specific toys)について話しています。

問36　What is Sarah's main point?　　36

① Gender-specific toys are harmful to child development.
② Gender-specific toys do not represent the modern world.
③ Gender-specific toys encourage a wide range of play.
④ Gender-specific toys promote gender equality in society.

問37　What is Ben's main point?　　37

① Children enjoy playing with toys designed for their gender.
② It's difficult to encourage boys and girls to play together.
③ It's not right to teach children their gender identity.
④ Society plays a role in reinforcing gender stereotypes.

これで第6問Aは終わりです。

（下書き用紙）

リスニングの試験問題は次に続く。

B 第6問Bは問38・問39の2問です。英語を聞き，それぞれの問いの答えとして最も適切なものを，選択肢のうちから一つずつ選びなさい。後の表を参考にしてメモを取ってもかまいません。**状況と問いを読む時間が与えられた後，音声が流れます。**

状況
Professor Kelly が特定のジェンダー向けでないおもちゃ（gender-neutral toys）について講演した後，質疑応答の時間がとられています。司会（moderator）が聴衆からの質問を受け付けています。Melanie と Jeremy が発言します。

Jeremy	
Melanie	
Moderator	
Professor Kelly	

問38 音声が終わった時点で，ジェンダーでおもちゃを区別することに対して**否定的な立場の人**は四人のうち何人でしたか。四つの選択肢(①〜④)のうちから一つ選びなさい。 38

① 1人
② 2人
③ 3人
④ 4人

問39 Professor Kelly の意見を支持する図を，四つの選択肢(①〜④)のうちから一つ選びなさい。39

①

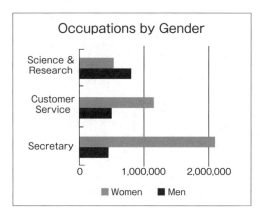

②

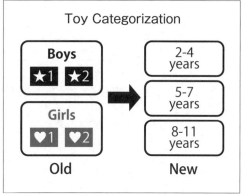

③

	Top Selling Gender-Neutral Toy Types	
1	Outdoor & Sports Toys	$3.71
2	Blocks & Building Sets	$1.98
3	Games & Puzzles	$1.94
4	Arts & Crafts	$0.97
5	Musical Instruments	$0.54

Sales shown in Billions

④

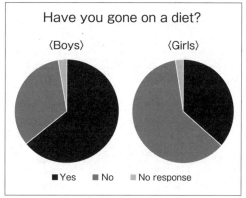

これで第6問Bは終わりです。

※この問題冊子の『注意事項』は，実際の共通テストを想定して掲載しました。
なお，本番の形式と同じく，問題ページは4ページを始まりとしています。

模試 第4回

(100点
30分)

〔英　　語（リスニング）〕

リスニング音声は，右の二次元コードを読み込むか，下記URLから
2025年3月末まで聞くことができます。
https://ex2.zkai.co.jp/books/2024JM/2024JM4_full.mp3

（※設問ごとの個別音声には，目次ページの二次元コードからアクセスできます。）

注 意 事 項

1　解答用紙に，正しく記入・マークされていない場合は，採点できないことがあります。

2　問題冊子の異常で**解答に支障がある場合**は，ためらわずに**黙って手を高く挙げなさい**。監督者が筆談用の用紙を渡しますので，トラブルの内容を記入しなさい。試験が終わってから申し出ることはできません。

3　この試験では，**聞き取る英語の音声を2回流す問題と，1回流す問題があります**。流す回数は下の表のとおりです。また，流す回数は，各問題の指示文にも書かれています。

問題	第1問	第2問	第3問	第4問	第5問	第6問
流す回数	2回	2回	1回	1回	1回	1回

4　問題音声には，**問題文を読むため，または解答をするために音の流れない時間が**あります。

5　解答は，**設問ごとに解答用紙にマークしなさい**。問題冊子に記入しておいて，途中や最後にまとめて**解答用紙に転記してはいけません**（**まとめて転記する時間は用意されていません。**）。

6　解答用紙の汚れに気付いた場合は，そのまま解答を続け，解答終了後，監督者に知らせなさい。解答時間中に解答用紙の交換は行いません。

7　解答時間中は，試験問題に関する質問は一切受け付けません。

8　**不正行為について**
　①　不正行為に対しては厳正に対処します。
　②　不正行為に見えるような行為が見受けられた場合は，監督者がカードを用いて注意します。
　③　不正行為を行った場合は，その時点で受験を取りやめさせ退室させます。

9　試験終了後，問題冊子は持ち帰りなさい。

英　　語（リスニング）

（解答番号 1 ～ 39 ）

第 1 問　（配点 25）　音声は 2 回流れます。

第 1 問は A と B の二つの部分に分かれています。

A　第1問Aは問1から問4までの4問です。英語を聞き，それぞれの内容と最もよく合っているものを，四つの選択肢（①〜④）のうちから一つずつ選びなさい。

問 1　| 1 |

① The speaker is offering food.
② The speaker is ordering dinner.
③ The speaker is washing a plate.
④ The speaker wants food.

問 2　| 2 |

① The speaker has saved enough money.
② The speaker has to save some money first.
③ The speaker is happy with his car.
④ The speaker just got a new car.

問3 ☐3

① The speaker finished his homework.
② The speaker visited the library.
③ The speaker wanted to return some books.
④ The speaker will go to the library after school.

問4 ☐4

① Emi doesn't like sandwiches.
② Emi found a new burger shop.
③ Emi had a burger.
④ Emi made a sandwich.

これで第1問Aは終わりです。

B 第1問Bは問5から問7までの3問です。英語を聞き，それぞれの内容と最もよく合っている絵を，四つの選択肢(**①**〜**④**)のうちから一つずつ選びなさい。

問5 | 5 |

問6　6

①

②

③

④

問7 ７

①

②

③

④

これで第１問Ｂは終わりです。

（下書き用紙）

リスニングの試験問題は次に続く。

第２問 （配点 16） 音声は２回流れます。

第２問は問８から問11までの４問です。それぞれの問いについて，対話の場面が日本語で書かれています。対話とそれについての問いを聞き，その答えとして最も適切なものを，四つの選択肢（①〜④）のうちから一つずつ選びなさい。

問８　レストランでコート掛けの設置場所について話をしています。　8

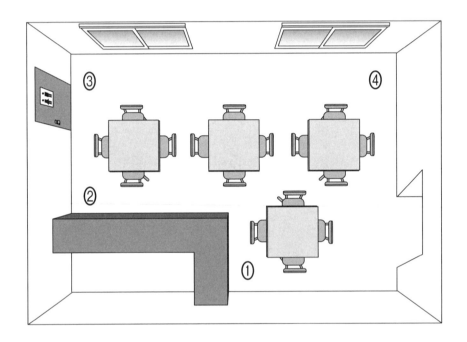

問9　アルバイトの募集広告を見ながら話をしています。　9

①

②

③

④

問10　休暇旅行中に地図を見ながら話をしています。　10

①

②

③

④

問11　家事の分担について話をしています。　11

①

②

③

④

これで第2問は終わりです。

第3問 （配点 18） <u>音声は1回流れます。</u>

第3問は問12から問17までの6問です。それぞれの問いについて，対話の場面が日本語で書かれています。対話を聞き，問いの答えとして最も適切なものを，四つの選択肢（①～④）のうちから一つずつ選びなさい。（問いの英文は書かれています。）

問12 妻が夫に買い物を頼もうとしています。

What is the man going to buy? 12

① A dozen eggs
② A pizza
③ Ice cream
④ Orange juice

問13 女性が電話で上司と話をしています。

What will the woman do today? 13

① Attend the meeting
② Go see a doctor
③ Stay home all day
④ Work all day

問14 友達同士で料理教室について話をしています。

What did both speakers think of the class? 14

① It was not easy.
② It was very enjoyable.
③ The online reviews were good.
④ The teacher was not clear.

問15　夫婦がどの電車に乗るかについて話をしています。

What time will the speakers leave this station?　15

① At 11:43
② At 11:48
③ At 11:50
④ At 11:57

問16　友達同士で，今まで対戦していたボードゲームについて話をしています。

What do the two people agree about?　16

① The game is confusing.
② The game is very funny.
③ The game needs more people.
④ The game takes a long time.

問17　造園会社に勤める同僚同士が話をしています。

Why is the man in a good mood?　17

① He agreed with his clients.
② He was shown a nice design.
③ He will meet with his clients in a few days.
④ He's landed a new contract.

これで第3問は終わりです。

第4問 (配点 12) 音声は1回流れます。

第4問はAとBの二つの部分に分かれています。

A 　第4問Aは問18から問25の8問です。話を聞き，それぞれの問いの答えとして最も適切なものを，選択肢から選びなさい。**問題文と図表を読む時間が与えられた後，音声が流れます。**

問18～21　男の子が，美術の宿題を作成する過程で起きたトラブルについて話をしています。話を聞き，その内容を表したイラスト(①～④)を，聞こえてくる順番に並べなさい。

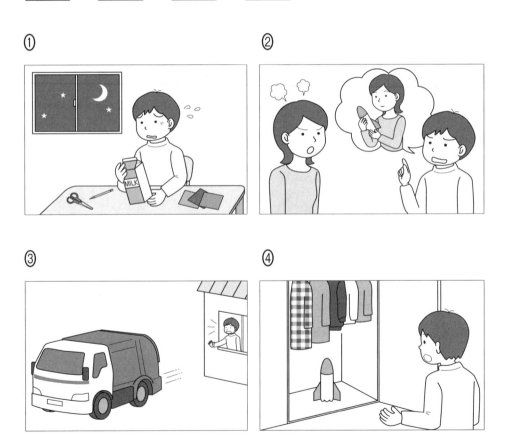

問22〜25 あなたはチョコレートメーカーでアルバイトをしています。クリスマス用ギフト商品の価格についての説明を聞き，下の表の四つの空欄 22 〜 25 に入れるのに最も適切なものを，五つの選択肢 ①〜⑤ のうちから一つずつ選びなさい。選択肢は2回以上使ってもかまいません。

① $2   ② $6   ③ $8   ④ $10   ⑤ $12

Type of Box		Number of Chocolates	Cost
White Chocolate	Box A	6	
	Box B	10	22
Milk Chocolate	Box C	5	23
	Box D	12	24
Dark Chocolate	Box E	8	25
	Box F	10	

これで第4問Aは終わりです。

B 第4問Bは問26の1問です。話を聞き，示された条件に最も合うものを，四つの選択肢(①〜④)のうちから一つ選びなさい。後の表を参考にしてメモを取ってもかまいません。**状況と条件を読む時間が与えられた後，音声が流れます。**

状況
　あなたは，あるバンドのリーダーで，コンサートツアーに同行するドラマーを求めており，ドラマーを選ぶために四人の候補者の話を聞いています。

あなたが考えている条件
　A．これまでにバンドでドラムを演奏したことがあること
　B．8月いっぱい時間が自由になること
　C．午後10時まで演奏活動ができること

Drummers	Condition A	Condition B	Condition C
① Alan			
② Hitoshi			
③ Olivia			
④ Sophia			

問26　26　is the drummer you are most likely to choose.

① Alan
② Hitoshi
③ Olivia
④ Sophia

これで第4問Bは終わりです。

(下書き用紙)

リスニングの試験問題は次に続く。

第5問 (配点 15) 音声は1回流れます。

第5問は問27から問35の9問です。

最初に講義を聞き，問27から問34に答えなさい。次に続きを聞き，問35に答えなさい。**状況・ワークシート，問い及び図表を読む時間が与えられた後，音声が流れます。**

> 状況
> あなたはエネルギー問題を話し合う会議で，ワークシートにメモを取りながら，気候変動と石油の生産の関係についての講演を聞いています。

ワークシート

○ The impact of fossil fuels* on climate change

*examples: coal, oil, and natural gas

Global Warming	Level of Carbon Dioxide (CO_2)	
Change in the atmosphere	➡ Before 1750: ➡ Today:	Overall result: 27

○ Demand for various oil products over time

	Oil Product	Time: ① in the past or ② today	Demand: ③ increasing or ④ decreasing
Transportation	Gasoline	⇨ in the past ⇨ today	➡ 28 ➡ 29
	Jet fuel	⇨ 30	➡ 31
Other	Propane	⇨ 32	➡ 33

問27 ワークシートの空欄 27 に入れるのに最も適切なものを，六つの選択肢(①～⑥)のうちから一つ選びなさい。

① an increase of around 20%　　② a decrease of around 20%
③ an increase of around 40%　　④ a decrease of around 40%
⑤ an increase of around 70%　　⑥ a decrease of around 70%

問28～33 ワークシートの表の空欄 28 ～ 33 に入れるのに最も適切なものを，四つの選択肢(①～④)のうちから一つずつ選びなさい。選択肢は2回以上使ってもかまいません。

① in the past　　② today　　③ increasing　　④ decreasing

問34 講義の内容と一致するものはどれか。最も適切なものを，四つの選択肢(①～④)のうちから一つ選びなさい。 34

① Propane is likely to become the most popular oil product around the world.
② The oil industry itself has suffered as a result of oil affecting the climate.
③ The oil industry will eventually shut down due to the popularity of renewable energy.
④ There will be fewer oil companies because of laws and regulations.

問35 講義の続きを聞き，下の図から読み取れる情報と講義全体の内容からどのようなことが言えるか，最も適切なものを，四つの選択肢(①〜④)のうちから一つ選びなさい。 35

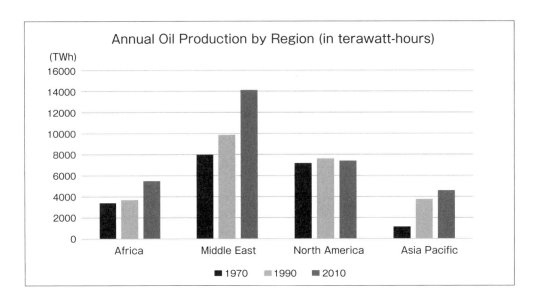

① Propane sales are beginning to decrease in some regions of the world.
② The adoption of renewable energy sources is the best way to reduce the burning of fossil fuels.
③ The demand for oil products in the United States is not increasing.
④ The oil industry in the Middle East has the fastest growing impact on climate change.

これで第5問は終わりです。

（下書き用紙）

リスニングの試験問題は次に続く。

第6問 (配点 14) 音声は1回流れます。

第6問はAとBの二つの部分に分かれています。

A 第6問Aは問36・問37の2問です。二人の対話を聞き，それぞれの問いの答えとして最も適切なものを，四つの選択肢(①～④)のうちから一つずつ選びなさい。(問いの英文は書かれています。) 状況と問いを読む時間が与えられた後，音声が流れます。

状況
　夫婦が，犬を飼うことについて話しています。

問36　What is Cynthia's main point? 　36

① A small dog is less likely to have diseases.
② Dogs are happiest in houses with backyards.
③ Having a dog is a way to stay active.
④ Small dogs are easier to take on trips.

問37　Which of the following issues is not mentioned by either speaker? 　37

① Larger dogs have more behavior issues than smaller ones.
② Larger dogs have more health issues than smaller ones.
③ Larger dogs need more exercise than smaller ones.
④ Larger dogs need more space than smaller ones.

これで第6問Aは終わりです。

（下書き用紙）

リスニングの試験問題は次に続く。

B 第6問Bは問38・問39の2問です。英語を聞き，それぞれの問いの答えとして最も適切なものを，選択肢のうちから一つずつ選びなさい。後の表を参考にしてメモを取ってもかまいません。**状況と問いを読む時間が与えられた後，音声が流れます。**

状況
　四人の学生（Harry, Emily, Junko, Alex）が，放課後の教室で席に座りながら話をしています。

Harry	
Emily	
Junko	
Alex	

問38　四人のうち，子供の長時間のスマートフォンの使用に**否定的な人**は何人ですか。四つの選択肢（①〜④）のうちから一つ選びなさい。　38

① 1人
② 2人
③ 3人
④ 4人

問39 会話を踏まえて，Harryの考えの根拠となる図表を，四つの選択肢(①〜④)のうちから一つ選びなさい。 39

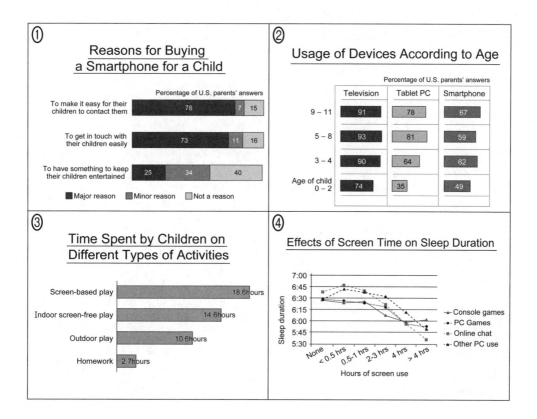

これで第6問Bは終わりです。

※この問題冊子の『注意事項』は，実際の共通テストを想定して掲載しました。
なお，本番の形式と同じく，問題ページは4ページを始まりとしています。

模試　第5回

(100点 / 30分)

〔英　語（リスニング）〕

リスニング音声は，右の二次元コードを読み込むか，下記URLから2025年3月末まで聞くことができます。
https://ex2.zkai.co.jp/books/2024JM/2024JM5_full.mp3

（※設問ごとの個別音声には，目次ページの二次元コードからアクセスできます。）

注 意 事 項

1. 解答用紙に，正しく記入・マークされていない場合は，採点できないことがあります。

2. 問題冊子の異常で**解答に支障がある場合**は，ためらわずに**黙って手を高く挙げな**さい。監督者が筆談用の用紙を渡しますので，トラブルの内容を記入しなさい。試験が終わってから申し出ることはできません。

3. この試験では，聞き取る英語の音声を2回流す問題と，1回流す問題があります。流す回数は下の表のとおりです。また，流す回数は，各問題の指示文にも書かれています。

問題	第1問	第2問	第3問	第4問	第5問	第6問
流す回数	2回	2回	1回	1回	1回	1回

4. 問題音声には，**問題文を読むため**，または**解答をするために音の流れない時間が**あります。

5. 解答は，**設問ごとに解答用紙にマークしなさい**。問題冊子に記入しておいて，途中や最後にまとめて**解答用紙に転記してはいけません**（まとめて転記する時間は用意されていません。）。

6. 解答用紙の汚れに気付いた場合は，そのまま解答を続け，解答終了後，監督者に知らせなさい。解答時間中に解答用紙の交換は行いません。

7. 解答時間中は，試験問題に関する質問は一切受け付けません。

8. **不正行為について**
   ① 不正行為に対しては厳正に対処します。
   ② 不正行為に見えるような行為が見受けられた場合は，監督者がカードを用いて注意します。
   ③ 不正行為を行った場合は，その時点で受験を取りやめさせ退室させます。

9. 試験終了後，問題冊子は持ち帰りなさい。

英　語（リスニング）

(解答番号 1 ～ 37)

第1問 （配点 25） 音声は2回流れます。

第1問はAとBの二つの部分に分かれています。

A　　第1問Aは問1から問4までの4問です。英語を聞き，それぞれの内容と最もよく合っているものを，四つの選択肢（①～④）のうちから一つずつ選びなさい。

問1　1

① The speaker cannot find the post office.
② The speaker received a letter.
③ The speaker wants to send a letter.
④ The speaker works at the post office.

問2　2

① The speaker found some glasses on a desk.
② The speaker is sitting at a desk.
③ The speaker is trying to find his glasses.
④ The speaker wants to buy glasses.

問3　　3

① Kenji is now on vacation.
② Kenji is watching a movie.
③ Kenji plans to take a vacation.
④ Kenji will work all this summer.

問4　　4

① Sarah called the speaker about a meeting.
② Sarah knows that the meeting will be tomorrow.
③ Sarah will call the speaker tomorrow.
④ Sarah will get a call from the speaker today.

これで第 1 問 A は終わりです。

B 　第1問Bは問5から問7までの3問です。英語を聞き，それぞれの内容と最もよく合っている絵を，四つの選択肢(①〜④)のうちから一つずつ選びなさい。

問5　5

① ②

③ ④

問6 　6

①

②

③

④

問7 ☐7

①
②
③
④

これで第1問Bは終わりです。

(下書き用紙)

リスニングの試験問題は次に続く。

第2問 (配点 16) <u>音声は2回流れます。</u>

第2問は問8から問11までの4問です。それぞれの問いについて，対話の場面が日本語で書かれています。対話とそれについての問いを聞き，その答えとして最も適切なものを，四つの選択肢(①〜④)のうちから一つずつ選びなさい。

問8　新しいコンピューターの購入について話をしています。　8

問9　どの帽子をかぶるかについて話をしています。　9

① ②  ③  ④

問10 生徒同士が，遠足に何を持参するかについて話をしています。 10

①

②

③

④

問11　美術館を訪れた人が案内係に質問をしています。　11

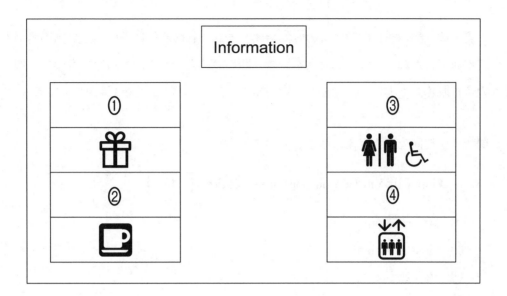

これで第2問は終わりです。

第3問 (配点 18) <u>音声は1回流れます。</u>

第3問は問12から問17までの6問です。それぞれの問いについて，対話の場面が日本語で書かれています。対話を聞き，問いの答えとして最も適切なものを，四つの選択肢(①〜④)のうちから一つずつ選びなさい。(問いの英文は書かれています。)

問12 生徒同士が放課後に話をしています。

What will Yuki do on September 10th? 12

① Attend a party
② Host a student
③ Return home
④ Travel to Germany

問13 ツアーガイドが旅行者と今日の予定について話をしています。

Where will the group visit first? 13

① A house
② A museum
③ A restaurant
④ Gardens

問14 レストランで客とウェイターが注文した料理について話をしています。

What is true according to the conversation? 14

① The man brought a soup and a salad.
② The man wrote down the correct order.
③ The woman decided to order different food.
④ The woman wanted to have soup.

問15 高校生が教員と将来について話をしています。

What does the woman think about the student's plan? 15

① He does not study hard enough to become a nurse.
② He will be good at helping other people.
③ He will learn a lot from the classes he is taking.
④ The classes for nurses are not very interesting.

問16 友人同士でバスケットボールの試合について話をしています。

Why is the woman upset? 16

① She didn't get basketball tickets.
② She isn't a member of the team.
③ The man didn't go to basketball practice.
④ The man didn't invite her to the game.

問17 祖父と孫がテレビ番組について話をしています。

What did the grandfather do? 17

① He misunderstood an actor's role.
② He played a cat in a show.
③ He told the girl some jokes.
④ He wore a brown jacket.

これで第3問は終わりです。

第4問 （配点 12） 音声は1回流れます。

第4問はAとBの二つの部分に分かれています。

A 第4問Aは問18から問25の8問です。話を聞き，それぞれの問いの答えとして最も適切なものを，選択肢から選びなさい。**問題文と図表を読む時間が与えられた後，音声が流れます。**

問18～21 あなたは，授業で配られたワークシートのグラフを完成させようとしています。先生の説明を聞き，四つの空欄 18 ～ 21 に入れるのに最も適切なものを，四つの選択肢 (①～④) のうちから一つずつ選びなさい。

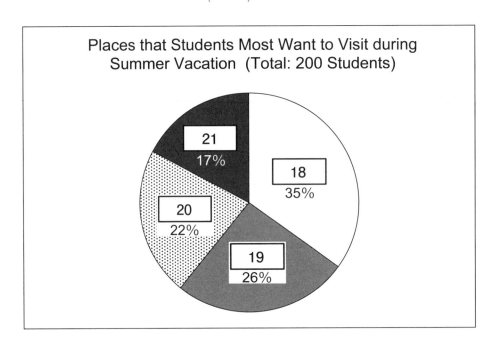

① Australia
② Egypt
③ France
④ Korea

問22〜25 あなたは，夏休みに近所の生花店で手伝いをしていて，配送料についての説明を聞いています。話を聞き，下の表の四つの空欄 22 〜 25 に入れるのに最も適切なものを，五つの選択肢(①〜⑤)のうちから一つずつ選びなさい。選択肢は2回以上使ってもかまいません。

Customer	Distance	Delivery price
Mr. Ibrahim Antar	15 miles	
Mr. Gilbert Forsythe	35 miles	22
Ms. Leila Franklin	4 miles	23
** Mr. Ross O'Toole	8 miles	
Ms. Apinya Saetang	12 miles	24
** Ms. Diane Ramsten	26 miles	25

① $5
② $8
③ $10
④ $20
⑤ Free

これで第4問Aは終わりです。

B 第4問Bは問26の1問です。話を聞き、示された条件に最も合うものを、四つの選択肢(①~④)のうちから一つ選びなさい。後の表を参考にしてメモを取ってもかまいません。**状況と条件を読む時間が与えられた後、音声が流れます。**

状況
あなたは、海外のホームステイ先で、週末に遊びに行く場所を決めるために、四人の友人のアドバイスを聞いています。

あなたが考えている条件
 A. 公共の交通機関で行きやすいこと
 B. 地元の歴史について学べること
 C. 店やレストランがあること

Locations	Condition A	Condition B	Condition C
① Maple Grove			
② Ocean View			
③ Pride Peak			
④ Walt's Crossing			

問26 　26　 is the place you are most likely to visit.

① Maple Grove
② Ocean View
③ Pride Peak
④ Walt's Crossing

これで第4問Bは終わりです。

（下書き用紙）

リスニングの試験問題は次に続く。

第5問 (配点 15) 音声は1回流れます。

第5問は問27から問33の7問です。

最初に講義を聞き，問27から問32に答えなさい。次に続きを聞き，問33に答えなさい。状況・ワークシート，問い及び図表を読む時間が与えられた後，音声が流れます。

状況
あなたはアメリカの大学で，SDGs についての講義を，ワークシートにメモを取りながら聞いています。

ワークシート

○ **Sustainable Development Goals**
  ・Contain 17 goals to make a better world
  ・Accepted by _____〔 27 〕_____ in 2015
  ・Hope to achieve goals by 2030

○ **One way to achieve SDGs: Plan2Inclusivize**

	For Adults	For Disabled Children
System	28	29
Goals	30	31
Guinea Program	80 staff	1,020 children

— ⑤ - 20 —

問27 ワークシートの空欄 27 に入れるのに最も適切なものを，四つの選択肢（①〜④）のうちから一つ選びなさい。

① all countries in the United Nations
② disabled children around the world
③ every resident of Guinea
④ the chairperson of UNESCO

問28〜31 ワークシートの空欄 28 〜 31 に入れるのに最も適切なものを，六つの選択肢（①〜⑥）のうちから一つずつ選びなさい。選択肢は2回以上使ってもかまいません。

① Accept people with disabilities
② Acquire teaching skills
③ Gain confidence
④ Promote sports
⑤ Provide books
⑥ Travel to new places

問32 講義の内容と一致するものはどれか。最も適切なものを，四つの選択肢（①〜④）のうちから一つ選びなさい。 32

① Plan2Inclusivize builds classrooms so disabled children can receive an education.
② Plan2Inclusivize helps disabled children rather than focusing on adults like other programs.
③ Plan2Inclusivize is a program whose name the UNESCO Chair has something to do with.
④ Plan2Inclusivize is the first program related to the Sustainable Development Goals.

第5問はさらに続きます。

問33 講義の続きを聞き，下の図から読み取れる情報と講義全体の内容からどのようなことが言えるか，最も適切なものを，四つの選択肢(①〜④)のうちから一つ選びなさい。 33

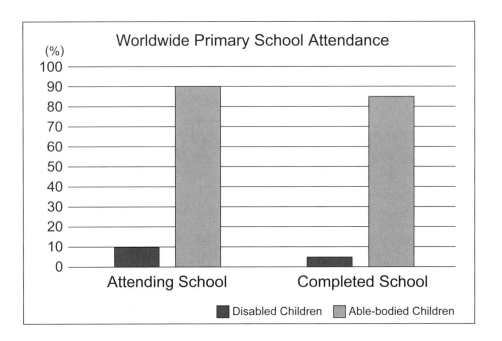

① If Plan2Inclusivize is successful, then fewer able-bodied children might complete primary school.

② More schools for disabled children only should be built to improve their completion rate.

③ Since mostly able-bodied children attend schools, programs like Plan2Inclusivize are not necessary.

④ The difference in school attendance between disabled and other children might decrease due to Plan2Inclusivize.

これで第5問は終わりです。

（下書き用紙）

リスニングの試験問題は次に続く。

第6問 (配点 14) 音声は1回流れます。

第6問はAとBの二つの部分に分かれています。

A 第6問Aは問34・問35の2問です。二人の対話を聞き，それぞれの問いの答えとして最も適切なものを，四つの選択肢(①〜④)のうちから一つずつ選びなさい。（問いの英文は書かれています。）状況と問いを読む時間が与えられた後，音声が流れます。

状況
　Peter が Kana と夏の語学キャンプについて話をしています。

問34　What is Peter's main point?　34

① It is best to study language in a classroom.
② Most native speakers learn vocabulary by playing sports.
③ Real life situations allow students to think more carefully.
④ Sports can also be useful in learning a foreign language.

問35　What choice does Kana need to make?　35

① Whether to attend the summer language camp or not
② Whether to choose a sports program or a camp program
③ Whether to learn new vocabulary about sports or not
④ Whether to take a class from Peter or another native speaker

これで第6問Aは終わりです。

（下書き用紙）

リスニングの試験問題は次に続く。

B 第6問Bは問36・問37の2問です。会話を聞き，それぞれの問いの答えとして最も適切なものを，選択肢のうちから一つずつ選びなさい。後の表を参考にしてメモを取ってもかまいません。**状況と問いを読む時間が与えられた後，音声が流れます。**

状況
　四人の学生（Naomi, Violet, Carl, Pedro）が，あるテレビ番組を見た後に女性指導者について意見交換をしています。

Naomi	
Violet	
Carl	
Pedro	

問36　会話が終わった時点で，今より多くの女性が指導者になるべきだという考えに**肯定的な人**は四人のうち何人でしたか。四つの選択肢（①〜④）のうちから一つ選びなさい。 36

① 1人
② 2人
③ 3人
④ 4人

問37 会話を踏まえて，Carlの意見を最もよく表している図表を，四つの選択肢（①〜④）のうちから一つ選びなさい。 37

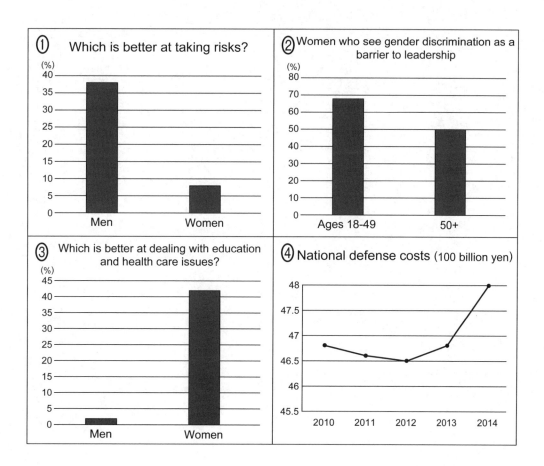

これで第6問Bは終わりです。

※この問題冊子の『注意事項』は，実際の共通テストを想定して掲載しました。
なお，本番の形式と同じく，問題ページは4ページを始まりとしています。

2023 本試

(100点 / 30分)

〔英　語（リスニング）〕

リスニング音声は，右の二次元コードを読み込むか，下記URLから2025年3月末まで聞くことができます。
https://ex2.zkai.co.jp/books/2024JM/2023Honshi_full.mp3

注　意　事　項

1　解答用紙に，正しく記入・マークされていない場合は，採点できないことがあります。

2　問題冊子の異常で**解答に支障がある場合**は，ためらわずに**黙って手を高く挙げなさい**。監督者が筆談用の用紙を渡しますので，トラブルの内容を記入しなさい。試験が終わってから申し出ることはできません。

3　この試験では，**聞き取る英語の音声を2回流す問題と，1回流す問題があります**。流す回数は下の表のとおりです。また，流す回数は，各問題の指示文にも書かれています。

問題	第1問	第2問	第3問	第4問	第5問	第6問
流す回数	2回	2回	1回	1回	1回	1回

4　問題音声には，**問題文を読むため，または解答をするために音の流れない時間が**あります。

5　解答は，**設問ごとに解答用紙にマークしなさい**。問題冊子に記入しておいて，途中や最後に**まとめて解答用紙に転記してはいけません**（まとめて転記する時間は用意されていません。）。

6　解答用紙の汚れに気付いた場合は，そのまま解答を続け，解答終了後，監督者に知らせなさい。解答時間中に解答用紙の交換は行いません。

7　解答時間中は，試験問題に関する質問は一切受け付けません。

8　**不正行為について**

　①　不正行為に対しては厳正に対処します。

　②　不正行為に見えるような行為が見受けられた場合は，監督者がカードを用いて注意します。

　③　不正行為を行った場合は，その時点で受験を取りやめさせ退室させます。

9　試験終了後，問題冊子は持ち帰りなさい。

英　　語（リスニング）

(解答番号 $\boxed{1}$ ～ $\boxed{37}$)

第1問 (配点 25) 音声は2回流れます。

第1問はAとBの二つの部分に分かれています。

A 第1問Aは問1から問4までの4問です。英語を聞き，それぞれの内容と最もよく合っているものを，四つの選択肢(①〜④)のうちから一つずつ選びなさい。

問1　$\boxed{1}$

① The speaker is asking Sam to shut the door.
② The speaker is asking Sam to turn on the TV.
③ The speaker is going to open the door right now.
④ The speaker is going to watch TV while working.

問2　$\boxed{2}$

① The speaker finished cleaning the bowl.
② The speaker finished washing the pan.
③ The speaker is cleaning the pan now.
④ The speaker is washing the bowl now.

問 3 3

① The speaker received a postcard from her uncle.
② The speaker sent the postcard to her uncle in Canada.
③ The speaker's uncle forgot to send the postcard.
④ The speaker's uncle got a postcard from Canada.

問 4 4

① There are fewer than 20 students in the classroom right now.
② There are 22 students in the classroom right now.
③ There will be just 18 students in the classroom later.
④ There will be more than 20 students in the classroom later.

これで第 1 問 A は終わりです。

B 第1問Bは問5から問7までの3問です。英語を聞き，それぞれの内容と最もよく合っている絵を，四つの選択肢（①～④）のうちから一つずつ選びなさい。

問 5　　5

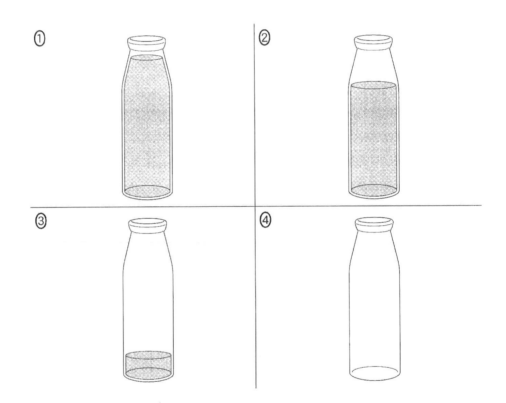

問6 ☐6

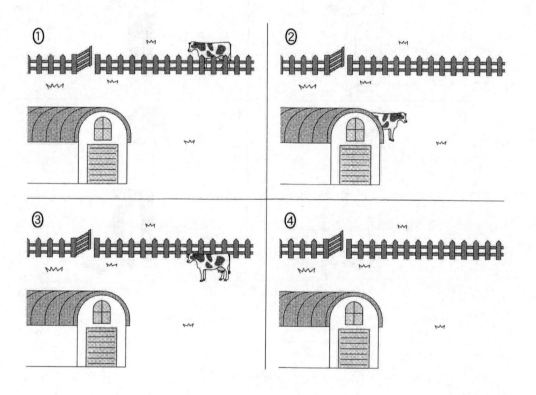

問 7　7

これで第1問Bは終わりです。

(下書き用紙)

英語(リスニング)の試験問題は次に続く。

第2問 (配点 16) 音声は2回流れます。

第2問は問8から問11までの4問です。それぞれの問いについて，対話の場面が日本語で書かれています。対話とそれについての問いを聞き，その答えとして最も適切なものを，四つの選択肢(①～④)のうちから一つずつ選びなさい。

問 8　バーチャルイベントで，友人同士のプロフィール画像(avatar)を当てあっています。 8

①

②

③

④

問 9 ホームパーティーの後で，ゴミの分別をしています。 9

問10 靴屋で，店員と客が会話をしています。 10

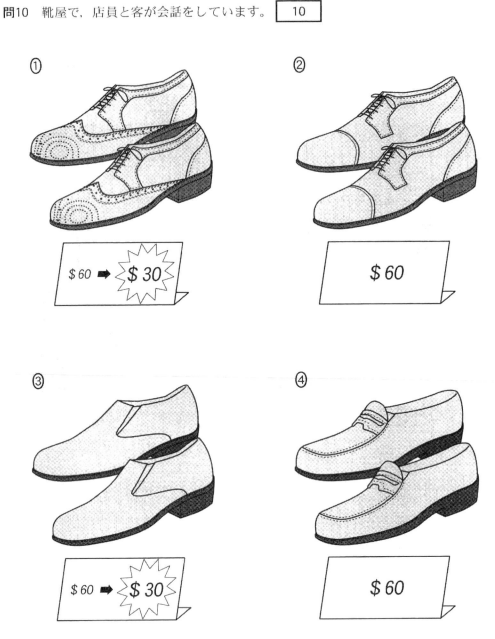

問11 友人同士が，野球場の案内図を見ながら，待ち合わせ場所を決めています。 11

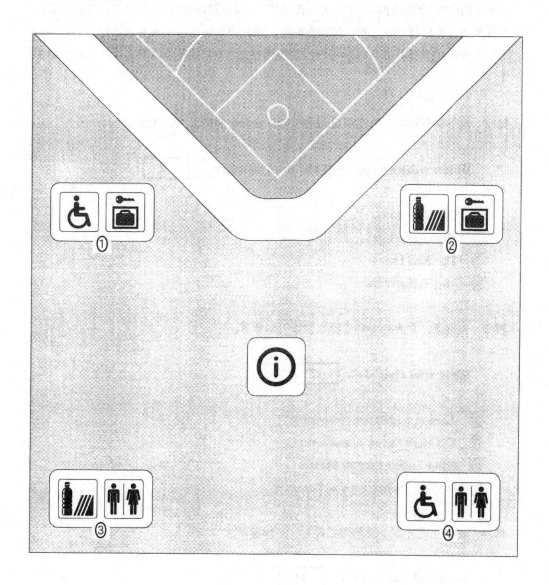

これで第2問は終わりです。

第3問 (配点 18) 音声は1回流れます。

第3問は問12から問17までの6問です。それぞれの問いについて，対話の場面が日本語で書かれています。対話を聞き，問いの答えとして最も適切なものを，四つの選択肢(①～④)のうちから一つずつ選びなさい。(問いの英文は書かれています。)

問12　地下鉄の駅で，男性が目的地への行き方を質問しています。

Which subway line will the man use first? 12

① The Blue Line
② The Green Line
③ The Red Line
④ The Yellow Line

問13　夫婦が，夕食について話し合っています。

What will they do? 13

① Choose a cheaper restaurant
② Eat together at a restaurant
③ Have Indian food delivered
④ Prepare Indian food at home

問14　高校生同士が，授業後に話をしています。

What did the boy do? 14

① He checked his dictionary in class.
② He left his backpack at his home.
③ He took his backpack to the office.
④ He used his dictionary on the bus.

問15 寮のパーティーで，先輩と新入生が話をしています。

What is true about the new student? ☐15

① He grew up in England.
② He is just visiting London.
③ He is studying in Germany.
④ He was born in the UK.

問16 同僚同士が話をしています。

What will the man do? ☐16

① Buy some medicine at the drugstore
② Drop by the clinic on his way home
③ Keep working and take some medicine
④ Take the allergy pills he already has

問17 友人同士が，ペットについて話をしています。

What is the man going to do? ☐17

① Adopt a cat
② Adopt a dog
③ Buy a cat
④ Buy a dog

これで第3問は終わりです。

第4問 (配点 12) 音声は1回流れます。

第4問はAとBの二つの部分に分かれています。

A　第4問Aは問18から問25までの8問です。話を聞き，それぞれの問いの答えとして最も適切なものを，選択肢から選びなさい。問題文と図表を読む時間が与えられた後，音声が流れます。

問18〜21　あなたは，大学の授業で配られたワークシートのグラフを完成させようとしています。先生の説明を聞き，四つの空欄 18 〜 21 に入れるのに最も適切なものを，四つの選択肢 (①〜④) のうちから一つずつ選びなさい。

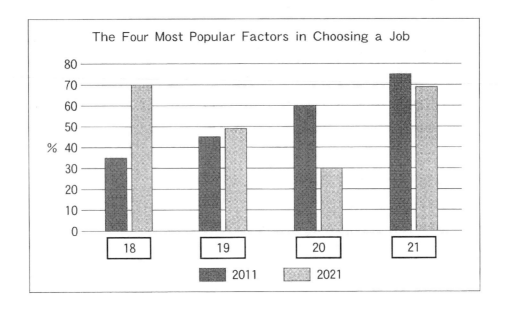

① Content of work
② Income
③ Location
④ Working hours

問22〜25 あなたは，自宅のパソコンから，ゲームの国際大会にオンラインで参加しています。結果と賞品に関する主催者の話を聞き，次の表の四つの空欄 22 〜 25 に入れるのに最も適切なものを，六つの選択肢(①〜⑥)のうちから一つずつ選びなさい。選択肢は2回以上使ってもかまいません。

International Game Competition: Summary of the Results

Teams	Stage A	Stage B	Final Rank	Prize
Dark Dragons	3rd	3rd	4th	22
Elegant Eagles	1st	2nd	1st	23
Shocking Sharks	4th	1st	2nd	24
Warrior Wolves	2nd	4th	3rd	25

① Game
② Medal
③ Trophy
④ Game, Medal
⑤ Game, Trophy
⑥ Medal, Trophy

これで第4問Aは終わりです。

B 第4問Bは問26の1問です。話を聞き，示された条件に最も合うものを，四つの選択肢（①〜④）のうちから一つ選びなさい。後の表を参考にしてメモを取ってもかまいません。**状況と条件を読む時間が与えられた後，音声が流れます。**

状況
あなたは，交換留学先の高校で，生徒会の会長選挙の前に，四人の会長候補者の演説を聞いています。

あなたが考えている条件
 A．全校生徒のための行事を増やすこと
 B．学校の食堂にベジタリアン向けのメニューを増やすこと
 C．コンピューター室を使える時間を増やすこと

Candidates	Condition A	Condition B	Condition C
① Charlie			
② Jun			
③ Nancy			
④ Philip			

問26 26 is the candidate you are most likely to choose.

① Charlie
② Jun
③ Nancy
④ Philip

これで第4問Bは終わりです。

（下書き用紙）

英語（リスニング）の試験問題は次に続く。

第5問 (配点 15) 音声は1回流れます。

第5問は問27から問33までの7問です。

最初に講義を聞き，問27から問32に答えなさい。次に続きを聞き，問33に答えなさい。状況，ワークシート，問い及び図表を読む時間が与えられた後，音声が流れます。

状況

あなたは大学で，アジアゾウに関する講義を，ワークシートにメモを取りながら聞いています。

ワークシート

Asian Elephants

◇ **General Information**
- Size: Largest land animal in Asia
- Habitats: South and Southeast Asia
- Characteristics: 〔 27 〕

◇ **Threats to Elephants**

Threat 1: Illegal Commercial Activities
- using elephant body parts for accessories, 28 , medicine
- capturing live elephants for 29

Threat 2: Habitat Loss Due to Land Development
- a decrease in elephant 30 interaction
- an increase in human and elephant 31

問27 ワークシートの空欄 27 に入れるのに最も適切なものを，四つの選択肢 (①~④) のうちから一つ選びなさい。

① Aggressive and strong
② Cooperative and smart
③ Friendly and calm
④ Independent and intelligent

問28~31 ワークシートの空欄 28 ~ 31 に入れるのに最も適切なものを，六つの選択肢 (①~⑥) のうちから一つずつ選びなさい。選択肢は２回以上使ってもかまいません。

① clothing　　　　② cosmetics　　　　③ deaths
④ friendship　　　⑤ group　　　　　　⑥ performances

問32 講義の内容と一致するものはどれか。最も適切なものを，四つの選択肢 (①~④) のうちから一つ選びなさい。 32

① Efforts to stop illegal activities are effective in allowing humans to expand their housing projects.
② Encounters between different elephant groups are responsible for the decrease in agricultural development.
③ Helping humans and Asian elephants live together is a key to preserving elephants' lives and habitats.
④ Listing the Asian elephant as an endangered species is a way to solve environmental problems.

第５問はさらに続きます。

問33 グループの発表を聞き，次の図から読み取れる情報と講義全体の内容からどのようなことが言えるか，最も適切なものを，四つの選択肢(①〜④)のうちから一つ選びなさい。 33

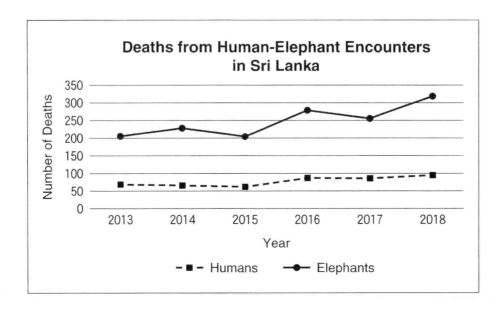

① Efforts to protect endangered animals have increased the number of elephants in Sri Lanka.
② Monitoring illegal activities in Sri Lanka has been effective in eliminating elephant deaths.
③ Sri Lanka has not seen an increase in the number of elephants that have died due to human-elephant encounters.
④ Steps taken to protect elephants have not produced the desired results in Sri Lanka yet.

これで第5問は終わりです。

（下書き用紙）

英語(リスニング)の試験問題は次に続く。

第6問 (配点 14) 音声は1回流れます。

第6問はAとBの二つの部分に分かれています。

A 第6問Aは問34・問35の2問です。二人の対話を聞き、それぞれの問いの答えとして最も適切なものを、四つの選択肢(①〜④)のうちから一つずつ選びなさい。(問いの英文は書かれています。)状況と問いを読む時間が与えられた後、音声が流れます。

状況
Davidと母のSueが、ハイキングについて話をしています。

問34 Which statement would David agree with the most? 34

① Enjoyable hiking requires walking a long distance.
② Going on a group hike gives you a sense of achievement.
③ Hiking alone is convenient because you can choose when to go.
④ Hiking is often difficult because nobody helps you.

問35 Which statement best describes Sue's opinion about hiking alone by the end of the conversation? 35

① It is acceptable.
② It is creative.
③ It is fantastic.
④ It is ridiculous.

これで第6問Aは終わりです。

(下書き用紙)

英語(リスニング)の試験問題は次に続く。

B 第6問Bは問36・問37の2問です。会話を聞き，それぞれの問いの答えとして最も適切なものを，選択肢のうちから一つずつ選びなさい。後の表を参考にしてメモを取ってもかまいません。**状況と問いを読む時間が与えられた後，音声が流れます。**

状況

寮に住む四人の学生(Mary, Jimmy, Lisa, Kota)が，就職後に住む場所について話し合っています。

Mary	
Jimmy	
Lisa	
Kota	

問36 会話が終わった時点で，**街の中心部に住むことに決めた人**を，四つの選択肢(①〜④)のうちから一つ選びなさい。 36

① Jimmy
② Lisa
③ Jimmy, Mary
④ Kota, Mary

問37 会話を踏まえて，Lisa の考えの根拠となる図表を，四つの選択肢(①〜④)のうちから一つ選びなさい。 37

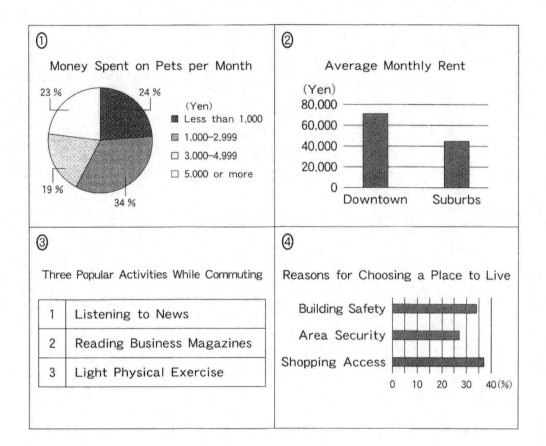

※この問題冊子の『注意事項』は，実際の共通テストを想定して掲載しました。
なお，本番の形式と同じく，問題ページは4ページを始まりとしています。

2023 追試

(100点/30分)

〔英　語（リスニング）〕

リスニング音声は，右の二次元コードを読み込むか，下記URLから2025年3月末まで聞くことができます。
https://ex2.zkai.co.jp/books/2024JM/2023Tsuishi_full.mp3

注意事項

1　解答用紙に，正しく記入・マークされていない場合は，採点できないことがあります。

2　問題冊子の異常で**解答に支障がある場合**は，ためらわずに**黙って手を高く挙げなさい**。監督者が筆談用の用紙を渡しますので，トラブルの内容を記入しなさい。試験が終わってから申し出ることはできません。

3　この試験では，**聞き取る英語の音声を2回流す問題と，1回流す問題があります**。流す回数は下の表のとおりです。また，流す回数は，各問題の指示文にも書かれています。

問題	第1問	第2問	第3問	第4問	第5問	第6問
流す回数	2回	2回	1回	1回	1回	1回

4　問題音声には，**問題文を読むため，または解答をするために音の流れない時間が**あります。

5　解答は，**設問ごとに解答用紙にマークしなさい**。問題冊子に記入しておいて，途中や最後にまとめて**解答用紙に転記してはいけません**（まとめて転記する時間は用意されていません。）。

6　解答用紙の汚れに気付いた場合は，そのまま解答を続け，解答終了後，監督者に知らせなさい。解答時間中に解答用紙の交換は行いません。

7　解答時間中は，試験問題に関する質問は一切受け付けません。

8　**不正行為について**

①　不正行為に対しては厳正に対処します。

②　不正行為に見えるような行為が見受けられた場合は，監督者がカードを用いて注意します。

③　不正行為を行った場合は，その時点で受験を取りやめさせ退室させます。

9　試験終了後，問題冊子は持ち帰りなさい。

英　　語（リスニング）

(解答番号 　1　 ～ 　37　)

第 1 問 （配点 25） 音声は 2 回流れます。

第 1 問はＡとＢの二つの部分に分かれています。

Ａ　第 1 問Ａは問 1 から問 4 までの 4 問です。英語を聞き，それぞれの内容と最もよく合っているものを，四つの選択肢（①〜④）のうちから一つずつ選びなさい。

問 1　　1

① The speaker admires Jennifer's sweater.
② The speaker is asking about the sweater.
③ The speaker is looking for a sweater.
④ The speaker wants to see Jennifer's sweater.

問 2　　2

① The speaker doesn't enjoy playing tennis.
② The speaker doesn't want to play any sports now.
③ The speaker thinks badminton is the most fun.
④ The speaker thinks tennis is better than bowling.

問 3 3

① The speaker doesn't want to eat steak.
② The speaker hasn't eaten dinner yet.
③ The speaker is eating steak now.
④ The speaker wants to eat dinner alone.

問 4 4

① The speaker is talking to the dentist.
② The speaker is telling Diana the time.
③ The speaker wants to call Diana.
④ The speaker wants to go to the dentist.

これで第1問Aは終わりです。

B 　第1問Bは問5から問7までの3問です。英語を聞き，それぞれの内容と最もよく合っている絵を，四つの選択肢（①～④）のうちから一つずつ選びなさい。

問5　| 5 |

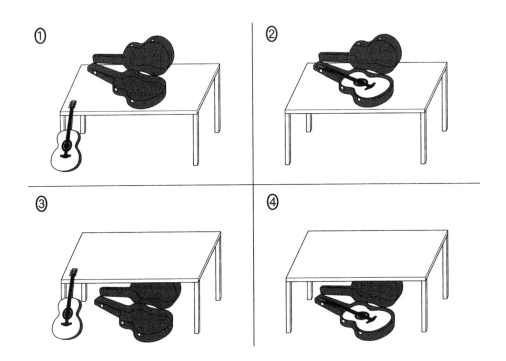

問 6 　6

問 7 7

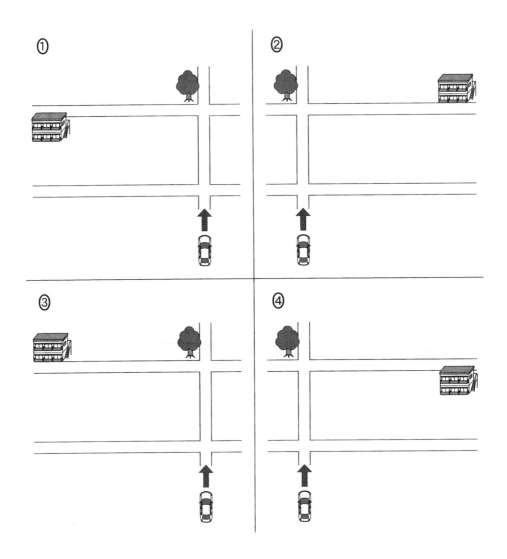

これで第1問Bは終わりです。

(下書き用紙)

英語(リスニング)の試験問題は次に続く。

第2問 (配点 16) 音声は2回流れます。

第2問は問8から問11までの4問です。それぞれの問いについて、対話の場面が日本語で書かれています。対話とそれについての問いを聞き、その答えとして最も適切なものを、四つの選択肢(①～④)のうちから一つずつ選びなさい。

問8　教科書を見ながら、ゲンジボタルの成長について話をしています。　8

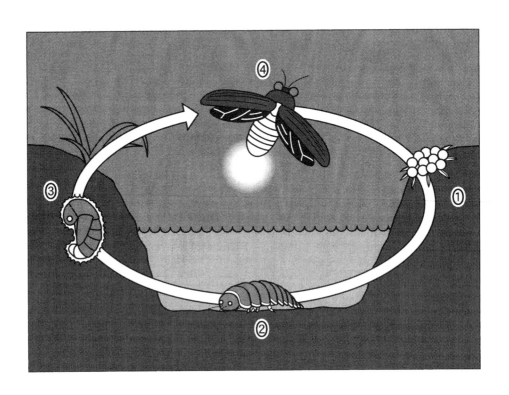

問 9　来週の文化祭で販売するエコバッグのデザインについて話し合っています。
9

①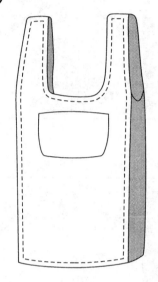

②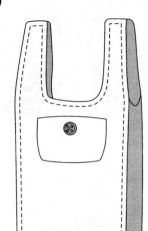

③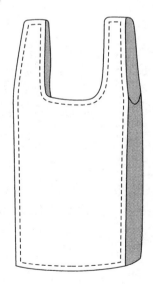

④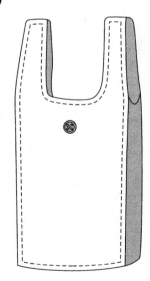

問10 キャンプ場に着いた妹が，携帯電話で兄と話をしています。 10

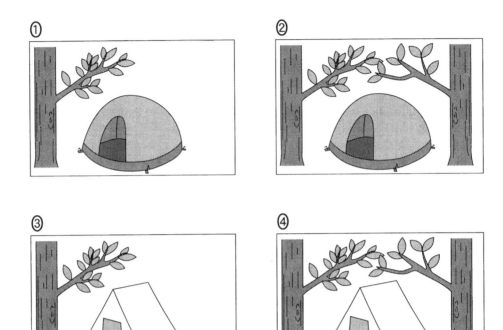

問11　フェリー乗り場で，今日の観光の予定を決めています。　11

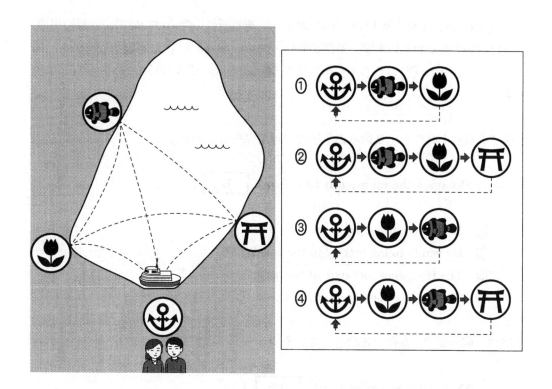

これで第2問は終わりです。

第3問 (配点 18) **音声は1回流れます。**

第3問は問12から問17までの6問です。それぞれの問いについて，対話の場面が日本語で書かれています。対話を聞き，問いの答えとして最も適切なものを，四つの選択肢(①〜④)のうちから一つずつ選びなさい。(問いの英文は書かれています。)

問12 女性が男性と，夏休みの予定について話をしています。

Why does the man want to drive? ☐12

① He prefers to stop wherever he likes.
② He wants to go directly to the coast.
③ The train goes just part of the way.
④ The train is much more flexible.

問13 郵便局で，女性が質問をしています。

What will the woman do? ☐13

① Buy the less expensive postage
② Mail the letter on Friday or later
③ Pay the higher price for postage
④ Send the letter by standard delivery

問14 男性が女性と，観たい映画について話をしています。

What did they decide to do? ☐14

① Choose a movie next week
② Go to a comedy movie today
③ Select a movie this week
④ Watch a horror movie tonight

問15　友人同士が，先週末の出来事について話をしています。

Who did she eat lunch with? 15

① Both her brother and sister
② Everyone in her family
③ Her brother's and sister's children
④ Her two nieces and two nephews

問16　レストランで，夫婦が何を注文するか話をしています。

What is true according to the conversation? 16

① The man will order fish and pie.
② The man will order pasta and cake.
③ The woman will order fish and cake.
④ The woman will order pasta and pie.

問17　道で，男性が同僚の女性に話しかけています。

What will the man do? 17

① Go to the subway with the woman
② Help the woman with one of the bags
③ Take the bags home for the woman
④ Walk with the woman to the bus stop

これで第3問は終わりです。

第4問 (配点 12) 音声は1回流れます。

第4問はAとBの二つの部分に分かれています。

A 第4問Aは問18から問25までの8問です。話を聞き，それぞれの問いの答えとして最も適切なものを，選択肢から選びなさい。**問題文と図表を読む時間が与えられた後，音声が流れます。**

問18～21 あなたは，大学の授業で配られた資料のグラフを完成させようとしています。クラスメートの発表を聞き，四つの空欄 18 ～ 21 に入れるのに最も適切なものを，四つの選択肢（①～④）のうちから一つずつ選びなさい。

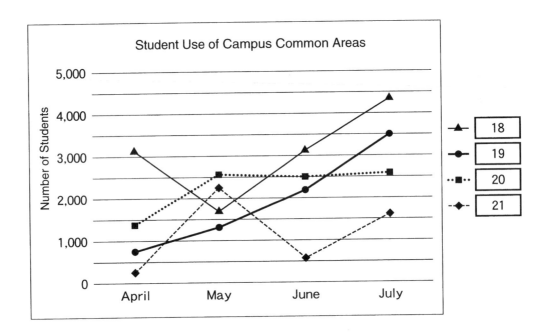

① Cafeteria
② Computer Room
③ Library
④ Student Lounge

問22～25 あなたは，留学生の友達のために，英語が通じるフィットネスクラブを探していて，受付で一緒に料金プランの説明を聞いています。次の表の四つの空欄 22 ～ 25 に入れるのに最も適切なものを，六つの選択肢(①～⑥)のうちから一つずつ選びなさい。選択肢は2回以上使ってもかまいません。

Club Membership Plans and Monthly Fees

Membership plans	All areas	Pool only	Towel service
Regular	¥8,000	23	24
Daytime	¥5,000	¥3,000	25
Student	22	¥2,000	¥1,000

① ¥0
② ¥1,000
③ ¥2,500
④ ¥3,000
⑤ ¥4,000
⑥ ¥6,000

これで第4問Aは終わりです。

B 第4問Bは問26の1問です。話を聞き，示された条件に最も合うものを，四つの選択肢(①〜④)のうちから一つ選びなさい。後の表を参考にしてメモを取ってもかまいません。**状況と条件を読む時間が与えられた後，音声が流れます。**

状況
あなたは，国際会議の会場を一つ決めるために，四人のスタッフが推薦する場所の説明を聞いています。

あなたが考えている条件
A．50人以上入る部屋が8室以上あること
B．施設内全体でWi-Fiが使えること
C．施設内で食事ができること

Location	Condition A	Condition B	Condition C
① Ashford Center			
② Founders' Hotel			
③ Mountain Terrace			
④ Valley Hall			

問26 | 26 | is the location you are most likely to choose.

① Ashford Center
② Founders' Hotel
③ Mountain Terrace
④ Valley Hall

これで第4問Bは終わりです。

（下書き用紙）

英語（リスニング）の試験問題は次に続く。

第5問 (配点 15) 音声は1回流れます。

第5問は問27から問33までの7問です。

最初に講義を聞き，問27から問32に答えなさい。次に続きを聞き，問33に答えなさい。状況，ワークシート，問い及び図表を読む時間が与えられた後，音声が流れます。

> 状況
> あなたは大学で，美術館のデジタル化についての講義を，ワークシートにメモを取りながら聞いています。

ワークシート

Art in the Digital Age

○**Impact of Digital Technology on Art Museums**

Digital art museums are changing how people interact with art because art museums 27 .

○**Distinct Features of Digital Art Museums**

Benefits to museums	Benefits to visitors
◆ potential increase in the number of visitors	◆ easier access ◆ flexible 28 ◆ detailed 29

Challenges for museums
The need for: ◆ enthusiastic 30 ◆ digital specialists ◆ increased 31

問27 ワークシートの空欄 27 に入れるのに最も適切なものを，四つの選択肢(①~④)のうちから一つ選びなさい。

① are no longer restricted to physical locations
② can now buy new pieces of artwork online
③ do not have to limit the types of art created
④ need to shift their focus to exhibitions in buildings

問28~31 ワークシートの空欄 28 ~ 31 に入れるのに最も適切なものを，六つの選択肢(①~⑥)のうちから一つずつ選びなさい。選択肢は2回以上使ってもかまいません。

① artists   ② budget   ③ directors
④ information   ⑤ physical paintings ⑥ visiting time

問32 講義の内容と一致するものはどれか。最も適切なものを，四つの選択肢(①~④)のうちから一つ選びなさい。 32

① More art museums are planning to offer free services on site for visitors with seasonal passes.
② Museums may need to maintain both traditional and online spaces to be successful in the future.
③ One objective for art museums is to get younger generations interested in seeing exhibits in person.
④ The production of sustainable art pieces will provide the motivation for expanding digital art museums.

第5問はさらに続きます。

問33 グループの発表を聞き、**次の図から読み取れる情報と講義全体の内容から**どのようなことが言えるか、最も適切なものを、四つの選択肢(①〜④)のうちから一つ選びなさい。 33

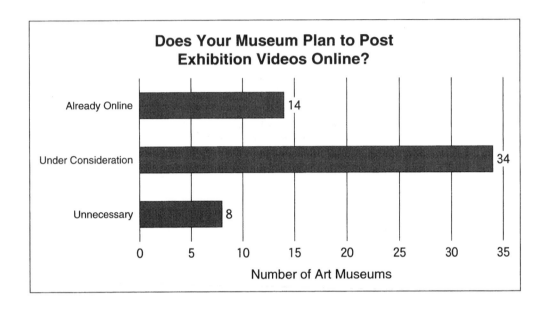

① As visitors want to see art in person, 14 museums decided that putting exhibition videos online is unnecessary.
② Despite problems in finding money and staff, more than 10 museums have already put their exhibition videos online.
③ Eight museums are putting exhibition videos online, and they will put their physical collections in storage.
④ Most of the 56 museums want to have exhibition videos online because it takes very little effort and the cost is low.

これで第5問は終わりです。

(下書き用紙)

英語(リスニング)の試験問題は次に続く。

第6問 (配点 14) 音声は1回流れます。

第6問はAとBの二つの部分に分かれています。

A 　第6問Aは問34・問35の2問です。二人の対話を聞き、それぞれの問いの答えとして最も適切なものを、四つの選択肢(①〜④)のうちから一つずつ選びなさい。(問いの英文は書かれています。) <u>状況と問いを読む時間が与えられた後、音声が流れます。</u>

状況

　Raymond と Mana が、今度行く旅行について話をしています。

問34　Which statement best describes Mana's opinion? ☐34

① Bringing a camera and lenses on a trip is necessary.
② Getting the latest smartphone is advantageous.
③ Packing for an international trip is time-consuming.
④ Updating software on the phone is annoying.

問35　Which of the following statements would both speakers agree with? ☐35

① It's expensive to repair broken smartphones.
② It's impossible to take photos of running animals.
③ It's unpleasant to carry around heavy luggage.
④ It's vital for both of them to buy a camera and lenses.

これで第6問Aは終わりです。

（下書き用紙）

英語（リスニング）の試験問題は次に続く。

B 第6問Bは問36・問37の2問です。会話を聞き，それぞれの問いの答えとして最も適切なものを，選択肢のうちから一つずつ選びなさい。後の表を参考にしてメモを取ってもかまいません。**状況と問いを読む時間が与えられた後，音声が流れます。**

状況
　四人の学生(Jeff, Sally, Matt, Aki)が，卒業研究について話をしています。

Jeff	
Sally	
Matt	
Aki	

問36　会話が終わった時点で，**単独での研究**を選択しているのは四人のうち何人でしたか。四つの選択肢(①〜④)のうちから一つ選びなさい。36

① 1人
② 2人
③ 3人
④ 4人

問37 会話を踏まえて，Aki の考えの根拠となる図表を，四つの選択肢(①〜④)のうちから一つ選びなさい。 37

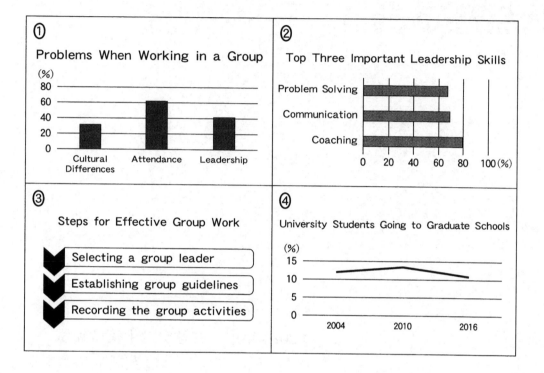

これで第6問Bは終わりです。

書籍のアンケートにご協力ください

抽選で**図書カード**を
プレゼント！

Ｚ会の「個人情報の取り扱いについて」はＺ会
Webサイト（https://www.zkai.co.jp/poli/）
に掲載しておりますのでご覧ください。

2024年用　共通テスト実戦模試
②英語リスニング

初版第1刷発行…2023年7月1日

編者…………Ｚ会編集部
発行人………藤井孝昭
発行…………Ｚ会
　　　　　〒411-0033　静岡県三島市文教町1-9-11
　　　　　【販売部門：書籍の乱丁・落丁・返品・交換・注文】
　　　　　TEL 055-976-9095
　　　　　【書籍の内容に関するお問い合わせ】
　　　　　https://www.zkai.co.jp/books/contact/
　　　　　【ホームページ】
　　　　　https://www.zkai.co.jp/books/

装丁…………犬飼奈央
印刷・製本…日経印刷株式会社

ⒸＺ会　2023　★無断で複写・複製することを禁じます
定価は表紙に表示してあります
乱丁・落丁はお取り替えいたします
ISBN978-4-86531-551-6 C7382

英語（リスニング）模試 第1回 解答用紙

キ リ ト リ 線

英語（リスニング） 模試 第２回 解答用紙

マーク例

良い例	悪い例
●	⊙ ⊗ ◔ O

308

解答番号	1	2	3	4	5	6	解答番号	1	2	3	4	5	6
1	①	②	③	④	⑤	⑥	21	①	②	③	④	⑤	⑥
2	①	②	③	④	⑤	⑥	22	①	②	③	④	⑤	⑥
3	①	②	③	④	⑤	⑥	23	①	②	③	④	⑤	⑥
4	①	②	③	④	⑤	⑥	24	①	②	③	④	⑤	⑥
5	①	②	③	④	⑤	⑥	25	①	②	③	④	⑤	⑥
6	①	②	③	④	⑤	⑥	26	①	②	③	④	⑤	⑥
7	①	②	③	④	⑤	⑥	27	①	②	③	④	⑤	⑥
8	①	②	③	④	⑤	⑥	28	①	②	③	④	⑤	⑥
9	①	②	③	④	⑤	⑥	29	①	②	③	④	⑤	⑥
10	①	②	③	④	⑤	⑥	30	①	②	③	④	⑤	⑥
11	①	②	③	④	⑤	⑥	31	①	②	③	④	⑤	⑥
12	①	②	③	④	⑤	⑥	32	①	②	③	④	⑤	⑥
13	①	②	③	④	⑤	⑥	33	①	②	③	④	⑤	⑥
14	①	②	③	④	⑤	⑥	34	①	②	③	④	⑤	⑥
15	①	②	③	④	⑤	⑥	35	①	②	③	④	⑤	⑥
16	①	②	③	④	⑤	⑥	36	①	②	③	④	⑤	⑥
17	①	②	③	④	⑤	⑥	37	①	②	③	④	⑤	⑥
18	①	②	③	④	⑤	⑥	38	①	②	③	④	⑤	⑥
19	①	②	③	④	⑤	⑥	39	①	②	③	④	⑤	⑥
20	①	②	③	④	⑤	⑥	40	①	②	③	④	⑤	⑥

受験番号欄

千位	百位	十位	一位	英字	
—	⓪	⓪	⓪	Ⓐ	A
①	①	①	①	Ⓑ	B
②	②	②	②	Ⓒ	C
③	③	③	③	Ⓗ	H
④	④	④	④	Ⓚ	K
⑤	⑤	⑤	⑤	Ⓜ	M
⑥	⑥	⑥	⑥	Ⓡ	R
⑦	⑦	⑦	⑦	Ⓤ	U
⑧	⑧	⑧	⑧	Ⓧ	X
⑨	⑨	⑨	⑨	Ⓨ	Y
—	—	—	—	Ⓩ	Z

フリガナ	
氏 名	

試験場コード	十万位	万位	千位	百位	十位	一位

英語（リスニング）模試 第3回 解答用紙

英語（リスニング）模試 第4回 解答用紙

英語（リスニング）模試 第5回 解答用紙

英語（リスニング）2023 本試 解答用紙

英語（リスニング）2023 追試 解答用紙

2024年用 共通テスト実戦模試

❷ 英語リスニング

解答・解説編

Ｚ会編集部 編

共通テスト書籍のアンケートにご協力ください
ご回答いただいた方の中から、抽選で毎月50名様に「図書カード500円分」をプレゼント！
※当選者の発表は賞品の発送をもって代えさせていただきます。

スマホでサクッと自動採点！　学習診断サイトのご案内[1]

『実戦模試』シリーズ（過去問を除く）では，以下のことができます。

・マークシートをスマホで撮影して自動採点
・自分の得点と，本サイト登録者平均点との比較
・登録者のランキング表示（総合・志望大別）
・Ｚ会編集部からの直前対策用アドバイス

【手順】
①本書を解いて，以下のサイトにアクセス（スマホ・PC対応）

二次元コード →

https://service.zkai.co.jp/books/k-test/

②購入者パスワード　**９６０５０**　を入力し，ログイン

③必要事項を入力（志望校・ニックネーム・ログインパスワード）[2]

④スマホ・タブレットでマークシートを撮影　→**自動採点**[3]，アドバイス Get！

※1　学習診断サイトは2024年5月30日まで利用できます。
※2　ID・パスワードは次回ログイン時に必要になりますので，必ず記録して保管してください。
※3　スマホ・タブレットをお持ちでない場合は事前に自己採点をお願いします。

リスニング音声は，右の二次元コードを読み込むか，下記URLから 2025年3月末まで聞くことができます。
https://service.zkai.co.jp/books/zbooks_data/dlstream?c=3043

目次

模試　第１回
模試　第２回
模試　第３回
模試　第４回
模試　第５回
大学入学共通テスト　2023 本試
大学入学共通テスト　2023 追試

リスニング模試　第1回　解答

| 第1問小計 | 第2問小計 | 第3問小計 | 第4問小計 | 第5問小計 | 第6問小計 | 合計点 | /100 |

問題番号(配点)	設問		解答番号	正解	配点	自己採点	問題番号(配点)	設問		解答番号	正解	配点	自己採点
第1問 (25)	A	1	1	①	4		第4問 (12)	A	18	18	③	4※	
		2	2	①	4				19	19	①		
		3	3	④	4				20	20	②		
		4	4	①	4				21	21	④		
	B	5	5	①	3				22	22	①	1	
		6	6	③	3				23	23	①	1	
		7	7	④	3				24	24	③	1	
第2問 (16)		8	8	③	4				25	25	④	1	
		9	9	②	4			B	26	26	③	4	
		10	10	②	4		第5問 (15)		27	27	③	3		
		11	11	④	4				28	28	①	2※	
第3問 (18)		12	12	③	3				29	29	④		
		13	13	①	3				30	30	③	2※	
		14	14	③	3				31	31	⑥		
		15	15	③	3				32	32	③	4	
		16	16	④	3				33	33	③	4	
		17	17	①	3		第6問 (14)	A	34	34	④	3		
									35	35	④	3	
								B	36	36	③	4	
									37	37	④	4	

(注)　※は，全部正解の場合のみ点を与える。

第1問

A

問1 1 ①

スクリプト	和訳
Can I have two hamburgers?　Oh, and without pickles, please.	ハンバーガーを2つもらえますか。ああ、それと、ピクルス抜きでお願いします。

① **The speaker doesn't like a particular food.（話者はある特定の食べ物が好きではない。）**
② The speaker is buying hamburgers and pickles.（話者はハンバーガーとピクルスを買っている。）
③ The speaker is ordering one hamburger without pickles.
　（話者はピクルスなしのハンバーガーを1つ注文している。）
④ The speaker works at a fast food restaurant.（話者はファストフード店で働いている。）

> ハンバーガーを2つ注文したあと，without pickles, pleaseと言い足していることから，話者は**ピクルスという特定の食べ物が好きではない**と考えられるので，正解は①。③はハンバーガーの個数が違っているので不正解。

問2 2 ①

スクリプト	和訳
Since the trains are running late, can we change the time of the meeting from three to four?	電車の運行が遅れているので，会議の時間を3時から4時に変えられますか？

① **The speaker is concerned about a problem with the trains.（話者は電車の問題を心配している。）**
② The speaker wants to take an earlier train.（話者は早めの電車に乗りたがっている。）
③ The speaker wants to change the day of a meeting.（話者は会議の日を変更したがっている。）
④ The speaker was late preparing for a meeting.（話者は会議の準備をするのが遅れた。）

> the trains are running lateの部分が，①のa problem with the trainsに当たる。**電車が遅れているという問題を心配して**，会議の時間を変更しようと提案しているという流れから，①が正解。
> **語句**
> ◇ ① be concerned about ～「～を心配している」

問3 3 ④

スクリプト	和訳
Keiko has a stomachache this morning.　Just in case, she's going to the doctor before work.	ケイコは今朝，腹痛がしています。念のため，仕事の前に医者に行くつもりです。

① Keiko has a headache before going to work.（ケイコは仕事に行く前に頭痛がしている。）
② Keiko isn't going to work because of a stomachache.（ケイコは腹痛のため仕事に行かないつもりだ。）
③ Keiko stopped by a drugstore this morning.（ケイコは今朝，ドラッグストアに立ち寄った。）
④ **Keiko will probably go to a clinic when she goes out.（ケイコは，出かけたらおそらく医院へ行く。）**

①はheadacheでなくstomachacheであれば正解になる。「仕事の前に医者へ行く」というのは，つまり「仕事には行く」ということを意味するので，②は不適切とわかる。③のドラッグストアは英文には出てきていない。「仕事の前に」とは「家を出たら」ということを意味するので，正解は④。

語句
◇ just in case「念のため；万一のことを考えて」

問4　4　①

スクリプト	和訳
I plan to travel around Japan alone, but I'm not sure whether I'll drive or go by train.	1人で日本を旅行して回る計画ですが，車で行くか電車で行くかはわかりません。

① **The speaker is trying to make a decision about a trip.（話者は旅行について決心をしようとしている。）**
② The speaker hasn't decided who to travel with.（話者は誰と旅行をするか決めていない。）
③ The speaker wants to buy a round-trip train ticket.（話者は電車の往復切符を買いたがっている。）
④ The speaker will travel around Japan by car.（話者は車で日本を旅行して回るだろう。）

1人で日本を旅行して回ることは決めているが，車で行くか電車で行くかはわからないというのだから，「どちらにするかを決めようとしている」ことが推測でき，①が正解とわかる。

語句
◇ I'm not sure whether ...「…かどうかわからない」

B

問5　5　①

スクリプト	和訳
She had an umbrella when she left school, but she left it somewhere on the way home.	彼女は学校を出る時は傘を持っていましたが，帰宅途中でどこかに忘れてきました。

選択肢にイラストが含まれる問題では，放送が流れる前に各イラストの差異を確認しておくのがポイント。学校から家に向かうのか，家から学校に向かうのか，傘を持っているかいないかに注意して聞くこと。帰宅途中で傘を忘れてきたのだから，傘を持たずに家に着いた場面の①が正解。

語句
◇ on the way home「家に帰る途中で」

問6　6　③

スクリプト	和訳
He's very tired because he ran from the station to his office.	駅から会社まで走ったので，彼はとても疲れています。

ran from the station to his officeとあり，今は会社に着いていることから，③が正解となる。①も「走って疲れている」が，通りを走っていて会社にはいないので，音声と合わない。②は会社にいないので誤り。④は疲れた理由が違う。

問7　7　④

スクリプト	和訳
The manager paid me no more than 3,000 yen for my 4 hours of work.	店長は私の4時間の仕事に対して3,000円しか払ってくれなかった。

no more than ~ が「たった~だけ（＝only）」の意味だとわかるかどうかがポイント。支払われた金額は3,000円ちょうどなので、②や③は不適切。「3,000円しか」というのは金額が少ないと思っている言い方だから、不満そうな表情の④が正解。

第2問

問8　8　③

スクリプト	和訳
M：Let's sit in the front row.	男：最前列に座ろうよ。
W：No, not near the speakers.	女：いいえ、スピーカーの近くはいやだわ。
M：In the back section, then?	男：じゃあ、後ろの方にする？
W：That would be better, but I want to sit where people won't be walking in front of us.	女：その方がいいけど、前を人が歩かない所に座りたいわ。

問　Where will the speakers sit?（話者たちはどこに座るか。）

イラストを見ながら話の流れを追っていけば、消去法で正解にたどり着ける。「最前列がいい」→「スピーカーの近くはいや」から①がまず外れる。「後ろの方にする」→「その方がいい」で②が外れ、「人が前を歩かない所」だから④も外れる。最後に残った③が正解となる。That would be betterのwouldは、控えめな推量「たぶん…だろう」の意味を表す。

語句
◇ row「（横に並んだ）列」

問9　9　②

スクリプト	和訳
W：There's been a steady stream of visitors since nine.	女：9時からずっと来場者が途切れていないわね。
M：There were fewer around noon, but it recovered soon after.	男：正午ごろには減ったけど、それからすぐにまた増えたね。
W：There were a lot fewer around three.	女：3時頃はかなり少なかったわ。
M：But there were 600 visitors at one point.	男：うん、でも、ある時点では600人の来場者がいたよ。

問　Which graph correctly shows the number of visitors?（どのグラフが来場者の数を正しく表しているか。）

正午頃に来場者が減っているのは②と④。どちらも3時頃には来場者がかなり減っているが、600人に達した時点があるのは②だけであることから、これが正解とわかる。

語句
◇ steady「絶え間なく続く」

問10 10 ②

スクリプト	和訳
W: You have a vacation home near the river, don't you? M: We do have a vacation home, but it's old. And it isn't near the river. W: Oh, near the beach? M: Yeah. The view from the upstairs window is great.	女：あなたは川の近くに別荘を持っているわよね。 男：別荘を持ってはいるけど，古いんだ。それに，川の近くじゃない。 女：ああ，砂浜の近くだっけ？ 男：うん。2階の窓からの眺めは最高だよ。

問 Which vacation home are the speakers talking about?（話者たちはどの別荘について話しているか。）

会話から，別荘の特徴として「砂浜の近く」「2階がある」ということがわかる。これらすべてを満たすのは②。会話の最初の文のnear the riverに惑わされて①を選んでしまわないこと。

語句
◇ vacation home「別荘」

問11 11 ④

スクリプト	和訳
M: What sports are you going to choose in college? W: I'm planning on doing an outdoor sport. M: You like ball sports, don't you? W: Yeah, but in college I want to do something different.	男：大学では何のスポーツを選択するつもりなの？ 女：アウトドアスポーツをやろうと思っているわ。 男：球技が好きなんだよね？ 女：ええ，でも大学では何か違うものがやりたいわ。

問 What is the best sport for the woman to take up in college?（女性が大学で始めるのに一番よいスポーツは何か。）

2文目でoutdoor sportと言っているので①は不適。その後「球技が好きだけれど，大学では違うものがやりたい」と続くので，球技である②，③が外れ，④が正解とわかる。

語句
◇ plan on *doing*「…するつもりである」

第3問

問12 12 ③

スクリプト	和訳
W: Are you wearing the white T-shirt, or the black one? M: I wore the black one yesterday. W: You really care about what you wear, don't you? Do you want to wear these shorts, or is it going to be jeans? Oh, sorry, your jeans are	女：白いTシャツを着る？ それとも黒いのを着る？ 男：黒いのは昨日着たよ。 女：あなたは本当に着るものに気を遣うわね。この半ズボンを履きたい？ それともジーンズにする？ ああ，ごめん，あなたのジーンズは洗濯

in the wash. Wear these. M : OK. I don't need a belt.	中だわ。これを履いて。 男：わかった。ベルトはいらないよ。

問　What is the boy going to wear on the field trip?（男の子は遠足に何を身につけて行くか。）

① 　A black T-shirt and jeans（黒いTシャツとジーンズ）
② 　A black T-shirt, jeans, and a belt（黒いTシャツとジーンズとベルト）
③ 　**A white T-shirt and shorts（白いTシャツと半ズボン）**
④ 　A white T-shirt, shorts, and a belt（白いTシャツと半ズボンとベルト）

> Tシャツの色，ジーンズか半ズボンか，ベルトの有無，の3つが会話のポイントになっている。「黒いのは昨日着た」→「今日は白いTシャツを着る」，「ジーンズは洗濯中」→「半ズボンを履く」といったように，発言の裏に含まれる意味を正確に聞き取ることがポイント。Wear these. のtheseは半ズボンを指す。また，最後に「ベルトはいらない」と言っているので，正解は③とわかる。
>
> 語句
> ◇ care about ～「～に気を遣う；～に関心がある」
> ◇ be in the wash「洗濯中である；洗濯物の中にある」

問13　13　①

スクリプト	和訳
M : How about this action film? W : The actor is cool, but it got horrible reviews. M : Oh, OK. Look, this SF one is perfect for seeing on a big screen. Or that comedy film? It was released just two days ago. W : I saw the SF one last week. Let's go to the latest one.	男：このアクション映画はどうかな？ 女：俳優はかっこいいけど，映画の評判はひどかったわね。 男：ああ，そうだね。見て，このSF映画は大きなスクリーンで見るのにぴったりだ。それとも，そのコメディー映画にする？　2日前に公開になったばかりだよ。 女：そのSF映画は先週見たの。最新のを見に行きましょう。

問　What kind of movie will the couple go to?（カップルはどんな種類の映画に行くか。）

① 　**A comedy（コメディー映画）**
② 　A love story（恋愛映画）
③ 　An action film（アクション映画）
④ 　An SF film（SF映画）

> 女性が最後に言ったLet's go to the latest one. のthe latest oneが何を指すかがポイント。その前の男性の発言にあるIt was released just two days agoが，女性の発言ではlatest（最新の）と言い換えられていることを理解する。Itが指すのは直前のthat comedy filmだから，正解は①。
>
> 語句
> ◇ horrible「ひどい」
> ◇ review「批評；レビュー」
> ◇ release「～を公開する」
> ◇ latest「最新の」

問14 14 ③

スクリプト	和訳
W : So, did you oversleep this morning? M : I stayed up all last night studying. I caught my usual train, but it stopped because of an accident. W : I told you that you could text me in case anything happened, didn't I? M : I know. But my phone died.	女：つまり，今朝は寝坊をしたんですか？ 男：ゆうべは徹夜で勉強をしたんです。いつもの電車に乗ったのに，事故で止まってしまったんです。 女：何かあったらメールをくれたらいいって言いましたよね？ 男：わかっています。でも電話の充電が切れてしまったんです。

問 What happened to the male student this morning?（今朝，男子学生に何が起こったか。）
① He missed his usual train.（彼はいつもの電車に乗り遅れた。）
② His alarm clock didn't go off.（目覚まし時計が鳴らなかった。）
③ **His communication device couldn't be used.（彼の通信機器が使えなかった。）**
④ His professor didn't answer her phone.（彼の教授が電話に出なかった。）

> 男性の最後の発言のmy phone diedが，選択肢③でHis communication device couldn't be used.と言い換えられていることに気づくかどうかがポイント。電話の話が出てくるが，通話ではなくメールをするという文脈だから，④は不適切とわかる。男性は「いつもの電車に乗ったが事故で止まってしまった」と言っているので①も不正解。②はふれられていない。
>
> 語句
> ◇ oversleep「寝坊する」
> ◇ text「～に携帯電話でメールを送る」
> ◇ in case ...「もし…ならば」
> ◇ die「(機械が) 使えなくなる；(携帯電話などの) 充電が切れる」
> ◇ ❷ go off「(アラームなどが) 鳴り出す」

問15 15 ③

スクリプト	和訳
W : Can you tell me what's wrong before you see the doctor? M : I have a stomachache. I took some medicine last night, but I'm still feeling sick. W : I see. Are there any other symptoms? Do you have a fever? M : I don't know. I might have. W : OK, let me check.	女：医師の診察の前に，具合の悪いところを教えてもらえますか。 男：おなかが痛いです。昨晩薬を飲んだのですが，まだ調子が悪いです。 女：わかりました。ほかに症状はありますか。熱はありますか。 男：わかりません。あるかもしれません。 女：そうですか。確認させてください。

問 What will the nurse most likely do next?（看護師が次に最もしそうなことは何か。）
① Get an appointment（予約を取る）
② Give the man some medicine（男性に薬を渡す）
③ **Take the man's temperature（男性の熱を測る）**
④ Talk with the doctor（医師と話をする）

「次に何をするか」に関する発言は，看護師の最後のlet me checkであることはすぐにわかるが，何をチェックするのかがポイント。その直前で熱の有無について問われた男性が，「わかりません。あるかもしれません」と言っていることから，確認するのは熱があるかどうかであることは明らか。③が正解。

語句
◇ symptom「症状」
◇ ③ take *one's* temperature「～の体温を測る」

問16　16　④

スクリプト	和訳
M: I see you have some French bread.	男：フランスパンを持ってるんだね。
W: The bakery next to the station was having an opening sale.	女：駅の隣のパン屋さんが開店セールをしていたの。
M: Oh, I'll go there instead of the bakery in the supermarket.	男：そうか，スーパーのパン屋さんじゃなくてそこへ行くことにするよ。
W: You'd better hurry. The French bread was almost sold out.	女：急いだ方がいいわよ。フランスパンはほぼ売り切れていたから。
M: I'll head there right away, then. Thanks.	男：じゃあすぐに行くよ。ありがとう。

問　What will the man do next?（男性は次に何をするか。）
① Ask the woman how to get to the station（駅への行き方を女性に尋ねる）
② Go to the supermarket（スーパーへ行く）
③ Tell his family about the opening sale（家族に開店セールの話をする）
④ **Try to buy some food（食べ物を買おうとする）**

「次に何をするか」に関する発言は，男性の最後のI'll head there right away, then.であることはすぐにわかるが，thereが何を指すかを正確にとらえることがポイント。会話には，「駅の隣のパン屋さん」と「スーパーのパン屋さん」が出てくるが，男性の2番目の発言にあるinstead ofから考えて後者ではないことがわかる。さらに，④ではFrench breadがfoodと言い換えられていることに注意する。

語句
◇ instead of ～「～ではなく；～の代わりに」
◇ head「向かう；進む」

問17　17　①

スクリプト	和訳
M: Why are you still here, Jane?	男：ジェーン，どうしてまだここにいるの？
W: I'm waiting for it to stop raining. I forgot to bring my umbrella.	女：雨が止むのを待っているの。傘を持ってくるのを忘れちゃって。
M: You can use this one. I brought it last week and forgot to take it home.	男：この傘を使っていいよ。先週持ってきて，家に持って帰るのを忘れたんだ。
W: Thanks, Tim. But what will you use?	女：ありがとう，ティム。でもあなたは何を使うの？
M: I drove to work.	男：僕は車で仕事に来たから。

問　What is true about the man?（男性に関して正しいのはどれか。）
① He does not need his umbrella today.（彼は，今日は傘が必要ではない。）
② He forgot to bring his umbrella today.（彼は今日は傘を持ってくるのを忘れた。）
③ He will leave his car at the office.（彼は事務所に車を置いていくだろう。）
④ He will lend his car to the woman.（彼は女性に車を貸すだろう。）

> 傘を忘れた女性に対し，男性が自分の傘を貸すと申し出ている場面である。男性は最後の発言で「車で仕事に来た」と言っており，車で帰宅するから傘が不要であると推測できる。①が正解。傘を持ってくるのを忘れたと言っているのは女性のほうであり，男性が忘れたのは，先週持ってきた傘を家に持ち帰ること。②は不正解。車を事務所に置いていくという発言はないので③も不正解。男性が女性に貸そうとしているのは傘であり，車ではない。④も誤り。

第4問

A

問18～21　　18　③　　19　①　　20　②　　21　④

スクリプト

　　Where do the international students in our city come from? This graph shows the number of international students attending the universities in our city for the top five countries of origin in 2000 and 2020. India and China were at the top in 2020, with the same number of students. But the change from 2000 in the number of students from India was greater than the change in the number of students from China. As for students from Spain, Korea and France, in 2000, the number of students from France was the smallest, but in 2020, the smallest number of students were from Korea.

和訳

　　私たちの市の留学生はどこから来たのだろう。このグラフは，私たちの市の大学に通う留学生の数を，2000年と2020年の出身国上位5カ国について示したものである。2020年にはインドと中国が同数で1位だった。しかし，インド出身の学生数の2000年からの変化は，中国出身の学生数の変化よりも大きかった。スペイン，韓国，フランス出身の学生について言えば，2000年はフランス出身の学生が最も少なかったが，2020年には，最も学生数が少なかったのは韓国出身だった。

> グラフのタイトルは「留学生の出身国トップ5」である。グラフと選択肢から5カ国は中国，フランス，インド，韓国，スペインであることがわかる。2000年，2020年の年と国名に注意して聞こう。「2020年にはインドと中国が同数で1位だった」と述べられているから，　18　，　19　が中国，インドのいずれかである。続く部分では2000年からの変化について述べられている。「インド出身の学生数の2000年からの変化は，中国出身の学生数の変化よりも大きかった」ので，　18　と　19　を比べて2000年と2020年のグラフの差が大きい　18　がインド（③），もう片方の　19　が中国（①）ということになる。残る3カ国については，「2000年はフランス出身の学生が最も少なかった」と述べられており，グラフから　20　がフランス（②）であると判断できる。「2020年には，最も学生数が少なかったのは韓国出身だった」から　21　が韓国（④）である。

語句
◇ attend「（学校，病院など）に通う；〜に参加する」
◇ the country of origin「出身国」　origin「出身；起源」
◇ as for 〜「〜について言えば」

問22～25　　22　①　　23　①　　24　③　　25　④

スクリプト

Here's a list of tomorrow's party hall functions and the number of guests. Complete it with the number of servers we'll need. The numbers for lunch and dinner will be different. For lunch, it's one server for every five guests. Wedding lunches are busy, so there will be three additional servers. For dinner, it's basically one server for every four guests, but for wedding dinners, there will be three additional servers.

和訳

これが明日の宴会場での催しとゲストの人数のリストです。必要になる配膳係の人数を書き込んでください。ランチとディナーでは人数が違います。ランチでは，ゲスト5人ごとに配膳係は1人です。ウェディングランチは忙しいので，追加の配膳係が3人必要です。ディナーでは，基本的にゲスト4人ごとに配膳係は1人ですが，ウェディングディナーの場合は，追加の配膳係が3人必要です。

それぞれの催しで配膳係が何人必要かが問われている。表は大きく3段に分かれていて，それぞれの段がランチとディナーに分かれているという構成を，まず把握した上で英文を聞きたい。ウェディングの場合は追加の配膳係の人数を加えるのを忘れないように。それぞれの配膳係の人数は次のように計算できる。　22　通常のディナー：28÷4＝7（①），　23　通常のランチ：35÷5＝7（①），　24　ウェディングランチ：55÷5＋3＝14（③），　25　ウェディングディナー：64÷4＋3＝19（④）。

語句
◇ function「（社交的）行事；催し」
◇ complete A with B「BでAを完成させる；AにBを書き込む」
◇ every ～「～（＝数詞付きの名詞）ごとに」
◇ additional「追加の；余分の」

B

問26　26　③

スクリプト

1. Bellevue is a district of high-rise buildings. A subway connects it to a train station. There's an online market on the neighborhood community website, and items you order are delivered immediately to your door. While it has few natural spaces to speak of, Bellevue is perfect for people who prefer high-tech living.

2. Magnolia is located at the foot of a hill. The local bus service runs infrequently, so many people travel through its beautiful nature on bikes and on foot to get to the station. Also, there's a shopping mall on the other side of the hill.

3. Petersville is just one subway stop away from a train station. Above the subway station, there's a big supermarket, theater and museum. What's unique about this district is that it has easy

和訳

1. ベルビューは高層ビルの多い地域です。そこから地下鉄で電車の駅へ行けます。近隣コミュニティーのウェブサイトにオンライン・マーケットがあって，注文した品物はすぐにあなたの家の玄関まで届けてもらえます。取り立てて言うほどの自然の空間はほとんどありませんが，ベルビューはハイテクな暮らしをしたい人々にはうってつけです。

2. マグノリアは丘のふもとにあります。地元のバスの便はまれなので，多くの人々は駅へ行くのに自転車や徒歩で美しい自然の中を通って行きます。また，丘の反対側にはショッピングモールがあります。

3. ピーターズビルは，電車の駅から地下鉄でたった1駅のところにあります。地下鉄の駅の上には，大きなスーパーと劇場と美術館があります。この地域の独特なところは，美しいビーチへ行くのに

access to beautiful beaches. 4. Renton is an area that developed around an old nature park. The district is home to many species of wild birds. Some residents, but not a majority, are demanding better transportation for the district. There are many small, old shops, so selection is limited.	便利だということです。 4. レントンは古い自然公園の周囲に発展した地区です。この地域には多くの種類の野鳥がすんでいます。住民の中には地域の交通の便をもっとよくしてほしいと要求する人もいますが、それは大多数ではありません。小さくて古い店が多くあり、商品の選択の幅は限られています。

問 26 is the area you are most likely to choose. （26 が，あなたが選ぶ可能性の最も高い地域です。）

各地域についての説明を聞きながら，「A.自然環境」「B.交通」「C.買い物の便」について表にメモを書き込んでいくことで，正解を導くことができる。BellevueはA，MagnoliaはB，RentonはBとCが，それぞれ条件に合わない。Petersvilleについてはbeautiful beachesが自然環境に当たると判断でき，その他の条件も満たすので，③が正解。

語句
◇ high-rise「高層の」
◇ door「玄関」
◇ ～ to speak of「（否定文で）取り立てて言うほどの～（はない）」
◇ infrequently「まれに；めったに…ない」
◇ selection「（商品の）選択の幅；品ぞろえ」

第5問

スクリプト	和訳
Today we will be discussing wild animals. They are usually found in nature or in a zoo. But what happens when you bring a wild animal into your home? For most people, when we think of pets, we think of cats and dogs. However, more and more people are buying and keeping animals such as owls, ferrets, and hedgehogs as pets. Animals like these that are not considered common pets are referred to as "exotic pets" or "exotic animals." There are many reasons for a person to want a pet. Pets make great companions and keep people from feeling lonely. They also teach children how to take care of them. But what motivates people to keep exotic animals instead of common pets? Some people want exotic animals because they think they are cuter than normal	今日は野生動物について討論します。彼らは通常，自然の中や動物園で見られます。しかし，野生動物を家庭に持ち込むとどうなるでしょうか。 大部分の人々にとって，ペットといえば，犬や猫を思い浮かべるのではないでしょうか。しかし，フクロウ，フェレット，ハリネズミなどをペットとして購入し，飼う人がますます増えています。このような一般的なペットとはみなされない動物は「エキゾチックペット」または「エキゾチックアニマル」と呼ばれています。 人がペットを欲しがる理由はたくさんあります。ペットは素晴らしい友だちであり，人々が孤独を感じるのを防いでくれます。また，それらは子供たちに世話をする方法を教えてくれます。しかし人々が一般的なペットではなくエキゾチックアニマルを飼う動機は何なのでしょうか。エキゾチックアニマルは普通のペットよりかわいいと思って欲しがる人も

pets. For others, they like them because they are rare and special.

Exotic pets may make their owners happy, but they can cause problems. Because they usually come from faraway places, exotic pets may cause infections. They may also become an invasive species that threatens local species if they escape or are set free. The exotic animals are also in an unnatural environment, so they may suffer from stress and become ill.

So, how can we make sure that these pets are being kept in safe and kind ways? Educating the public about this issue is a very effective way to solve it. Before they bring an exotic pet into their home, new pet owners need to know if it is safe and if it was brought into the country legally.

So, let's look at how education changes people's attitudes about keeping exotic pets. Each group will give its report to the class.

います。またある人々は，それらが珍しくて特別だから好きなのです。

エキゾチックペットは飼い主を幸せにするかもしれませんが，問題を引き起こす可能性があります。エキゾチックペットは通常，遠く離れた所からやって来るため，感染症を引き起こす可能性があります。それらはまた，逃げたり放たれたりすると，在来種を脅かす外来種になる可能性があります。エキゾチックアニマルは不自然な環境にいるため，ストレスを受けて病気になることもあります。

では，これらのペットが安全で思いやりのある方法で飼われていることを確認するにはどうすればよいでしょうか。この問題について一般の人々を教育することは，それを解決するための非常に効果的な方法です。エキゾチックペットを家庭に持ち込む前に，新しいペットの飼い主はそれが安全であるかどうかや，合法的に国に持ち込まれたかどうかを知る必要があります。

それでは，エキゾチックペットを飼うことに対する人々の態度が教育によってどのように変化するかを見てみましょう。各グループはクラスに調査の内容を伝えてください。

ワークシート

エキゾチックペット
◇ 定義
◆ 27 ペット

◇ 人気の理由
◆エキゾチックペットの 28 はその外見にある。
◆エキゾチックペットは珍しくて 29 がある。

◇ 問題
◆病気を引き起こす可能性がある
◆ 30 を損なう可能性がある
◆ 31 を受ける可能性がある

問27 27 ③
① dangerous to people （人にとって危険な）
② not native to the country （その国の在来種ではない）
③ **not regarded as normal （普通とみなされない）**
④ very expensive （非常に高価な）

エキゾチックペットの定義を完成する問題。第２段落第３文に Animals like these that are not considered common pets are referred to as "exotic pets"「このような一般的なペットとはみなされない動物は『エキゾチックペット』と呼ばれています」とある。したがって，③が正解。第４段落第２文に they (= exotic pets) usually come from faraway places「それら（＝エキゾチックペット）は通常，遠く離れた所からやって来る」とあるが，すべてが外国産とは限らないので，②は不正解。同じく第４段落第２文後半に exotic pets may cause infections「エキゾチックペットは感染症を引き起こす可能性がある」とあるが，必ずそうなるわけではないので①も不正解。④のようなことは述べられていないので，これも不正解。

問28～31 **28** ① **29** ④ **30** ③ **31** ⑥
① charm（魅力） ② disaster（災害） ③ ecosystem（生態系）
④ rarity value（希少価値） ⑤ sickness（病気） ⑥ stress（ストレス）

28 と **29** は，エキゾチックペットが人気の理由を表す文を完成させる問題。これらは第３段落後半で述べられている。第３段落第５文に Some people want exotic animals because they think they are cuter than normal pets.「エキゾチックアニマルは普通のペットよりかわいいと思って欲しがる人もいます。」とある。この部分から，**28** には「魅力（①）」を入れて，「エキゾチックペットの魅力はその外見にある。」とすればよい。第３段落第６文に For others, they like them because they are rare and special.「またある人々は，それらが珍しくて特別だから好きなのです。」とある。この部分から，**29** には「希少価値（④）」を入れて，「エキゾチックペットは珍しくて希少価値がある。」とすればよい。**30** と **31** は，エキゾチックペットの問題点を表す文を完成させる問題。これらは第４段落で述べられている。第４段落第３文に They may also become an invasive species that threatens local species「それらはまた，在来種を脅かす外来種になる可能性があります」とある。この部分から，**30** には「生態系（③）」を入れて，「生態系を損なう可能性がある」とすればよい。第４段落第４文に The exotic animals ... may suffer from stress and become ill.「エキゾチックアニマルは…ストレスを受けて病気になることもあります。」とある。この部分から，**31** には「ストレス（⑥）」を入れて，「ストレスを受ける可能性がある」とすればよい。

問32 **32** ③

① It should be against the law to have an exotic pet because they make people sick.
（人間を病気にするので，エキゾチックペットを飼うことは法律違反であるべきだ。）
② People will always try to buy their favorite animal if they have enough money.
（十分なお金があれば，人々は常にお気に入りの動物を買おうとする。）
③ **Pet owners need to be informed about exotic pets before bringing one home.**
（ペットの飼い主は，家庭に持ち込む前にエキゾチックペットについて情報を与えられる必要がある。）
④ Taking care of an exotic pet is a great way to teach children responsibility.
（エキゾチックペットの世話をすることは，子供たちに責任感を教える素晴らしい方法だ。）

第５段落第３文に Before they bring an exotic pet into their home, new pet owners need to know if it is safe and if it was brought into the country legally.「エキゾチックペットを家庭に持ち込む前に，新しいペットの飼い主はそれが安全であるかどうかや，合法的に国に持ち込まれたかどうかを知る必要があります。」とあるので，これらを短くまとめた内容である③が正解。第４段落第２文に exotic pets may cause infections「エキゾチックペットは感染症を引き起こす可能性があります」とあるが，それゆえにエキゾチックペットを飼うことを法律違反とすべきであるという主張は述べられていない

ので、①は不正解。第3段落第3文に They also teach children how to take care of them.「また、それら（＝ペット）は子供たちに世話をする方法を教えてくれます。」とあるが、それが子供たちに責任感を教える素晴らしい方法だとは述べられていないので、④も不正解。②のような記述は本文中にないので、これも不正解。

[語句]
◇ owl「フクロウ」
◇ ferret「フェレット」
◇ hedgehog「ハリネズミ」
◇ be referred to as 〜「〜と呼ばれている」
◇ companion「友達；仲間」
◇ infection「感染症」 cf. infectious「感染性の」
◇ invasive species「外来種」⇔ local species「在来種」
◇ suffer from 〜「〜に苦しむ」
◇ legally「合法的に」
◇ 問32 ④ responsibility「責任感」

問33　33　③

スクリプト	和訳
Our group studied people's opinions about exotic pets. We will introduce a survey which asked people who were shopping for pets about their opinions both before and after they were taught about the problems and dangers posed by exotic pets. Take a look at the graph based on the data from the survey.	私たちのグループはエキゾチックペットに関する人々の意見を調査しました。私たちはペットを買っている人々に、エキゾチックペットが引き起こす問題や危険について教わる前と教わった後の意見をたずねた調査を紹介します。調査データに基づくグラフをご覧ください。

① Education has very little effect on people's consciousness regarding exotic pets.
（教育はエキゾチックペットに関する人々の意識にほとんど影響を与えない。）

② For exotic pets, animal welfare is not as important an issue as infectious diseases.
（エキゾチックペットについては、動物福祉は感染症ほど重要な問題ではない。）

③ **Most people do not know about the problems posed by exotic pets despite their popularity.**
（人気があるにもかかわらず、大部分の人々はエキゾチックペットがもたらす問題について知らない。）

④ Regarding exotic animals, more people are concerned about the legal issues than about safety issues.
（エキゾチックアニマルに関しては、安全性の問題よりも法的な問題を懸念する人々が多い。）

図は、エキゾチックペットの「感染症」「動物福祉」の問題について、情報を与えられる前の「意識レベル」と、情報を与えられた後の「懸念レベル」を示したものである。講義本文の第2段落第2文の more and more people are buying and keeping animals such as owls, ferrets, and hedgehogs as pets「フクロウ、フェレット、ハリネズミなどをペットとして購入し、飼う人がますます増えています」から、エキゾチックペットの人気が高まっていることがわかる。しかし図によると、エキゾチックペットが引き起こす感染症について知っていた人は約30％、動物福祉の問題について知っていた人は約20％で、大部分の人々はこれらの問題について知らなかったことが読み取れる。したがって、③が正解。情報を与えられた後は、感染症についても動物福祉についても90％以上の人々が懸念を示すようになったので、エキゾチックペットについての教育は人々の意識を大いに変化させていることがわかる。し

— ①-14 —

たがって，①は不正解。講義本文でも図でも，エキゾチックペットの「感染症」と「動物福祉」の問題が挙げられているが，どちらのほうがより重要かという比較はされていないので，②も不正解。講義本文の第5段落第3文にBefore they bring an exotic pet into their home, new pet owners need to know if it is safe and if it was brought into the country legally.「エキゾチックペットを家庭に持ち込む前に，新しいペットの飼い主はそれが安全であるかどうかや，合法的に国に持ち込まれたかどうかを知る必要があります。」とあるが，安全性の問題より法的な問題を懸念する人々が多いという比較はされていないので，④も不正解。

語句
◇ pose「～を引き起こす」
◇ ① regarding「～に関する」
◇ ② welfare「福祉」
◇ ③ despite「～にもかかわらず」
◇ 図 awareness「意識」
◇ 図 aware「知っている」

第6問

A

スクリプト	和訳
Coach Smith : Ms. Anderson, I want to talk about your son joining the rugby team.	スミス監督：アンダーソンさん，息子さんがラグビーチームに参加することについてお話ししたいのですが。
Ms. Anderson : Yes, he wants to join, but I'm worried about his safety.	アンダーソンさん：はい，息子は参加したがっていますが，私は彼の安全が心配です。
Coach Smith : We take very good care of our athletes.	スミス監督：私たちは選手をとても大切にしています。
Ms. Anderson : I'm sure you do. However, I'm concerned about injuries.	アンダーソンさん：もちろんそうだと思います。でも，ケガが心配なのです。
Coach Smith : That happens, unfortunately, but it happens very rarely.	スミス監督：残念ながらそのようなことはありますが，めったに起こりませんよ。
Ms. Anderson : I've read an article saying that many rugby players suffer head injuries that affect them later in life.	アンダーソンさん：私は，多くのラグビー選手がのちの人生に影響を与える頭部外傷に苦しむという記事を読んだのです。
Coach Smith : I understand, but our students must wear helmets and other protection. We have not had a head injury here since our establishment.	スミス監督：わかりますが，学生はヘルメットなどの保護具を着用しなければならないのです。チームの創設以来，頭部外傷は一度も起こっていません。
Ms. Anderson : I'm relieved to hear that.	アンダーソンさん：それを聞いて安心しました。
Coach Smith : And your son will enjoy many benefits from joining the team.	スミス監督：そして息子さんは，チームに参加することで多くのメリットを享受するでしょう。
Ms. Anderson : Such as?	アンダーソンさん：例えばどのような？
Coach Smith : He will learn teamwork. Rugby players develop a sense of responsibility	スミス監督：彼はチームワークを学ぶでしょう。ラグビー選手はお互いへの責任感を育みます。

towards one another. Ms. Anderson : That's something my son needs. Coach Smith : And it's great exercise. We spend more time training than we do playing rugby. Ms. Anderson : Well, training will make him healthier in the future. Let me think about it and get back to you. Coach Smith : Sounds great! Let me know what the two of you decide.	アンダーソンさん：それは息子に必要なことです。 スミス監督：それから，とてもよい運動になります。私たちはラグビーをプレーするよりもトレーニングに多くの時間を費やしています。 アンダーソンさん：そうですね，トレーニングによって息子は将来より健康になるでしょう。私にこの件について考えさせてください，それからあなたにお返事します。 スミス監督：いいですね！　お二人の決定をお伝えください。

問34　34　④

問　Which statement would Coach Smith agree with the most?
（スミス監督が最も同意するのはどの意見か。）

① Playing rugby is more important than training for it.
（ラグビーをプレーすることはトレーニングよりも重要だ。）
② Rugby is all the more fun because it is dangerous.（ラグビーは危険だからなおさら楽しい。）
③ Rugby is completely safe because the players wear helmets.
（選手はヘルメットをかぶっているので，ラグビーは完全に安全だ。）
④ **The benefits of playing rugby exceed the risks.**（ラグビーをプレーするメリットはリスクを上回る。）

> スミス監督は3つ目の発言で「残念ながらそのようなこと（＝ケガをすること）はありますが，めったに起こりません」，4つ目の発言で「（頭部外傷を心配するアンダーソンさんの気持ちは）わかります」とラグビーのリスクは承知しながらも，5つ目の発言で「チームに参加することで多くのメリットを享受するでしょう」と述べている。したがって，④が正解。スミス監督は7つ目の発言で「私たちはラグビーをプレーするよりもトレーニングに多くの時間を費やしています。」と言っているので，①は不正解。スミス監督は「危険だからなおさら楽しい」とは述べていないので，②も不正解。4つ目の発言で「学生はヘルメットなどの保護具を着用しなければならない」と言っているが，3つ目の発言で「残念ながらそのようなこと（＝ケガをすること）はある」とも言っているので，③も不正解。

問35　35　④

問　Which statement best describes Ms. Anderson's opinion about her son playing rugby by the end of the conversation?
（会話終了までの息子がラグビーをプレーすることに関するアンダーソンさんの意見を最もよく表しているのはどれか。）

① It is almost ideal.（それはほとんど理想的だ。）
② It is out of the question.（それは論外だ。）
③ It is still dangerous.（それはまだ危険だ。）
④ **It is worth considering.**（それは検討する価値がある。）

会話を通して，アンダーソンさんの考えがどのように変化したかを見てみよう。当初は「息子はラグビーチームに参加したがっているが，ケガが心配だ。」という考えだったが，スミス監督に「学生はヘルメットなどの保護具を着用しなければならず，頭部外傷は一度も起こっていない」と言われて，「それを聞いて安心しました。」とケガへの懸念は払拭された様子である。さらに，スミス監督から「ラグビーを通してチームワークを学ぶことができる」「よい運動になる」と聞いてメリットを感じ，最終的には「私にこの件について考えさせてください，それからあなたにお返事します。」と述べている。したがって，④が正解で，②は不正解。その場で快諾するほどではないので，①は不正解。危険への懸念は払拭されたので，③も不正解。

【語句】
◇ unfortunately「残念ながら」
◇ establishment「創設」
◇ towards one another「お互いへの」
◇ 問34 ④ exceed「～を超える」
◇ 問35 ① ideal「理想的な；申し分のない」
◇ 問35 ④ worth *doing*「…する価値があって」

B

スクリプト	和訳
Jake : I can't stop coughing. I think the heavy traffic is polluting the air. We should try to do something about it, Yumi.	ジェイク：せきが止まらないんだ。僕は，交通量の多さで空気が汚染されていると思う。僕たちはそれについて何かしようとすべきだよ，ユミ。
Yumi : I agree, Jake ... but how?	ユミ：賛成よ，ジェイク…でもどうやって？
Jake : Maybe, we could propose blocking off some city streets from cars. Air pollution could cause serious health problems, especially in children.	ジェイク：たぶん僕たちはいくつかの都市部の道路を車両通行止めにすることを提案できるんじゃないかな。大気汚染は，特に子供たちに深刻な健康問題を引き起こす可能性があるよ。
Yumi : Block off city streets? I don't know if that's practical. Traffic is heavy even now.	ユミ：都市部の道路の通行止め？ それが実現できるかどうか私にはわからないわ。今でさえ交通量が多いわよ。
Jake : It's easy. All we need to do is to install road signs reading, "Road Closed to Vehicles." Right, Mary?	ジェイク：簡単だよ。する必要があるのは「車両通行止め」と書かれた道路標識を設置することだけだ。そうだよね，メアリー？
Mary : Yeah, we could even turn the closed roads into green space. What do you think, Stan?	メアリー：ええ，通行止めになった道路を緑地に変えることだってできるんじゃないかしら。どう思う，スタン？
Stan : I am with Yumi on this topic. Blocking streets will cause too much inconvenience for everyone.	スタン：僕はこの話題についてはユミと同意見だよ。道路を通行止めにするとみんながとても不便になるよ。
Yumi : Stan is right. What about emergency vehicles such as fire trucks or police cars? They need to use the road.	ユミ：スタンは正しいわ。消防車やパトカーのような緊急車両に関してはどうなの？ それらは道路を使う必要があるわよ。
Mary : But closing streets has already worked out in some cities like New York.	メアリー：でも道路の封鎖は，ニューヨークのようないくつかの都市ですでにうまくいっているわ。

| Stan : I know it's necessary to do something about this problem, but radical changes often fail.
Mary : Maybe we can say that only electric vehicles can use the streets. How's that, Stan?
Stan : Electric vehicles cost much more than gasoline-powered cars. If we are to ban gasoline cars, it needs to come with financial support.
Mary : Either way, we have to think of a way to stop the pollution.
Yumi : I'm still doubtful. Much of electric power generation still depends on thermal power, which emits CO₂. | スタン：この問題について何かする必要があることはわかるけど，極端な変更は失敗することが多いよ。
メアリー：電気自動車のみ道路を通行可能にするとしてもいいかもしれないわ。それならどう，スタン？
スタン：電気自動車はガソリン車よりもはるかに高いよ。もしガソリン車を禁止にしたいのなら，財政的支援がセットで必要だよ。
メアリー：どちらにしても，汚染を止める方法を考えなければならないわ。
ユミ：私にはまだ疑問だわ。発電の多くは依然として火力発電に依存していて，火力発電はCO₂（二酸化炭素）を排出するのよ。 |

問36 36 ③

ジェイクは2つ目の発言で「都市部の道路を車両通行止めにすることを提案できるんじゃないかな」，3つ目の発言で「する必要があるのは『車両通行止め』と書かれた道路標識を設置することだけだ」と述べており，道路の使用規制に賛成である。ユミは2つ目の発言で「それ（＝通行止め）が実現できるかどうかわからない」，3つ目の発言で「通行止めにすると緊急車両に支障が出る」と道路の使用規制への懸念を述べているので，反対の立場と言える。メアリーは1つ目の発言で「通行止めになった道路を緑地に変えることだってできる」，2つ目の発言で「道路の封鎖がうまくいっている都市もある」，3つ目の発言で「電気自動車のみ通行可能にしてもいいかもしれない」と一貫して道路の使用規制に肯定的な意見を述べており，賛成の立場と言える。スタンは1つ目の発言で「通行止めにすると不便になる」，2つ目の発言で「通行止めのような極端な変更は失敗することが多い」と道路の使用規制に否定的な意見を述べ，さらに電気自動車のみ通行可能にしてはどうかという妥協案に対しても，3つ目の発言で「電気自動車はガソリン車よりもはるかに高いので，その場合は財政的支援がセットで必要だ」と否定的なので，反対の立場と言える。したがって，ジェイクとメアリーが道路の使用規制に賛成なので，正解は③。

問37 37 ④

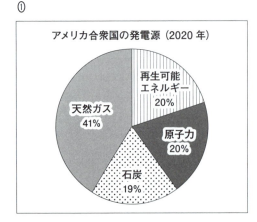

③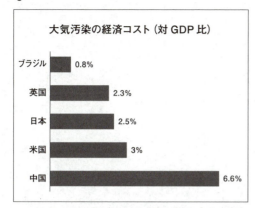

④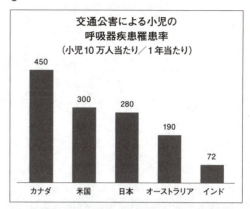

ジェイクは1つ目の発言でI think the heavy traffic is polluting the air.「僕は，交通量の多さで空気が汚染されていると思う。」，2つ目の発言でAir pollution could cause serious health problems, especially in children.「大気汚染は，特に子供たちに深刻な健康問題を引き起こす可能性があるよ。」と言っているので，「交通公害による小児の呼吸器疾患罹患率」というタイトルで各国の子供たちの呼吸器疾患の罹患率を示すグラフである④が正解。発電源に関してはユミが最後の発言でふれているのみなので，①は不正解。都市部の緑地に関してはメアリーが1つ目の発言でふれているのみなので，②も不正解。大気汚染の経済コストについては会話に出てこないので，③も不正解。

語句
◇ block off 〜 from …「〜を…から封鎖する」
◇ practical「現実的な；実用的な」
◇ install「〜を設置する」
◇ vehicle「乗り物」
◇ be with 〜「〜と同意見である」
◇ inconvenience「不便」
◇ work out「うまくいく」
◇ radical「極端な」
◇ gasoline-powered car「ガソリン車」
◇ be to *do*「…したいと思う」
◇ come with 〜「〜が付いている」
◇ doubtful「疑っている」
◇ electric power generation「発電」
◇ thermal power「火力発電」
◇ emit「〜を排出する」
◇ ① renewable「再生可能な」
◇ ④ incidence rate「罹患率」
◇ ④ breathing problem「呼吸器疾患」

リスニング模試 第2回 解答

| 第1問小計 | 第2問小計 | 第3問小計 | 第4問小計 | 第5問小計 | 第6問小計 | 合計点 /100 |

問題番号(配点)	設問		解答番号	正解	配点	自己採点	問題番号(配点)	設問		解答番号	正解	配点	自己採点
第1問 (25)	A	1	1	①	4		第4問 (12)	A	18	18	②	4※	
		2	2	①	4				19	19	①		
		3	3	④	4				20	20	③		
		4	4	③	4				21	21	④		
	B	5	5	①	3				22	22	②	1	
		6	6	④	3				23	23	④	1	
		7	7	②	3				24	24	⑤	1	
第2問 (16)		8	8	①	4				25	25	②	1	
		9	9	①	4			B	26	26	④	4	
		10	10	④	4		第5問 (15)		27	27	①	3	
		11	11	②	4				28	28	④	2※	
第3問 (18)		12	12	④	3				29	29	②		
		13	13	①	3				30	30	③	2※	
		14	14	③	3				31	31	⑥		
		15	15	①	3				32	32	③	4	
		16	16	①	3				33	33	④	4	
		17	17	②	3		第6問 (14)	A	34	34	③	3	
									35	35	①	3	
								B	36	36	③	4	
									37	37	①	4	

(注) ※は,全部正解の場合のみ点を与える。

第1問

A

問1 1 ①

スクリプト	和訳
It is unlikely that Mayumi will be able to get a driver's license.	マユミは運転免許を取れそうにありません。

① The speaker doesn't think Mayumi can get a driver's license.
（話者はマユミが運転免許を取れると思っていない〔取れないと思っている〕。）
② The speaker doesn't want Mayumi to drive a car.（話者はマユミに車を運転してほしくない。）
③ The speaker thinks Mayumi can get a driver's license easily.
（話者はマユミが簡単に運転免許を取れると思っている。）
④ The speaker thinks Mayumi needs to get a driver's license.
（話者はマユミが運転免許を取る必要があると思っている。）

> It is unlikely that … は「…ということはありそうにない」という意味。that節内の「マユミは運転免許を取ることができるだろう」ということが「ありそうにない」ということなので、正解は①となる。S don't think (that) … は「Sは…とは思わない〔…ではないと思う〕」という主語の考えや意見を表す。

問2 2 ①

スクリプト	和訳
Quite a few people visited the exhibition on the opening day.	かなり多くの人々が公開日にその展覧会を訪れました。

① The exhibition had a large number of visitors.（その展覧会には多数の訪問者があった。）
② The exhibition was not open to everyone.（その展覧会はすべての人に公開されてはいなかった。）
③ The exhibition was unsuccessful as expected.（その展覧会は予想どおり不成功だった。）
④ The exhibition was visited by only a few people.（その展覧会を訪れた人はほんのわずかだった。）

> quite a few ～ は「かなり多くの～，相当数の～」という意味。つまり「多くの人々が展覧会を訪れた」ということだから，①が正解。

問3 3 ④

スクリプト	和訳
I would rather cook dinner at home than go to a restaurant.	私はレストランへ行くよりも，家で夕食を作る方がいいです。

① The speaker doesn't want to eat dinner at home.（話者は家で夕食を食べたくない。）
② The speaker is going to eat out at a restaurant.（話者はレストランで外食するつもりだ。）
③ The speaker is going to order food delivery.（話者は食べ物のデリバリーを注文するつもりだ。）
④ The speaker is reluctant to go out for dinner.（話者は夕食を食べに出かけたくない。）

would rather ... than ~ は「~するよりも…する方がいい」という意味なので，話者は夕食をレストランで食べるよりも家で作って食べたいと思っていることがわかる。よって④が正解。デリバリーを注文するとは言っていないので③は不適切。

語句
◇ be reluctant to *do*「…したがらない」

問4　4　③

スクリプト	和訳
Robin was having an important meeting on Thursday, but it was moved to Saturday.	ロビンは木曜日に重要な会合がある予定でしたが，それは土曜日に変更されました。

① Robin had his meeting on Thursday.（ロビンは木曜日に会合を開いた。）
② Robin moved to a new place on Saturday.（ロビンは土曜日に新しいところへ引っ越した。）
③ **Robin's meeting was put off to the weekend.（ロビンの会合は週末に延期された。）**
④ Robin's meeting was rescheduled to Thursday.（ロビンの会合は木曜日に変更された。）

会合の予定が「木曜日」と「土曜日」のどちらになったかをしっかり聞き取ること。Saturday が the weekend と言い換えられている③が正解。was having は，過去の時点から見た未来の予定を表す過去進行形。

語句
◇ put off ~「~を延期する」

B
問5　5　①

スクリプト	和訳
She saw a white dog without a collar when she left home for work.	彼女は家を出て仕事へ行く時，首輪のない白い犬を見ました。

選択肢にイラストが含まれる問題では，放送が流れる前に各イラストの差異を確認しておくのがポイント。家から会社に向かうのか，会社から家に向かうのか，また犬に首輪がついているかいないかに注意して聞くこと。without a collar と left home から①が正解とわかる。

問6　6　④

スクリプト	和訳
I really want to work on a tropical island while listening to music.	私は本当に，熱帯の島で音楽を聞きながら仕事をしたいです。

音楽を聞いているかいないか，熱帯の島に実際にいるかいないかに注意して音声を聞く。want to work なので，実際には南の島にいないことがわかる。while listening は「聞いている間；聞きながら」。以上から正解は④となる。

問7　7　②

スクリプト	和訳
The man came home and sat on the sofa, and then the light suddenly went out.	男性が帰宅してソファーに座ると，突然，電灯が消えました。

電灯がついたところか消えたところか，男性がソファーに座っているかいないかに注意して音声を聞く。sat on the sofaと（and then）the light ... went outという前後関係を正しく表しているのは②。

第2問

問8　8　①

スクリプト	和訳
W: Which would you rather see, the water or the trees? M: Being able to see the water would be nice. W: I think so, too. But I don't want a view of someone else's house. M: You're right.	女：水と木のどちらが見たい？ 男：水を見られるといいだろうね。 女：私もそう思う。でも，他人の家は見たくないわ。 男：そのとおりだね。

問　What part of their home will they add a balcony to?（彼らはバルコニーを家のどの部分に増築するか。）

イラストを見ながら話の流れを追っていけば，消去法で正解にたどり着ける。「水を見られるといい」から，②と④が外れる。「他人の家は見たくない」ということから，家が見える③も外れて，残った①が正解となる。Being able to see the water（水を見ることができること）は動名詞句で，would be nice（いいだろうね）の主語。

問9　9　①

スクリプト	和訳
W: There's a huge difference in the figures between February and March. M: Almost double! W: Why does May look like this? M: It's OK because we had more visitors than the month before.	女：2月と3月の間で数字にとても大きな違いがあるわ。 男：2倍近いね！ 女：5月はどうしてこんなふうなのかしら。 男：前の月よりも来訪者が多かったから，問題ないよ。

問　Which graph are the speakers talking about?（話者たちはどのグラフの話をしているか。）

2月と3月のどちらが多いかはわからないが，「2倍近い」差があるということから，まず③が外れる。次に，残った中で「5月が前月よりも多い」のは①だけであることから，これが正解とわかる。

語句
◇ huge「莫大な」
◇ figure「数字；数値」

問10　10　④

スクリプト	和訳
W : I want to change our company's badge. M : We should quit using the round one, then. W : Yes, but I don't want anything too pointy. M : Simple is best. How about the square one? W : Agreed!	女：私は会社のバッジを変えたいわ。 男：じゃあ，丸いのを使うのはやめた方がいいね。 女：そうね，でも，あんまりとがったのはいやだわ。 男：シンプルがいちばんだよ。四角いのはどうかな。 女：賛成！

問　Which one will the speakers choose?（話者たちはどれを選ぶか。）

新しいバッジの形について「丸くないもの」「あまりとがっていないもの」がよいと述べられたのち，男性の「四角いのはどうかな」という問いかけに対して女性が「賛成」と答えている。以上から正解は④となる。agreed はここでは間投詞的に用いられている。

語句
◇ pointy「先のとがった」

問11　11　②

スクリプト	和訳
M : Grandma doesn't like sour things, does she? W : Wow, you remembered. M : Of course. And she's been having problems with her teeth, right? W : Yes. Let's take her some of these because they're soft and easy to eat.	男：おばあちゃんは酸っぱいものが好きじゃないよね。 女：わあ，覚えていたのね。 男：もちろんさ。それに，歯の具合がずっと悪かったよね。 女：ええ。軟らかくて食べやすいから，これらのいくつかを持って行きましょう。

問　Which will the speakers take?（話者たちはどれを持っていくか。）

「酸っぱいものが好きではない」ということから，まず③のレモンと④の梅干しが外れる。残ったピーナッツとバナナのうちで「軟らかくて食べやすい」のは②のバナナである。

語句
◇ have problems with ～「～に関して問題を抱えている」

第3問

問12　12　④

スクリプト	和訳
W : I'll bring home the light blue vase I just sent you a photo of. M : It's a good buy. Aren't there any gray or red ones for the living room? W : There aren't any red ones, but how about yellow? M : Get that one. It'll brighten up the room.	女：たった今あなたに写真を送った薄い青色の花瓶を家に持って帰るわね。 男：それはお買い得だね。居間用に灰色か赤色のはないかな。 女：赤いのは1つもないけれど，黄色はどう？ 男：それを買ってよ。部屋が明るくなるよ。

問　What color are the vases the woman will buy?（女性が買う花瓶は何色か。）

① Blue and gray（青色と灰色）
② Gray and yellow（灰色と黄色）
③ Red and blue（赤色と青色）
④ **Yellow and blue（黄色と青色）**

> まず，最初のやりとりで light blue の花瓶を買うことがわかる。そのあと gray, red, yellow という色が話題になるが，最終的に女性が how about yellow? とたずねて，男性が Get that one. と答えているので正解は④。なお，女性の最初の発言の vase と I の間には関係代名詞 that / which が省略されている。
>
> 語句
> ◇ a good buy「良い買い物；安い買い物」
> ◇ brighten up ～「～（の雰囲気）を明るくする；～を華やかにする」

問13　13　①

スクリプト	和訳
W: Is the club meeting in the east building or the west building? M: It's in the main building. W: Oh, then we'd better hurry. M: I have something to take care of in the administration building first. I'll join you as soon as I'm done.	女：クラブの会合は東館と西館のどちらであるのかしら。 男：本館だよ。 女：ああ，それなら急いだ方がいいわね。 男：僕はまず管理棟でしなきゃならないことがあるんだ。終わったらすぐに君に合流するよ。

問　Where will the man go next?（男性は次にどこへ行くか。）

① **To the administration building（管理棟）**
② To the east building（東館）
③ To the main building（本館）
④ To the west building（西館）

> 前半のやりとりから，本館でクラブの会合があり，2人はそこへ行くことがわかる。ただし，最後に男性が言っている「まず管理棟でしなければならないことがある」というのは「会合へ行く前に，まず管理棟へ行く必要がある」という意味だから，①が正解となる。
>
> 語句
> ◇ take care of ～「（仕事など）を処理する」
> ◇ administration「管理」
> ◇ join「～と合流する；～と落ち合う」
> ◇ done「終えて；済んで」

問14 　14　　③

スクリプト	和訳
M：Is there a discount on those black shoes over there? W：No, none of the items over there are discounted. M：Don't you have any sale items in that color? W：Not at the moment, but we're expecting some to come in tomorrow afternoon. M：No problem. I'll be back tomorrow.	男：あそこの黒い靴は値引きがありますか。 女：いいえ，あちらの商品はどれも値引きはいたしません。 男：あの色のセール商品はありませんか。 女：今はございませんが，明日の午後にはいくつか入る予定です。 男：問題ありません。明日また来ます。

問　How does the man feel about black shoes?（男性は黒い靴についてどう思っているか。）
① He doesn't like the color.（彼はその色が好きではない。）
② He thinks they are the most expensive.（彼はそれらが最も高価だと思っている。）
③ **He would like to buy a pair.**（彼は1足買いたいと思っている。）
④ He would like to buy them now.（彼はそれらを今買いたいと思っている。）

> 男性は「あそこの黒い靴」に値引きがあるかどうかを店員にたずね，できないと言われたが，「その色（＝黒）」でセール品が他にないかと，さらに質問している。このことから，男性は見つけた黒い靴は高価だが，他のものでもいいからもっと安い黒い靴を買いたいと考えていることがわかる。したがって正解は③。男性は「明日また来ます」と言っているので，④は不正解。女性の2つ目の発言の expecting some は expecting some black shoes ということ。
>
> 語句
> ◇ discount「値引き；〜を値引きする」
> ◇ at the moment「（現在時制で）今は」
> ◇ expect 〜 to do「〜が…するだろうと思う」
> ◇ come in「（商品が）届く」

問15 　15　　①

スクリプト	和訳
W：Mary asked me to go to the beach with her on Saturday. Is it OK if I go? M：The weather forecast says it's going to rain on Saturday. W：Really? I'd better check with Mary. M：Perhaps you should go next weekend instead. W：I'll call her now.	女：メアリーが，土曜日に一緒にビーチに行こうって誘ってくれたの。行ってもいい？ 男：天気予報によると，土曜日は雨になるらしいよ。 女：本当？　私，メアリーに確認したほうがいいね。 男：代わりに来週の週末に行くべきじゃないかな。 女：メアリーに今から電話するね。

問　Which is true according to the conversation?（会話によると，どれが正しいか。）
① **The girl might change her plans with Mary.**（少女はメアリーとの計画を変更するかもしれない。）
② The girl's father does not want her to go to the beach.（少女の父親は少女に海に行ってほしくない。）
③ The girl's father will speak to Mary on the phone.（少女の父親は電話でメアリーに話をするだろう。）
④ The girl's father will take her to the beach.（少女の父親は少女をビーチに連れて行くだろう。）

少女が土曜日にメアリーと一緒にビーチに行く許可を父親に求めている場面である。父親は土曜日の天気予報が雨なので次の週末にするよう勧めており，それを受けて少女はメアリーに電話をしようとしている。電話では，土曜日のビーチへ行く予定を変更しようと相談すると予測できるから①が正解。父親は次の週末に行くことを提案しているから，ビーチに行かせたくないわけではない。②は不正解。父親が直接メアリーに電話をするわけではないので③も不正解。少女はメアリーとビーチに行く話をしており，父親が連れて行くとの言及はない。④も不正解。

問16 16 ①

スクリプト	和訳
M：Our appointment is at one o'clock on Tuesday, so we'll have to fly.	男：約束は火曜日の1時だから，飛行機で行かなきゃいけないだろうね。
W：Unfortunately, all the flights are booked on that day.	女：あいにく，その日はすべての航空便の予約が埋まっているのよ。
M：I don't want to have to take the first train or take a company car.	男：始発電車に乗るのも会社の車に乗るのもいやだな。
W：Neither do I. It's kind of a waste, but let's take a flight the day before.	女：私もよ。ちょっともったいないけれど，前日の便に乗りましょう。
M：OK.	男：わかった。

問　What do the two people agree about?（2人は何について合意しているか。）
① They are going to get to their destination ahead of time.（予定より先に目的地に着く。）
② They are going to leave on Monday by train.（月曜日に電車で出発する。）
③ They are going to take the first train on Tuesday.（火曜日に始発電車に乗る。）
④ They are going to use a company car.（会社の車を利用する。）

女性の最後の発言 let's take a flight the day before が決め手となる。a flight（航空便）から「飛行機で行くつもり」であるとわかるので，①以外は不適切。the day before（前日）というのは，約束の火曜日の前日の月曜日ということで，それが選択肢では ahead of time（予定より先に）と言い換えられている。

語句
◇ fly「飛行機で行く」
◇ book「〜を予約する」
◇ Neither do I.「私もそうだ；私も…しない」（前の否定文を受けて）
◇ kind of 〜「ちょっと〜；どちらかといえば〜」（ぼかし表現）

問17 17 ②

スクリプト	和訳
M：Is there anything I can do around the house for you? W：Wow, Akira. Thank you for asking. How about doing something in the garden? M：Can you teach me how to cut the grass? W：Have you never cut grass before? M：Lawns are not so common in my town in Japan. W：Really? Most houses in England have a lawn.	男：家のことで，僕に何かできることはありますか。 女：まあ，アキラ，聞いてくれてありがとう。何か庭仕事をするのはどうかしら。 男：芝生の刈り方を教えてくれますか。 女：今まで一度も芝生を刈ったことがないの？ 男：日本の僕の町では芝生はそれほど一般的ではないんです。 女：本当？ イングランドのほとんどの家には芝生があるわ。

問 Why is the host mother surprised?（ホストマザーが驚いているのはなぜか。）

① Akira cut the grass in her yard.（アキラは彼女の庭の芝生を刈った。）
② **She learned about a cultural difference.（彼女は文化の違いを知った。）**
③ She was asked to cut the grass.（彼女は芝生を刈るよう頼まれた。）
④ Something was missing from her garden.（彼女の庭から何かがなくなっていた。）

アキラは芝生の刈り方を尋ねている段階で，まだ刈っていないから①は不適切。最後の発言で，ホストマザーはアキラの町とイングランドの違いについて驚いている様子だから②は適切。庭仕事を頼まれているのはアキラで，ホストマザーではない。③は不正解。庭から何かが失われているかどうかは述べられていないので④も不正解。

語句
◇ lawn「（庭，公園などの）芝生」

第4問

A

問18～21 18 ② 19 ① 20 ③ 21 ④

スクリプト	和訳
Students in our school were asked when they listened to music. The results of the survey were quite surprising. It's natural to guess that students would listen to music the most on Sundays, when they have free time. However, that was actually the least popular day for listening to music. In fact, the most popular day was Friday. This was followed by Monday. In contrast, the number of students who listened to music on Saturdays was about half the number who listened on Mondays; Saturday wasn't much more popular than Sunday. The other weekdays were about the same, with Tuesday having the highest score of the three.	私たちの学校の生徒たちが，音楽をいつ聞くのかと質問されました。調査の結果はかなり驚くものでした。生徒は日曜日に最もよく音楽を聞くだろうと予想することは自然でしょう。日曜日は自由時間がありますからね。けれども，実際は日曜日は音楽を聞くのに最も人気のない日でした。実際に最も人気がある日は金曜日でした。その次が月曜日でした。対照的に，土曜日に音楽を聞く生徒の数は月曜日に聞く生徒の数の約半分でした。土曜日は日曜日と比べて非常に人気があるというわけではありませんでした。平日のその他の日はほぼ同じで，3つの曜日の中では火曜日が最も高い数値となっていました。

グラフのタイトルは「あなたはいつ音楽を聞きますか」である。日曜日が最も人気があるだろうという予想に反して，実際は日曜日が最も人気がなかったと述べられているから，21 が④（日曜日）である。the most popular day（最も人気がある日）は金曜日だから，18 に②（金曜日）が入る。土曜日は月曜日の約半分ということだから，20 か 21 が該当するが，最も人気がなかった 21 は日曜日なので，20 が③（土曜日）となる。Saturday wasn't much more popular than Sunday. は，土曜日は日曜日とあまり変わらないということである。最後の文のThe other weekdaysは，これまで言及された月曜と金曜を除いた平日，つまり火曜，水曜，木曜を指しており，その3つの曜日の中では火曜が一番数値が高いと言っている。したがって 19 は①（火曜日）である。

語句
◇ survey「調査」
◇ in contrast「対照的に；それとは違って」

問22〜25　　22　②　　23　④　　24　⑤　　25　②

スクリプト

In both August and September at Hotel Forest, you're advised to work for a total of 20 days per month. At Mountain Inn, a big conference nearby has been moved up to August, so the month will be busy. That's why you'll be working a total of 20 days in August and receive 10 dollars more a day than what's on the pay chart. You'll only be working for 10 days in September instead. At Hotel Luxury, you'll be working 20 days in August and half that time in September.

和訳

ホテル・フォレストでは8月と9月のどちらも，1カ月に合計20日間働いてください。マウンテン・インでは，近くで行われる大きな会議が予定を繰り上げて8月になったので，その月は忙しいでしょう。そのため，8月には合計20日間働いて，給料の表に書かれているよりも1日10ドル多くもらえることになります。その代わり9月に働くのは10日間だけです。ホテル・ラグジュアリーでは，8月に働くのは20日間，9月はその半分です。

それぞれのホテルでの月ごとの給料がいくらになるかが問われている。表には3つのホテルの8月と9月の日給が書かれていることから，聞き取るべきは空所になっている月の勤務日数だと予測できる。ホテル・フォレストでは9月に20日間，マウンテン・インでは8月に20日間働くことになるが，マウンテン・インの8月の日給だけは表に書かれた60ドルに10ドルを加えることに注意。ホテル・ラグジュアリーは8月が20日間，9月がその半分となる。以上をもとに，各月の給料は次のように計算できる。22 $50×20＝$1,000（②），23 ($60＋$10)×20＝$1,400（④），24 $100×20＝$2,000（⑤），25 $100×(20÷2)＝$1,000（②）。

語句
◇ be advised to *do*「…してください」（強い助言・推奨）
◇ a total of 〜「合計で〜」
◇ conference「（大規模な）会議；大会」
◇ move 〜 up to ...「（予定など）を…に繰り上げる」
◇ chart「図表」

B

問26 26 ④

スクリプト	和訳
1. Hi, this is Bob. I could record just a guitar and vocals. I can do that on my recording app and send it to you. Fifty dollars would be great, but that's negotiable. Exams start next week so I'd need about 20 days.	1. こんにちは,僕はボブです。ギターとボーカルだけなら録音できます。録音アプリを使ってそれを行って,君に送れます。50ドルもらえると素晴らしいけれど,交渉の余地はあります。来週に試験が始まるので,20日くらい必要です。
2. My name's Helen. I work fast and my fees are reasonable. I can get it done in a week for 40 dollars. But I'm no good at singing, so would it be OK to ask my friend to record? If so, that'll be an extra 15 dollars.	2. 私の名前はヘレンです。私は仕事が速くて,料金はお手頃です。1週間で終えられて,値段は40ドルです。でも私は歌うのが苦手なので,友達に録音するのを頼んでもいいですか。それでよければ,追加で15ドルになります。
3. It's Kate. Long time no see. I can't wait to hear the song! I can record it, using a piano. I'm busy next week, so can you give me 10 days? I'm good at writing lyrics, so how about 55 dollars for everything?	3. ケイトです。お久しぶりですね。その曲を聞くのが待ち遠しいです! ピアノを使って録音できます。来週は忙しいので,10日もらえますか。私は歌詞を書くのが得意なので,全部で55ドルでどうでしょうか。
4. Steve here. I didn't know you wrote music! I can help you out but I need 10 to 12 days. I can ask my brother to help me with the recording. How about 45 dollars, including the recording? Looking forward to hearing from you.	4. スティーブです。君が作曲するとは知りませんでした! 手伝ってあげられますが,10日から12日必要です。兄に頼んで録音を手伝ってもらえます。録音を含めて45ドルでどうですか。連絡を待っています。

問 26 is the person you are most likely to choose. (26 が,あなたが選ぶ可能性の最も高い人です。)

それぞれの人の説明を聞きながら,「A.期間」「B.録音」「C.料金」について表にメモを書き込んでいくことで,正解を導くことができる。BobはAが20日と長すぎる。Helenは録音に追加の15ドルが必要で,計55ドルになるためCの条件に合わない。KateもCの条件に合わない。すべての条件を満たすのはSteveのみで,④が正解となる。

語句
◇ negotiable「交渉の余地のある」
◇ be no good at 〜「〜がまったく得意でない」(noは強い否定)
◇ Long time no see.「久しぶりですね。」(くだけた表現)
◇ can't wait to do「…するのが待ち遠しい」
◇ lyric「歌詞」
◇ help 〜 out「〜を手助けする」
◇ Looking forward to 〜.「〜を楽しみにしています。」(I'mを省略したくだけた表現)

第5問

スクリプト

Today, we are going to talk about facial recognition. Maybe you use this several times a day when you unlock your smartphone. Your smartphone's camera scans your face, and it opens the lock. That is facial recognition. But facial recognition can do so much more.

Around the world, train lines are installing facial recognition systems. Instead of using tickets, passengers will be able to board trains by simply looking at a camera near the ticket gate. To use this service, passengers must first register their payment information and a photograph of their face using the train line's application. Then, when they pass through the ticket gate, a camera scans their face. When they get off, another camera scans their face and calculates the fare. The fare is paid through their saved payment method.

There are many benefits to this system. Passengers can get through ticket gates and board trains more smoothly because they don't have to spend time at the ticket counter buying tickets or worrying if they have enough cash. This results in smoother and more efficient payment and collection of train fares.

Facial recognition is becoming more widespread, but what happens when it moves from personal property like your smartphone to public spaces like train stations? Many people feel that facial recognition is an invasion of privacy. They don't want to be photographed every time they take a train. Also, it's difficult to use for people who don't have enough money to buy a smartphone or a tablet.

Let's look at people's reactions to using facial recognition at train stations. Each group will investigate public opinion about this type of facial recognition and share the information with the class.

和訳

今日は、顔認証についてお話しします。スマートフォンのロックを解除する時に、これを1日に数回使用することもあるでしょう。スマートフォンのカメラがあなたの顔をスキャンし、ロックを解除します。それが顔認証です。しかし、顔認証はそれよりはるかに多くのことができるのです。

世界中の鉄道路線で、顔認証システムが導入されています。切符を使用する代わりに、乗客は改札口付近のカメラを見るだけで電車に乗れるようになります。このサービスを利用するには、乗客はまず、鉄道会社のアプリを使用して、支払い情報と顔写真を登録しなければなりません。そして改札を通過する際に、カメラが顔をスキャンします。降りる時は、別のカメラが顔をスキャンして運賃を計算します。運賃は保存されている支払い方法を通じて支払われます。

このシステムには多くの利点があります。乗客は切符売り場で切符を購入したり、現金が足りるかどうかを心配したりするのに時間を費やす必要がなくなるので、よりスムーズに改札を通過して電車に乗ることができます。これにより、運賃の支払いと回収がよりスムーズで効率的になるのです。

顔認証はますます普及していますが、それがスマートフォンのような個人の所有物から駅のような公共スペースに移るとどうなるでしょうか。多くの人々は、顔認証はプライバシーの侵害だと感じています。彼らは電車に乗るたびに写真を撮られたくないのです。また、スマートフォンやタブレットを買うのに十分なお金がない人々には使いにくいのです。

駅での顔認証の利用に対する人々の反応を見てみましょう。各グループは、このタイプの顔認証に関する世論を調査し、クラスで情報を共有してください。

ワークシート

```
                    電車での顔認証
  ◇方法
     ◆登録：乗客は写真と支払い情報を登録する
     ◆乗車：カメラが乗客の顔をスキャンする
     ◆降車： 27

  ◇利点
     ◆ 28 を持ち歩く必要がない
     ◆ 29 を通過するのに必要な時間がより少ない

  ◇問題点
     ◆自分に関する 30 を共有されたくない
     ◆ 31 を買う余裕がない人もいる
```

問27　27　①

① the fare is paid automatically（運賃が自動的に支払われる）
② the passenger pays by credit card（乗客がクレジットカードで支払う）
③ the passenger registers with the app（乗客がアプリに登録する）
④ the passenger takes a photo（乗客が写真を撮る）

電車での顔認証の方法は第２段落で述べられており，降車時のことは第５・６文に When they get off, another camera scans their face and calculates the fare. The fare is paid through their saved payment method.「降りる時は，別のカメラが顔をスキャンして運賃を計算します。運賃は保存されている支払い方法を通じて支払われます。」と述べられている。したがって①が正解。あらかじめ保存されている支払い方法はクレジットカードとは限らないので，②は不正解。第２段落第３文に To use this service, passengers must first register their payment information and a photograph of their face using the train line's application.「このサービスを利用するには，乗客はまず，鉄道会社のアプリを使用して，支払い情報と顔写真を登録しなければなりません。」とあり，乗客がアプリに登録するのは乗車前であることがわかるので，③も不正解。カメラが乗客の顔をスキャンするのであって，乗客が写真を撮るわけではないので，④も不正解。

問28〜31　28　④　29　②　30　③　31　⑥

① card（カード）　　　　　② entrance（改札口）
③ information（情報）　　　④ money（お金）
⑤ opinion（意見）　　　　　⑥ technology（テクノロジー）

28 と 29 は電車での顔認証の利点を表す文を完成する問題。顔認証の利点は第３段落で述べられている。第２文に Passengers can get through ticket gates and board trains more smoothly because they don't have to spend time at the ticket counter buying tickets or worrying if they have enough cash.「乗客は切符売り場で切符を購入したり，現金が足りるかどうかを心配したりするのに時間を費やす必要がなくなるので，よりスムーズに改札を通過して電車に乗ることができます。」とある。したがっ

て，28 には「お金（④）」を入れて，「お金を持ち歩く必要がない」とすればよい。また 29 には「改札口（②）」を入れて，「改札口を通過するのに必要な時間がより少ない」とすればよい。30 と 31 は電車での顔認証の問題点を表す文を完成する問題。顔認証の問題点は第4段落で述べられている。第2文に Many people feel that facial recognition is an invasion of privacy.「多くの人々は，顔認証はプライバシーの侵害だと感じています。」とあるので，30 には「情報（③）」を入れて，「自分に関する情報を共有されたくない」とすればよい。また第4文に it's difficult to use for people who don't have enough money to buy a smartphone or a tablet「スマートフォンやタブレットを買うのに十分なお金がない人々には使いにくいのです」とあるので，31 には「テクノロジー（⑥）」を入れて，「テクノロジーを買う余裕がない人もいる」とすればよい。

問32 32 ③

① Facial recognition systems have been installed to help people find which train they should take.（人々がどの電車に乗るべきかを見つけることを手助けするために顔認証システムが導入されている。）

② Smartphones are being used instead of tickets in order to collect personal information.（個人情報を収集するために，切符の代わりにスマートフォンが使用されている。）

③ **The introduction of facial recognition systems in public transport is changing the way people travel.**（公共交通機関への顔認証システムの導入は，人々の移動方法を変えている。）

④ Train lines now have apps instead of tickets, which creates a sharp social division between rich and poor.（鉄道路線は切符の代わりにアプリを使用しており，金持ちと貧しい人々の間の社会的分断をはっきりさせる。）

講義全体の流れを見てみよう。第2段落では「世界中の鉄道路線で，切符を使用する代わりに，乗客がアプリに支払い情報と顔写真を登録しておけば，乗車時にカメラが顔をスキャンし，降車時に別のカメラが顔をスキャンして運賃を計算し，運賃を自動的に支払う顔認証システムが導入されている。」ことが述べられている。第3段落では「電車での顔認証システムにより，人々は切符を買ったりするのに時間を費やす必要がなくなるので，より短時間で改札を通過できる。」という利点が述べられている。第4段落では「電車での顔認証システムはプライバシーの侵害とも受け取られ，スマートフォンやタブレットを買うお金がない人々には使いにくい。」という問題点が述べられている。第2段落の内容から，従来の切符を買ってから乗車する移動方法が，アプリへの事前登録で切符なしで乗車できるという移動方法に変化したことがわかる。よって，③が正解。第3段落から，顔認証システムの導入は人々が乗る電車を見つけやすくするためではなく，切符を買わないスムーズな乗車を手助けするためだとわかるので，①は不正解。切符に代わりスマートフォンを導入したのは電車の利用をスムーズにするためであり，個人情報を収集するためではないので，②も不正解。スマートフォンやタブレットを買うお金がない人々には使いにくいとあるが，それが金持ちと貧しい人々の社会的分断につながっているという記述はないので，④も不正解。

[語句]
◇ facial recognition「顔認証」
◇ install「～を導入〔設置〕する」
◇ board「（乗り物）に乗る」
◇ register「～を登録する」
◇ application「（スマートフォンなどの）アプリ」＝問27 ③ app「（スマートフォンなどの）アプリ」
◇ calculate「～を計算する」
◇ invasion「侵害」
◇ investigate「～を調査する」

◇問32 ④ division「分断」

問33 33 ④

スクリプト	和訳
Our group studied the reactions the public had to facial recognition being used in public places. We found that many people support the system. However, the level of support differed depending on age. Here are our findings about what people think.	私たちのグループは，公共の場所で使用されている顔認証に対する一般の人々の反応を調査しました。多くの人々がこのシステムを支持していることがわかりました。しかし，年齢によって支持の程度が異なっていました。人々がどう考えているかについての私たちの調査結果は次のとおりです。

① Older people are more likely to have trouble registering for facial recognition services.
（高齢者は顔認証サービスへの登録に苦労する可能性がより高い。）
② Support for public facial recognition has been increasing recently especially among the older generation.
（最近，特に高齢者世代の間で公共の顔認証への支持が増加している。）
③ Young people are more likely to own smartphones, so they support facial recognition less.
（若者はスマートフォンを所有する可能性がより高いため，顔認証をあまり支持していない。）
④ **Young people have more concerns about privacy issues than older people do.**
（若者は高齢者よりもプライバシーの問題についてより大きな懸念を抱いている。）

グラフのタイトルは「公共の場所での顔認証への支持」で，年齢が高くなるほど支持率が高いことが読み取れる。講義本文の第4段落によると，電車での顔認証の問題点は「プライバシーの侵害」と「スマートフォンやタブレットを買うお金がない人が使いにくい」ことであった。このことから，公共の場所での顔認証への支持が低い若者は，支持が高い高齢者よりもプライバシーの問題に懸念を持っている可能性があるので，④が正解。また，若者がスマートフォンを所有する可能性が高いということは講義本文で述べられておらず，顔認証の支持率が低いこととの関連性も不明なため，③は不正解。講義本文に顔認証の問題点として，高齢者が登録に苦労するということは述べられておらず，グラフによれば高齢者からのこのサービスへの支持は高いことから，①も不正解。グラフは特定の一時点の支持率を示しているだけで，一定期間の支持率の変化は不明なので，②も不正解。

語句
◇ depending on ～「～によって；～に応じて」

第6問

A

スクリプト	和訳
Tyler: You know, maternity leave is widespread but not paternity leave. That's not fair, don't you think, Fumi?	タイラー：あのさ，女性の出産・育児休暇は広く普及しているけれど，男性の育児休暇はそうでもないよね。それって公平じゃないと思わないかい，フミ？
Fumi: Well, Tyler, my cousin took a week off when his wife had a baby.	フミ：ええと，タイラー，私のいとこは奥さんが赤ちゃんを産んだ時1週間の休みを取ったわよ。

Tyler: That's good, but a week is not long enough. Fathers should be given more time to bond with their baby.	タイラー：それはいいね。でも1週間では長さが十分じゃない。赤ちゃんと絆を深めるために父親はもっと多くの時間を与えられるべきだよ。
Fumi: He could have stayed home longer, but he didn't want to miss too much work. He thought a long absence might impact his professional reputation.	フミ：いとこは，もっと長く家にいることもできたけれど，あまりに多く休むことは望まなかったの。長く不在にすると仕事上の評判に影響があるかもしれないと思ったのね。
Tyler: He shouldn't feel bad for being a good father.	タイラー：良き父親であることを悪いと思うべきじゃないよ。
Fumi: But that's how it is.	フミ：でも，それが現実なのよ。
Tyler: If companies gave more time off to new fathers, taking paternity leave would be the norm.	タイラー：会社が父親になる人たちにもっと休みを与えれば，男性が育児休暇を取るのは普通になるだろうにね。
Fumi: I don't know. Many fathers still wouldn't take it because most companies don't pay a regular salary during the leave.	フミ：どうかしら。ほとんどの会社が休暇中は通常の給料を支払わないから，多くの父親はまだ育児休暇を取らないのでしょうね。
Tyler: Something needs to be done about that, too!	タイラー：それについても何かしなきゃいけないな！

問34 34 ③

問 What is Fumi's main point?（フミの発言の要点は何か。）

① Paternity leave does not always improve the father-baby relationship.
（男性の育児休暇が，父親と赤ちゃんの関係を必ずしも向上させるとは限らない。）

② Paternity leave helps workers enhance their reputation.
（男性の育児休暇は，働く人の評判を上げるのに役立つ。）

③ **Paternity leave is not a realistic option for some people.**
（**男性の育児休暇は，人によっては現実的な選択肢ではない。**）

④ Paternity leave is recommended only if it's a short period of time.
（男性の育児休暇は，それが短期間である場合にかぎり推奨できる。）

> フミは自分のいとこが「（育児休暇で）長く不在にすると仕事上の評判に影響があるかもしれない」と考えたことについて，3つ目の発言で「それが現実なのよ」と理解を示している。また，最後の発言で「ほとんどの会社が休暇中は通常の給料を支払わないから，多くの父親はまだ育児休暇を取らないのだろう」と男性が育児休暇を取りにくい事情を述べていることからも，フミは③のように考えているとわかる。いとこが育児休暇を1週間しか取らなかったことに理解を示しているのは，長期の休暇は取りにくいのが現実だと考えているからで，④のような考えは示してない。

問35 35 ①

問 What is Tyler's main point?（タイラーの発言の要点は何か。）

① Companies must take action to change the current situation regarding paternity leave.
（男性の育児休暇に関わる現在の状況を変えるために，会社は対策を取らなければならない。）

② Companies should give longer paternity leave than maternity leave.
（会社は，女性の出産・育児休暇よりも長い男性の育児休暇を与えるべきだ。）

③ Fathers are not helpful when it comes to taking care of new babies.
（新生児の世話をするとなると，父親は役に立たない。）
④ Fathers should not take paternity leave for granted.
（父親は，男性の育児休暇を当然のことと思うべきではない。）

> タイラーは，男性の育児休暇が女性の出産・育児休暇ほど普及していないことに終始，批判的な立場である。4つ目の発言 If companies gave more time off to new fathers, taking paternity leave would be the norm.（会社が父親になる人たちにもっと休みを与えれば，男性が育児休暇を取るのは普通になるだろうに）は，仮定法過去を用いた表現で，現実（会社はあまり休みを与えていない）とは異なることを想定して述べたもの。ここから男性の育児休暇が社会に浸透するよう，会社がもっと休みを与えるべきだと考えていることがわかる。また最後の発言 Something needs to be done about that, too! のthatは直前にフミが言った「ほとんどの会社が休暇中は通常の給料を支払わないから，多くの父親はまだ育児休暇を取らない」という現状を指す。以上より「会社が対策を取るべきだ」という①が正解と判断できる。
>
> 語句
> ◇ maternity leave「（女性の）出産・育児休暇」
> ◇ take ～ off「～の期間の休みを取る」
> ◇ miss work「仕事を休む；欠勤する」
> ◇ reputation「評判；名声」
> ◇ That's how it is.「そういうものだ；それが現実だ」
> ◇ norm「標準；普通のこと」
> ◇ 問34② enhance「～を高める」
> ◇ 問35④ take ～ for granted「～を当然と思う」

B

スクリプト	和訳
Mark: We hardly hear about Click and Collect in Japan, right, Misa?	マーク：日本ではクリックアンドコレクトのことはほとんど耳にしないよね，ミサ？
Misa: I don't know anything about Click and Collect. What is it, Mark?	ミサ：私はクリックアンドコレクトについてはまったく知らないわ。それは何なの，マーク？
Mark: It's a way to order something on the Internet and then receive it somewhere other than your home, such as a shop, delivery box, convenience store, and so on. Julia, you probably know about it.	マーク：それは，インターネットで何かを注文して，店，配達ボックス，コンビニとか，自宅以外の場所で受け取る方法だよ。ジュリア，君はたぶん知っているよね。
Julia: Yes, there are now many pick-up counters for orders in the U.K., and I heard the service is also growing in Japan.	ジュリア：ええ，イギリスには注文したものの受け取りカウンターがたくさんあって，日本でもそのサービスが増えていると聞いたわ。
Misa: Oh, really?	ミサ：あら，本当？
Julia: Yes, and we don't miss deliveries, so it's a convenient system.	ジュリア：ええ，配達を逃さないから，便利なシステムよ。
Misa: I want to give it a try! How about you, Minoru?	ミサ：やってみたいわ！ ミノル，あなたはどう？

Minoru: Well, shopping on the Internet strikes me as a little dull. I prefer shopping at real stores. Are you a Click and Collect person, Mark?	ミノル：ええと，インターネットでの買い物は少し退屈だと思う。僕は実店舗で買い物をする方が好きだな。君はクリックアンドコレクト派かい，マーク？
Mark: Actually, I like to choose the things that I want to buy after seeing the actual products. So, for people like me, Click and Collect is not so appealing. I think many people feel the same way.	マーク：実は，実際の商品を見てから，買いたいものを選ぶのが好きなんだ。だから，僕のような人にとっては，クリックアンドコレクトはそれほど魅力的ではないね。多くの人が同じように感じていると思うよ。
Julia: I understand. But even so, I hope that Click and Collect becomes more widespread in Japan.	ジュリア：わかるわ。それでも，クリックアンドコレクトが日本でもっと普及することを願うわ。
Misa: Me too, Julia.	ミサ：私もよ，ジュリア。

問36 　36　 ③

> ミサは3つ目の発言で，I want to give it a try!「やってみたいわ！」と述べており，利用に積極的である。ジュリアは2つ目の発言で，it's a convenient system「便利なシステムよ」，3つ目の発言で，I hope that Click and Collect becomes more widespread in Japan「クリックアンドコレクトが日本でもっと普及することを願うわ」と肯定的な意見を述べており，利用に消極的ではないことがわかる。ミノルはshopping on the Internet strikes me as a little dull. I prefer shopping at real stores.「インターネットでの買い物は少し退屈だと思う。僕は実店舗で買い物をする方が好きだ。」と述べており，利用に積極的ではない。マークは最後の発言で，for people like me, Click and Collect is not so appealing「僕のような人にとっては，クリックアンドコレクトはそれほど魅力的ではないね」と述べていることから，利用に積極的ではない。つまりクリックアンドコレクトの利用に積極的ではないのはミノルとマークなので，正解は③。

問37 　37　 ①

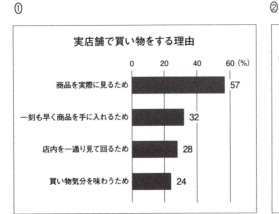

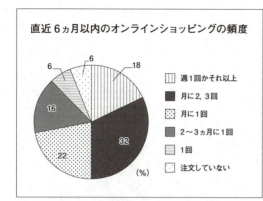

マークの最後の発言に，I like to choose the things that I want to buy after seeing the actual products.「実際の商品を見てから，買いたいものを選ぶのが好きなんだ。」, I think many people feel the same way.「多くの人が同じように感じていると思うよ。」とある。したがって，「実店舗で買い物をする理由」というタイトルで，「商品を実際に見るため」という回答が最も多いという結果を示す①のグラフがマークの意見を最もよく表している。ジュリアが１つ目の発言で，イギリスのクリックアンドコレクトについて触れているが，アメリカの状況については会話に出てこないので，②は不正解。オンラインショッピングの頻度や，オンラインで多く購入される商品についても会話に出てこないので，③，④も不正解。

語句
◇ hardly「ほとんど～ない」(notより弱い否定)
◇ somewhere other than ～「～以外のどこかで」
◇ delivery box「配達ボックス」
◇ pick-up counter「受け取りカウンター」
◇ give it a try「試しにやってみる」
◇ strike「～に印象を与える」
◇ dull「退屈な」
◇ product「商品」
◇ appealing「魅力的な」
◇ widespread「普及した」
◇ ① physical store「実店舗」
◇ ① in person「直に」
◇ ③ frequency「頻度」
◇ ④ appliance「器具；機器」
◇ ④ daily necessity「日用品」

リスニング模試 第3回 解答

| 第1問小計 | 第2問小計 | 第3問小計 | 第4問小計 | 第5問小計 | 第6問小計 | 合計点 | /100 |

問題番号(配点)	設問		解答番号	正解	配点	自己採点
第1問 (25)	A	1	1	②	4	
		2	2	④	4	
		3	3	④	4	
		4	4	③	4	
	B	5	5	②	3	
		6	6	②	3	
		7	7	③	3	
第2問 (16)		8	8	②	4	
		9	9	③	4	
		10	10	①	4	
		11	11	③	4	
第3問 (18)		12	12	①	3	
		13	13	④	3	
		14	14	③	3	
		15	15	②	3	
		16	16	②	3	
		17	17	③	3	

(注) ※は，全部正解の場合のみ点を与える。

問題番号(配点)	設問		解答番号	正解	配点	自己採点
第4問 (12)	A	18	18	④	4※	
		19	19	②		
		20	20	①		
		21	21	③		
		22	22	②	1	
		23	23	⑤	1	
		24	24	①	1	
		25	25	①	1	
	B	26	26	④	4	
第5問 (15)		27	27	④	1	
		28	28	①	2※	
		29	29	③		
		30	30	②	2※	
		31	31	④		
		32	32	②	2※	
		33	33	③		
		34	34	③	4	
		35	35	④	4	
第6問 (14)	A	36	36	①	3	
		37	37	①	3	
	B	38	38	②	4	
		39	39	②	4	

第1問

A

問1 1 ②

スクリプト	和訳
I was going to call you, but I have been busy.	あなたに電話をするつもりでしたが,ずっと忙しかったんです。

① The speaker called you once.（話者はあなたに一度電話した。）
② **The speaker did not call you.（話者はあなたに電話をしなかった。）**
③ The speaker was waiting for your call.（話者はあなたからの電話を待っていた。）
④ The speaker will be busy.（話者は忙しくなるだろう。）

> 電話するつもりだったが,忙しかったと言っている。つまり「電話できなかった」ということだから,②が正解。be going to do を過去形の肯定文で用いると過去から見た未来を表し,「…するつもりだったが,できなかった」と実現しなかったことを暗示することが多い。④はこれから忙しくなると述べているので不適切。

問2 2 ④

スクリプト	和訳
Will you lend me a calculator? I have a math test later.	計算機を貸してくれますか。あとで数学のテストがあるんです。

① The speaker did well on the math test.（話者は数学のテストでよい点を取った。）
② The speaker is looking for his calculator.（話者は自分の計算機を探している。）
③ The speaker needs his calculator back.（話者は自分の計算機を返してもらう必要がある。）
④ **The speaker wants to borrow a calculator.（話者は計算機を借りたがっている。）**

> Will you …? は「…してくれますか。」と相手に依頼する表現。Will you lend …?（貸してくれますか。）と依頼しているということは,つまり I want to borrow（私は借りたい）ということなので,④が正解。

問3 3 ④

スクリプト	和訳
Rick told Yuri she won the dance contest. Because she had practiced hard, the news made her excited.	リックはユリに,彼女がダンスコンテストで優勝したことを伝えた。彼女は一生懸命に練習していたので,その知らせを聞いて心がはずんだ。

① Yuri danced with Rick.（ユリはリックと踊った。）
② Yuri made Rick a present.（ユリはリックにプレゼントを作ってあげた。）
③ Yuri told an exciting story.（ユリはわくわくする話をした。）
④ **Yuri was happy to hear the news.（ユリはその知らせを聞いてうれしかった。）**

> the news made her excited（その知らせを聞いて彼女（＝ユリ）は心がはずんだ）という内容を,ユリを主語にして言い換えれば Yuri was happy to hear the news（ユリはその知らせを聞いてうれしかった）となるから,正解は④。ユリは話をした側ではないので③は不適切。

語句
◇ win「~で勝利を得る；~で優勝する」

問4 4 ③

スクリプト	和訳
This elevator is out of service. There is another one over there, so let's use that one.	このエレベーターは調整中です。あちらにもう1つあるので，それを使いましょう。

① The speaker has just got off the elevator.（話者はエレベーターから降りたところだ。）
② The speaker is waiting for the elevator to be fixed.（話者はエレベーターが修理されるのを待っている。）
③ **The speaker knows where there is a working elevator.**
（話者は運転中のエレベーターがどこにあるか知っている。）
④ The speaker wants to use the stairs.（話者は階段を使いたいと思っている。）

There is another one over thereのoneはelevatorを指す。つまり，話者はエレベーターがもう1つある場所を知っていると判断でき，③が正解となる。

語句
◇ out of service「運転中止で；調整中で」
◇ ③ working「動いている；運転中の」

B

問5 5 ②

スクリプト	和訳
The boy didn't bring anything to the party, and neither did the girl.	男の子はパーティーに何も持ってこなかったし，女の子も何も持ってこなかった。

選択肢にイラストが含まれる問題では，音声が流れる前に各イラストの差異を確認しておくのがポイント。neither did the girlは，前の否定文を受けて「女の子もまた…しなかった」の意味なので，2人とも何も持っていない②が正解。

語句
◇ neither do S「Sもまた…しない」

問6 6 ②

スクリプト	和訳
The airplane had taken off by the time she arrived at the gate.	彼女がゲートに到着するまでに，飛行機は離陸してしまっていた。

had taken offとarrivedという出来事の「順序」を正確に判断することがポイント。過去完了〈had + 過去分詞〉は過去のある時点より前に起こったことを表す。つまり，彼女がゲートに到着するよりも，離陸の方がより過去に起こったことなので，飛行機に乗り遅れた様子が描かれている②が正解となる。

語句
◇ by the time …「…するまでに」（接続詞の働き）

問7 ７ ③

スクリプト	和訳
She had her brother answer her phone while she was cooking.	彼女は料理をしている間，兄〔弟〕に電話に出てもらった。

have O do は「O に…させる〔してもらう〕」の意味だから，電話に出る〔出ようとする〕のは彼女自身ではなく兄〔弟〕であり，答えは③または④に絞られる。さらに，while she was cooking（彼女は料理をしている間）から，正解は③とわかる。

第2問

問8 ８ ②

スクリプト	和訳
W : Is the girl standing in front of the classroom the new student?	女：教室の前の方に立っている女の子が，新しい子かしら？
M : No. She's at the back.	男：そうじゃない。新しい子は後ろの方にいるよ。
W : Oh, is it the one who's writing something on the board?	女：ああ，黒板に何か書いている子のこと？
M : Uh-uh. It's the one looking out of the window.	男：いや。窓から外を見ている子だよ。

問 Which one is the new student?（どの子が転入生か。）

男性の最初の発言から，転入生は教室の後ろの方にいることがわかるので，①か②に絞られる。男性の最後の発言から，窓から外を見ている子，すなわち②が正解とわかる。uh-uh は否定（＝No）を表し，直前に女性が言及した「黒板に何か書いている子」が転入生ではないことを意味している。

問9 ９ ③

スクリプト	和訳
M : How about these?	男：これはどうかな？
W : Hmm … I don't like round glasses.	女：うーん，丸い眼鏡は好きじゃないわ。
M : Do you like these ones then?	男：じゃあ，これは好き？
W : Yeah. The ones with the thick frames look nice.	女：ええ。太いフレームのがいい感じね。

問 Which glasses will the woman probably buy?（女性はおそらくどの眼鏡を買うだろうか。）

女性は最初の発言で I don't like round glasses.（丸い眼鏡は好きじゃないわ。）と言っているので，①と③に絞られる。2番目の発言で The ones with the thick frames look nice.（太いフレームのがいい感じね。）と言っているので，③が正解となる。なお，眼鏡は glasses と複数形になるので，それを受ける代名詞も these や ones のように複数形になっていることに注意。

問10 10 ①

スクリプト	和訳
W : Grandma's new house has a nice front yard.	女：おばあちゃんの新しい家は素敵な前庭があるのね。
M : And it has a big garage for her car and Grandpa's truck.	男：それに，おばあちゃんの車とおじいちゃんのトラックを入れる大きなガレージもあるよ。
W : I thought they wanted a three-story house.	女：3階建ての家を欲しがっているんだと思っていたわ。
M : Yes, but they changed their minds.	男：うん，でも気が変わったんだ。

問　Which house are the speakers talking about?（話者たちはどの家について話しているか。）

> イラストは2階建てか3階建てか，ガレージに入る車の数が1台か2台か，が異なっている。男性の最初の発言から<u>ガレージには祖母の車と祖父のトラックの2台が入る</u>とわかる。また女性の2番目の発言と男性の2番目の発言から<u>「3階建ての家が欲しかったが，気が変わった」</u>とわかるので，家は<u>2階建て</u>で，正解は①。
>
> 語句
> ◇ ~-story「~階建ての」

問11 11 ③

スクリプト	和訳
M : I'd never seen a dinosaur like that.	男：あんな恐竜は見たことがなかったよ。
W : You mean the one with the long horn on its head?	女：頭に長い角がある恐竜のこと？
M : No. It had a round thing.	男：いや。丸いものが付いていたよ。
W : Oh yeah, that one that looked a bit like a bird.	女：ああ，わかった，ちょっと鳥みたいに見える恐竜ね。

問　Which dinosaur are the speakers talking about?（話者たちはどの恐竜について話しているか。）

> 女性の発言に2回出てくるoneはいずれもdinosaurを指す。女性が「頭に長い角のある恐竜のこと？」と尋ねたのに対して，男性がNoと言っている。また，男性の2番目の発言<u>「丸いものが付いていた」</u>と女性の2番目の発言<u>「鳥みたい」</u>から③が正解となる。

第3問

問12 12 ①

スクリプト	和訳
W : How about March 20th?	女：3月20日はどうですか？
M : I know I usually request a Saturday, but in March, I'm busy every weekend. Do you have anything on Monday or Friday evenings?	男：確かにいつもは土曜日を希望しているのですが，3月は毎週末とも忙しいんです。月曜日か金曜日の夕方のどこかではどうでしょうか？
W : We have a 5:30 on Monday, March 8th. Hold on. We have a 5:00 on Friday that week.	女：3月8日の月曜日の5時半に空きがあります。お待ちください。その週の金曜日の5時が空いていますね。
M : The 5:30 would be perfect.	男：5時半なら申し分ありません。

問 What day will the man's appointment be on?（男性の予約は何曜日になるか。）
① Monday（月曜日）
② Friday（金曜日）
③ Saturday（土曜日）
④ Sunday（日曜日）

> 週末は忙しいので月曜日か金曜日はどうかとたずねる男性に対して，女性は「月曜日の5時半」と「金曜日の5時」を提案しているので①か②に絞られる。そのうち男性は「5時半」の方を選んでいるので，曜日で言えば①の月曜日となる。
>
> 語句
> ◇ hold on「電話を切らないで待つ」
> ◇ would「…だろう」（控えめな推量・考え）
> ◇ perfect「申し分のない；最適な」

問13　13　④

スクリプト	和訳
M：Hey, I called you earlier. Were you at the gym? W：No. I took the subway to the library. I had my phone with me, but it didn't ring. M：I called you like 30 minutes ago. Were you underground then? W：Oh, that's probably why.	男：ねえ，さっき君に電話したんだよ。ジムにいたの？ 女：いいえ。図書館へ地下鉄で行ったの。電話は持ってたけど，鳴らなかったわ。 男：30分くらい前に電話したんだ。その時は地下にいたの？ 女：ああ，たぶんそのせい（で電話が鳴らなかったの）ね。

問 Where was the woman when the man called earlier?（男性が先ほど電話をかけた時女性はどこにいたか。）
① At the gym（ジム）
② At the library（図書館）
③ On the plane（飛行機）
④ **On the subway（地下鉄）**

> 女性が最後に言ったthat's probably whyのthatは直前の男性の発言の「地下にいた」ことを指しており，whyのあとには女性の最初の発言を受けてit (= my phone) didn't ringが省略されている。女性の最初の発言では，女性が地下鉄に乗って図書館に行ったことが述べられている。よって，30分ほど前に男性が電話をした時，女性は地下鉄に乗っていたから電話が鳴らなかったと推測できるので，④が正解となる。
>
> 語句
> ◇ like ~「~くらい」
> ◇ that's why …「それが…の理由だ；そういうわけで…だ」

問14 14 ③

スクリプト	和訳
W：Are you going to Paris to see your sister? M：I was going to, but my sister moved to Berlin. W：Are you going to Germany then? M：No. She's coming back to Japan for the summer, so we'll probably go to South Korea or Singapore. … Maybe not Korea because my sister's been there.	女：お姉さん〔妹さん〕に会いにパリへ行くの？ 男：その予定だったけど，姉〔妹〕がベルリンへ引っ越したんだ。 女：じゃあドイツへ行くの？ 男：いや。彼女は夏に日本へ帰ってくるから，たぶん一緒に韓国かシンガポールへ行くよ。…姉〔妹〕は韓国へ行ったことがあるから，韓国へは行かないかもしれないな。

問 Where will the man probably go this summer?（男性はおそらくこの夏にどこへ行くだろうか。）
① France（フランス）
② Germany（ドイツ）
③ **Singapore（シンガポール）**
④ South Korea（韓国）

男性の最初の発言I was going toは「（パリへ）行く予定だった（が行かない）」ということ。したがって①のフランスではない。女性の「ドイツへ行くの？」という問いかけに，男性はNoと答えているので②のドイツも除外。続く発言で，「たぶん韓国かシンガポールへ行く」と言ったあと，Maybe not Korea（韓国へは行かないかもしれない）と言っているので③のシンガポールが正解となる。we'll probably go のweは男性とその姉〔妹〕を指す。

語句
◇ my sister's = my sister has

問15 15 ②

スクリプト	和訳
M：The test was so hard. W：Really? I thought it was pretty easy. Mr. Houston told us what the essay question was going to be. M：That's true. But most of the other questions were about lab experiments we haven't done. W：We have done all those experiments. You just weren't there.	男：テストはすごく難しかったね。 女：本当？ 私はとても簡単だと思ったわ。小論文問題に何が出るか，ヒューストン先生が教えてくれたから。 男：そうだね。でも，他の問題のほとんどは僕たちがやっていない実験室での実験に関するものだったよ。 女：その実験は全部やったわよ。あなたがいなかっただけよ。

問 What do the two people agree about?（2人は何について同意しているか。）
① The test asked about future experiments.（テストで将来行う実験について問われた。）
② **The test included a question they knew in advance.**
　（テストには事前にわかっている問題が含まれていた。）
③ The test was difficult.（テストが難しかった。）
④ The test was given unexpectedly.（テストが抜き打ちで行われた。）

女性の最初の発言にある「小論文問題で何が出るか，先生が教えてくれた」は，テストには事前にわかっている問題が含まれていたということであり，女性のその発言に対して男性もThat's true.と同意していることから，2人が同意しているのは②であると判断できる。①は女性の最後の発言からテストではすでに行った実験について問われたことがわかるので不適切。③は男性のみの意見で女性が同意しておらず不適切。④は問題の一部がわかっていたのだから不適切。

語句
◇ pretty「かなり；とても」
◇ essay question「小論文問題」
◇ lab「実験室；研究室」
◇ experiment「実験」
◇ ④ unexpectedly「思いがけなく；突然に」

問16　16　②

スクリプト	和訳
W: I hear Ichiro has lived in several countries.	女：イチローはいろんな国に住んだことがあるらしいね。
M: Yeah, Australia, Singapore, and...	男：うん。オーストラリア，シンガポール，それから…
W: How about Canada?	女：カナダは？
M: No. That's the country where his parents are living now. I'm sure he said he's never been there.	男：いや，カナダはご両親が今住んでいる国だよ。確か，彼はそこには行ったことがないって言っていたよ。
W: Ah, you're right. Oh, and he said he had lived in Korea before coming to London last month.	女：ああ，そうね。あっ，先月ロンドンに来る前は韓国に住んでいたって言っていたわよ。

問　Which is true about Ichiro according to the conversation?
（会話によると，イチローに関して正しいのはどれか。）

① He has been in London for a year.（ロンドンに1年住んでいる。）
② **He has never been to Canada.（カナダに行ったことはない。）**
③ He is going to visit Singapore.（シンガポールを訪れる予定だ。）
④ His parents live in Japan.（両親は日本に住んでいる。）

男性の2番目の発言に注目する。イチローの両親は現在カナダに住んでおり，イチローはそこへ行ったことはないと言っていたという内容である。there（そこ）はカナダのことだから②が会話の内容と一致する。女性の最後の発言に「先月ロンドンに来る前は」とあるから，ロンドンに1年住んでいるという①とは一致しない。シンガポールは住んだことがある国として挙げられているが，これから訪れる予定だという発言はないので，③も不適当。両親が住んでいるのはカナダで日本ではないから④は不適当。

問17　17　③

スクリプト	和訳
W: Wow, it suddenly began to rain! Do you have a folding umbrella with you?	女：わあ，急に雨が降ってきた！　あなたは折りたたみ傘を持っている？
M: Unfortunately, no.	男：あいにく持っていないよ。

W : Are there any convenience stores around here?	女：この辺にコンビニはあるの？
M : No. But I know this station has a rental umbrella service.	男：いや。でもこの駅には傘のレンタルサービスがあるらしいよ。
W : Does that mean we can use umbrellas if we pay some money?	女：それって，いくらか払えば傘を使うことができるってこと？
M : Exactly. Let's ask that station attendant where it is.	男：その通り。あの駅員さんにそれがどこにあるか聞いてみよう。
W : OK.	女：そうね。

問　How will they solve their problem?（彼らはどのように問題を解決するか。）

① They will ask the station attendant where they are now.
（駅員に自分たちが今どこにいるかたずねるだろう。）
② They will buy new umbrellas at the convenience store.（コンビニで新しい傘を買うだろう。）
③ **They will rent umbrellas at the station.（駅で傘を借りるだろう。）**
④ They will use the man's folding umbrella.（男性の折りたたみ傘を使うだろう。）

突然，雨が降ってきたが傘を持っていないという場面。男性の2番目の発言に，駅で傘のレンタルサービスがあること，3番目の発言で駅員にその場所をたずねようと提案していることから，2人は傘を借りようと考えていると推測できる。③が適当。駅員にたずねるのは，傘のレンタルサービスの場所であり，自分たちがどこにいるかではないから①は不適当。女性が近くにコンビニがあるかたずねた時に男性は否定しているし，男性がレンタル傘の話をすると女性はそれに興味を示しているから，コンビニで傘を買う考えはないと思われる。②も不適当。冒頭で女性に折りたたみ傘を持っているか聞かれた男性はnoと答えているから④も不適当。

語句
◇ folding「折りたたみ式の」
◇ unfortunately「不運にも；あいにく」

第4問

A

問18～21　　18　④　　19　②　　20　①　　21　③

スクリプト

Last Friday, I wanted to buy some sweets in town. It was such a beautiful day that I decided to walk. As I left my house, I waved to my neighbor. He was carrying a heavy package to his car to take it to the post office. I arrived at the bakery and bought some cookies and chocolate cake. When I was about to leave, I was surprised to see rain outside. But I was really lucky! My neighbor was driving by and saw me, so he gave me a ride home. The next day, I brought some cookies to his house to say thank you.

和訳

先週の金曜日，私は町でお菓子を買いたいと思いました。とても天気がよい日だったので，歩くことにしました。家を出る時，私は隣人に手を振りました。彼は郵便局に持っていくために，車に重い荷物を運んでいるところでした。私はパン屋に着き，クッキーとチョコレートケーキを買いました。私が店を出ようとした時，外で雨が降っているのを見て驚きました。しかし，私は本当に幸運でした！隣人が車で通りかかって，私を見つけ，家に送ってくれたのです。翌日，私はお礼を言うために，彼の家にクッキーを持っていきました。

エピソードが時系列で語られるので、話題が出てきた順にイラストを選べばよい。第3～4文：「車に荷物を積もうとしている隣人に手を振る」→第5文：「パン屋でお菓子を買う」→第6～8文：「雨の中、隣人の車で送ってもらう」→第9文：「隣人宅にお礼にうかがう」という順である。④→②→①→③が正解。

語句
◇beautiful day「美しい日；天気のよい日」
◇as「…する時」
◇wave to ～「～に手を振る」
◇post office「郵便局」
◇*be* about to *do*「まさに…しようとしている」
◇give O a ride「車でOを送る」

問22～25 | 22 | ② | 23 | ⑤ | 24 | ② | 25 | ① |

スクリプト	和訳
We are ordering more clothes for next week. The number of orders will be based on how many pieces were sold this week. If less than 100 pieces were sold this week, we will order 80 for next week. If sales were between 100 and 200, we will order 150. If more than 200 were sold, we will order the number sold plus 50 additional pieces.	来週のために服をもっと注文します。注文の数は、今週何着売れたかをもとにします。今週売れたのが100着より少なかったら、来週のために80着注文します。売り上げが100着と200着の間なら、150着注文します。200着よりたくさん売れたなら、売れた数に50着を追加して注文します。

Sold This Week（今週の売り上げ）が「100未満」「100と200の間」「200超」かどうかに基づいて来週向けの注文の数が決まる。「200超」の場合だけは、今週の売り上げ数に50を足すという計算が必要になることに注意。 22 と 24 は今週の売り上げが100と200の間だから注文数は150で②、 23 は今週の売り上げが200より多いので注文数は220＋50＝270で⑤、 25 は今週の売り上げが100未満だから注文数は80で①となる。

B

問26 | 26 | ④ |

スクリプト	和訳
1. Dr. Lee is a neuroscientist, a brain researcher, and her schedule is flexible. She has a strong opinion about this subject from her own experiences. Thanks to technology, she can go to the Internet and read hundreds of books and articles to conduct research. It has changed her life.	1. リー博士は神経科学者、つまり脳の研究者で、スケジュールは融通が利きます。彼女は、自分の経験から、この話題について強い意見を持っています。テクノロジーのおかげで、彼女は研究を行うために、インターネットを使って何百という本や論文を読むことができます。そのことが彼女の人生を変えました。
2. Mr. Evans works for a company that makes e-books accessible to users. He has just started, so he's still learning, but he believes digitalization is the future of the book industry. He's available on weekend evenings.	2. エバンズさんは、電子書籍をユーザーが利用できるようにする会社に勤めています。彼は仕事を始めたばかりなので、まだ勉強中ですが、デジタル化が書籍産業の未来であると考えています。彼は週末の晩なら都合がつきます。

3. Ms. Harris used to own a bookshop, but she had to close it because now people read e-books. She might not know much about technology, but she is confident that she can answer any question about any classic book. She's available anytime during the week.

4. Professor Rogers teaches a class called "the digitization of communication" at university, and e-books are one of the topics he covers. He's been teaching the course for years, and the students learn both the advantages and disadvantages at issue. He can come in Saturday or Sunday mornings.

3. ハリスさんは以前，書店を経営していましたが，今では人々は電子書籍を読むので，店を閉めなければなりませんでした。彼女はテクノロジーについてはあまり知らないかもしれませんが，どんな古典の本に関するどんな質問にも答えられる自信があります。平日ならいつでも都合がつきます。

4. ロジャーズ教授は大学で「コミュニケーションのデジタル化」という授業を受け持っていて，電子書籍は彼の扱うテーマの１つです。彼はそのコースを何年も教えており，学生たちは問題になっている長所と短所の両方を学びます。彼は土曜日か日曜日の午前中なら来ることができます。

問 26 is the guest speaker you are most likely to choose. （ 26 が，あなたが選ぶ可能性の最も高いゲストスピーカーです。）

> ４人の候補者についての説明を聞きながら，「A. 幅広い知識」「B. 中立性」「C. 週末の午前中に時間がある」について表に○×などでメモを書き込んでいくことで，正解を導くことができる。Dr. Leeは「この話題について強い意見を持っている」とあり，続く発言から電子書籍を強く支持していると推測できるのでBが×。Mr. Evansは「まだ勉強中」とあるのでAは×。また「デジタル化が書籍産業の未来であると考えている」とあることから中立とは言えないのでBも×。都合がつくのは「週末の晩」なのでCも×。Ms. Harrisは「テクノロジーについてはあまり知らない」のでAは×。電子書籍の普及で自分の店を閉めたことやテクノロジーに疎いことは述べられているが，Bの立場についてはっきりしない。都合がつくのは「平日」なのでCも×。Professor Rogersは「電子書籍は彼の扱うテーマの１つ」「そのコースを何年も教えている」とあるのでAは○。教えている学生が「長所と短所の両方を学ぶ」とあるので，中立の立場であることがわかる。よってBも○。また「土曜日か日曜日の午前中なら来ることができる」のでCも○。したがって④が正解。

第５問

スクリプト

American workers used to take more vacation time. The average vacation use between 1978 and 2000 was 20.3 days annually. Since then, the number of days taken has gone down, and it hit the bottom in 2014 at 16 days. What do you think of these numbers? Why does it matter?

Let's focus on this from the view point of the number of paid vacation days taken. EU law requires employees to have at least 20 days of paid vacation. In reality, most companies in the EU give 25 days or more. Now, the US is the only developed country in the world that does not

和訳

アメリカ人労働者は以前はもっと休暇を取っていました。1978年から2000年までの間の平均の休暇取得日数は，年間20.3日でした。それ以来，取得日数は減少してしまい，2014年には16日と最低を記録しました。これらの数字についてみなさんはどう思いますか？　なぜそれが重要なのでしょうか？

この問題を有給休暇の取得数の観点から見てみましょう。EUの法律では，有給休暇を少なくとも20日取ることを被雇用者に求めています。実際には，EU圏内のほとんどの企業は25日以上（の有給休暇）を与えています。今や，アメリカは被雇用者に有給休暇を与えることを企業に対して法的に求めて

legally require companies to provide paid vacation to their employees. As a result, American workers get only 10 days of paid vacation on average after one year of employment. To make things worse, according to a 2015 survey, Americans on average take only 11 of the 15 paid vacation days they are entitled to, while Europeans take almost all of them.

　The problem is not limited to these two regions, of course; without adequate time off, workers' stress levels will increase, and they can feel burned out. Moreover, many studies have found that people are more productive when they return to work from vacation. It's good for employers as well. By keeping their employees well-rested and happy, employers can boost employees' motivation and create a healthy work environment.

　The good news is that these days more Americans are using their vacation time. In fact, in recent years, American workers have rated paid vacation as the second most important factor in employment. This means workers are less likely to quit if they are given enough vacation time. More American companies are starting to realize this fact as well as the benefits of paid vacation and changing their vacation policies to stay competitive.

いない世界で唯一の先進国なのです。その結果、アメリカの労働者は雇用後1年の時点で、平均して10日間の有給休暇しかもらえません。さらに悪いことに、2015年の調査によれば、アメリカ人は自分に与えられている15日の有給休暇のうち平均して11日しか取っていません。それに対してヨーロッパ人はほぼ100％取っているのです。

　もちろん、問題はこれら2つの地域に限った話ではありません。十分な休みを取らないと、労働者のストレスレベルは上昇し、疲れ果てたと感じかねません。さらに、人々は休暇から仕事に戻ってきた時に生産性が上がるということが、多くの研究で明らかになっています。それはまた雇用主にとってもよいことです。被雇用者をしっかり休ませて幸せにしておくことで、雇用主は被雇用者のモチベーションを上げ、健全な労働環境を作り出すことができるのです。

　喜ばしいことに、最近、休暇を取るアメリカ人が増えてきています。実際、近年アメリカの労働者は、有給休暇を雇用において2番目に重要な要素と評価しています。これは、十分な休暇を与えられれば労働者は仕事を辞める可能性が低くなるということを意味しています。この事実を有給休暇の利点とともに認識し始め、競争力を保つために休暇の方針を変更するアメリカの企業が増えつつあります。

ワークシート

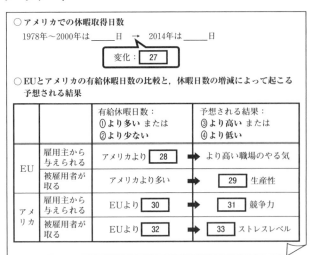

問27 27 ④

① an average increase of more than 4 days（4日を超える平均日数の増加）
② an average increase of less than 4 days（4日未満の平均日数の増加）
③ an average increase of more than 10 days（10日を超える平均日数の増加）
④ **an average decrease of more than 4 days（4日を超える平均日数の減少）**
⑤ an average decrease of less than 4 days（4日未満の平均日数の減少）
⑥ an average decrease of more than 10 days（10日を超える平均日数の減少）

> アメリカにおける有給休暇取得日数の変化に関する問題。第1段落より，1978年〜2000年が平均20.3日で，2014年には16日にまで減少しているとわかるから，20.3−16＝4.3で，4日を超える減少ということになり④が正解。

問28〜33 28 ① 29 ③ 30 ② 31 ④ 32 ② 33 ③

① more（より多い）　　② fewer（より少ない）
③ higher（より高い）　　④ lower（より低い）

> 28 と 30 と 32 はEU諸国とアメリカでの有給休暇日数の比較。第2段落第3文で「EU圏内のほとんどの企業は25日以上（の有給休暇）を与えています（＝雇用主から与えられる）」とあり，第2段落第5文で「アメリカの労働者は雇用後1年の時点で，平均して10日間の有給休暇しかもらえません」とある。さらに，第2段落第6文に「アメリカ人は自分に与えられている15日の有給休暇のうち平均して11日しか取っていません。それに対してヨーロッパ人はほぼ100％（＝およそ25日以上）取っているのです」とある。このため，雇用主から与えられる日数・被雇用者が取得する日数ともにEU＞アメリカであるので，28 には①，30 には②，32 には②が入る。被雇用者が有給休暇をより多く取ることで予想される結果としては，第3段落第2文に「人々は休暇から仕事に戻ってきた時に生産性が上がるということが，多くの研究で明らかになっています」とあるので 29 は③。31 は第4段落で有給休暇が求職の際に重視される傾向にあることが述べられ，最終文には「競争力を保つために休暇の方針を変更するアメリカの企業が増えつつあります」とあるので，雇用主が与える有給休暇が少ないと競争力は「より低くなる」と言える。よって④が入る。33 は第3段落第1文に「十分な休みを取らないと，労働者のストレスレベルは上昇」とあることから③の「より高い」が入る。

問34 34 ③

① As Americans get busier, they are taking less and less vacation time.
（アメリカ人は，忙しくなるにつれて，取得する休暇がますます減っている。）
② Because European countries work fewer hours, their economies are hurting.
（ヨーロッパの国々では労働時間が減っているので，各国の経済が痛手を受けている。）
③ **Both employees and employers can benefit from more paid vacation time.**
（有給休暇が増えれば，被雇用者も雇用主も恩恵を受けられる。）
④ Neither American workers nor employers realize the importance of vacation time.
（アメリカ人の労働者も雇用主も休暇の重要性に気づいていない。）

> ①アメリカ人が忙しくなっているとは述べられておらず，休暇を取るアメリカ人は増えているので，不適切。②ヨーロッパ各国の経済が痛手を受けているとは述べられていない。③講義は第1段落でアメリカの有給休暇取得日数の現状を述べ，第2段落でEU諸国との比較を述べてから，第3段落以降で有給休暇のメリットについて述べている。第3段落第3文に It's good for employers as well. とあるように，employer, employee の双方にとってのメリットが述べられているので③が正解。④労働者に

ついては第4段落第2文に「アメリカの労働者は，有給休暇を雇用において2番目に重要な要素と評価しています」とあり，雇用主については「この事実を有給休暇の利点とともに認識し始め，競争力を保つために休暇の方針を変更するアメリカの企業が増えつつあります」とあることから不適切。

語句
◇ hit the bottom「底を打つ；最低を記録する」
◇ paid vacation「有給休暇」（休んでも給料が支払われる休暇）
◇ be entitled to ～「～を受ける権利〔資格〕がある」
◇ burned out「疲れ果てた；燃え尽きた」
◇ rate A as B「AをBとして評価する」
◇ competitive「競争力のある；他に負けない」

問35 35 ④

スクリプト	和訳
This graph shows how much it costs to replace an employee who has quit. Direct costs include advertising, interviewing, and training. But what tends to be overlooked is indirect costs, such as manager's time to hire and train new employees as well as lost knowledge and lost productivity in the organization.	このグラフは，退職した被雇用者1人の代わりを見つけるのにどれだけお金がかかるかを示しています。直接的な費用には，広告，面接，訓練が含まれます。しかし，見過ごされがちなのは間接的な費用で，それは例えば，新しい被雇用者を雇って訓練するために管理者が使う時間や，組織内で失われた知識と生産性といったものです。

① Entry-level employees are unlikely to quit even if they don't get paid vacation time.
（入社間もない被雇用者は，有給休暇が与えられなくても会社を辞める可能性が低い。）

② High-level employees do not need as much paid vacation time as entry-level employees.
（上級レベルの被雇用者は，入社間もない被雇用者ほど有給休暇を必要としない。）

③ Indirect costs are hard to calculate and are a small portion of replacement costs.
（間接的な費用は算出するのが困難で，人員交替にかかる費用のわずかな部分である。）

④ **Providing more paid vacation time will help employers save money.**
（もっと多くの有給休暇を与えれば，雇用主がお金を節約する助けになる。）

講義では有給休暇を多く与えることで被雇用者は仕事を辞める可能性が低くなると述べられていて，入社間もない被雇用者が例外だとは述べられていないので，①は講義の内容と合わない。上級レベルの被雇用者と入社間もない被雇用者のどちらの方が有給休暇を必要とするかという比較はされていないので②も不適切。間接的な費用は算出されてグラフに示されており，しかもどのレベルでも交替にかかる費用全体の半分以上を占めているので，③も不適切。講義から有給休暇を与えれば社員が辞める可能性が減ること，グラフから人員交替に多額の費用がかかることがわかる。まとめると「有給休暇を与えることで社員が辞めなければ人員交替にかかる費用を節約することができる」ということが言えるので，正解は④。

語句
◇ replace「～の代わり〔後任〕を見つける」
◇ overlook「～を見過ごす〔見落とす〕」
◇ lost knowledge「失われた知識」（ここでは辞めた社員が持っていた知識のこと）

第6問

A

スクリプト	和訳
Ben: Who's that doll for, Sarah?	ベン：その人形は誰にあげるの，サラ？
Sarah: It's for my neighbor's son, Takeshi. Tomorrow's his birthday. Do you have an issue, Ben?	サラ：お隣の息子さんのタケシにあげるの。明日が誕生日なのよ。何か気になることがあるの，ベン？
Ben: Well, wouldn't he want something designed for boys?	ベン：ええと，彼は男の子向けにデザインされたものを欲しがらないかな？
Sarah: Who says boys can't play with dolls? They teach them to be gentle. Gender-specific toys only reinforce gender stereotypes.	サラ：男の子は人形で遊べないなんて誰が言うの？優しくなりなさいってみんな男の子に言うでしょ。特定のジェンダー向けのおもちゃは，ジェンダーの固定観念を強化するだけよ。
Ben: I get that. But kids know their gender at an early age, and they naturally prefer certain toys. When I was a kid, I wanted to play with my action figures and water guns.	ベン：それはわかる。でも子供たちは早い年齢から自分のジェンダーを知っていて，ある種のおもちゃを自然と好むんだ。僕は子供の頃，アクションヒーローの人形や水鉄砲で遊びたいと思っていたよ。
Sarah: Sure. But gender is not entirely determined by nature. When kids are only exposed to gender-specific toys, they come to believe that's what they're supposed to like.	サラ：そうね。でもジェンダーは生まれつきで完全に決まるわけではないわ。子供は，特定のジェンダー向けのおもちゃばかりに触れていると，それを好まなきゃいけないんだって思うようになるの。
Ben: So you're saying gender identity is formed by society.	ベン：つまり君は，ジェンダーに関するアイデンティティーは社会によって形作られると言っているんだね。

問36　36　①

問　What is Sarah's main point?（サラの発言の要点は何か。）

① Gender-specific toys are harmful to child development.
（特定のジェンダー向けのおもちゃは子供の発達にとって有害である。）
② Gender-specific toys do not represent the modern world.
（特定のジェンダー向けのおもちゃは現代の世界を描写していない。）
③ Gender-specific toys encourage a wide range of play.
（特定のジェンダー向けのおもちゃは広範囲の遊び方を促す。）
④ Gender-specific toys promote gender equality in society.
（特定のジェンダー向けのおもちゃは社会におけるジェンダーの平等性を推し進める。）

> サラは2番目の発言の第3文で「特定のジェンダー向けのおもちゃは，ジェンダーの固定観念を強化する」，3番目の発言の第3文で「子供は，特定のジェンダー向けのおもちゃばかりに触れていると，それを好まなきゃいけないんだって思うようになる」と言っており，これらの発言から，特定のジェンダー向けのおもちゃが子供によい影響を与えないと考えていることがわかる。したがって正解は①。
> ②，③は英文中に言及なし。④の「ジェンダーの平等性」についてはサラの意見とは無関係。

問37　37　①

問　What is Ben's main point?（ベンの発言の要点は何か。）
① Children enjoy playing with toys designed for their gender.
　（子供たちは自分のジェンダー向けにデザインされたおもちゃで遊んで楽しむ。）
② It's difficult to encourage boys and girls to play together.
　（男の子と女の子を一緒に遊ぶように促すのは難しい。）
③ It's not right to teach children their gender identity.
　（子供たちにジェンダーに関するアイデンティティーを教えるのは正しいことではない。）
④ Society plays a role in reinforcing gender stereotypes.
　（社会は，ジェンダーの固定観念を強化する役割を果たしている。）

> ベンは，タケシが「男の子向けにデザインされたもの」を欲しがると考えており，3番目の発言では「子供たちは早い年齢から自分のジェンダーを知っていて，ある種のおもちゃを自然と好む」と言っていることから，①が正解。ベンの2番目の発言のsomething designed for boysがtoys designed for their genderと言い換えられていることに注目。②，③については英文中に言及なし。④はベンがサラの意見を確認して言った内容であり，ベンの意見ではない。
>
> 語句
> ◇ They teach them：主語のTheyは「一般的な人々」，目的語のthemは男の子たちを指す。
> ◇ not entirely ...「完全に…なわけではない」（部分否定）
> ◇ be exposed to ~「~にさらされる；~に触れる」
> ◇ come to do「…するようになる」

B

スクリプト	和訳
Moderator：Thank you, Professor Kelly. So you said gender-neutral toys are more beneficial for children.	司会：ありがとうございました，ケリー教授。つまり，特定のジェンダー向けでないおもちゃの方が子供たちにとって有益だとおっしゃるんですね。
Professor Kelly：That's right. Toys that are considered gender-neutral are likely to be more educational and help children with skills that are important for future success. Also, dividing toys by gender doesn't reflect modern society.	ケリー教授：その通りです。特定のジェンダー向けでないとみなされるおもちゃの方が教育的な可能性が高く，子供たちが将来の成功のために重要なスキルを身につけるのに役立ちます。また，ジェンダーによっておもちゃを分けるのは，現代社会を反映していません。
Moderator：I see. Let's take some questions from the audience. Would you like to start, miss?	司会：わかりました。ご来場の皆さんから少し質問をお聞きしましょう。そちらの女性，最初にいかがですか？
Melanie：Sure. I'm Melanie. I actually like to get my nieces girl toys like dolls, hair accessories, and princess stuff ... because it's a way to celebrate being a girl. I want them to be proud of their gender.	メラニー：はい。私はメラニーです。実は私は，姪たちに女の子向けのおもちゃを買ってあげたいんです。人形，髪飾り，お姫様っぽいもの…それが，女の子であることを祝福する方法だからです。私は彼女たちに自分のジェンダーを誇りに思ってほしいんです。

Professor Kelly: I understand. But dressing up and looking attractive isn't the only aspect of being a girl. Girls can be smart, strong, and bold. In fact, providing them with only feminine toys can be harmful for their development.

Melanie: Could you explain?

Professor Kelly: Of course. By exposing young girls to strongly gender-specific toys, we might end up sending them a message that appearance is the most important thing.

Moderator: Thank you, professor. How about you, in the green jacket?

Jeremy: Hi, I'm Jeremy. I'm a marketing major. I think stores play a big role in promoting gender stereotypes.

Moderator: In what way?

Jeremy: Well, when you go to a toy store, you see action figures and toy weapons displayed on blue shelves, and dolls and kitchen sets on pink. If that's not stereotypical, what is?

Professor Kelly: You're absolutely right, Jeremy. The good news is some of the big stores are starting to use non-gender labels to categorize toys instead of the traditional boys versus girls.

Moderator: The change is happening. Let's get [starts to fade out] one more question.

| ケリー教授：わかります。でも，着飾って魅力的な容姿になることが，女の子であることの唯一の側面ではありません。女の子だって，賢く，強く，勇敢になれるのです。実際，女性的なおもちゃばかりを与えるのは，女の子の発達にとって有害になりかねません。

メラニー：どういうことかご説明いただけますか？

ケリー教授：もちろんです。特定のジェンダーに強く向けられたおもちゃに幼い女の子を触れさせることで，私たちは彼女たちに，外見が最も重要なものだというメッセージを送ることになるかもしれないのです。

司会：ありがとうございました，教授。グリーンのジャケットを着たあなた，いかがでしょうか？

ジェレミー：こんにちは，私はジェレミーです。マーケティング専攻の学生です。ジェンダーの固定観念を強めることには，小売店が大きな役割を果たしていると思います。

司会：どんなふうに？

ジェレミー：ええと，おもちゃ店へ行くと，アクションヒーローの人形やおもちゃの武器が青い棚に陳列されており，人形やままごとセットがピンクの棚に陳列されているのが目に入ります。それが固定観念的でないとしたら，何が固定観念的と言えるでしょうか？

ケリー教授：あなたはまったく正しいですね，ジェレミー。喜ばしいことに，おもちゃを分類するために，従来の男の子対女の子（の分け方）ではなく非ジェンダー的な表示を用い始めている大きな店もいくつかあるのです。

司会：変化が起きているのですね。もう1つ質問をお受けしましょう。[音声がフェードアウトを始める]

問38 **38** ②

ジェレミーは，おもちゃ店の陳列がジェンダーの固定観念を強化していると述べ，ジェンダーを区別しておもちゃを販売することに反対している。一方，メラニーは「姪たちに女の子向けのおもちゃを買ってあげたい」「彼女たちに自分のジェンダーを誇りに思ってほしい」と言っていることから，ジェンダーでおもちゃを区別してもよいという立場であると考えられる。司会は中立的な発言に徹している。ケリー教授は，冒頭の司会者とのやりとりで特定のジェンダー向けでないおもちゃの方が子供たちにとって有益だということがわかるので，ジェンダーでおもちゃを区別するべきではないという立場であると考えられる。つまり，音声が終わった時点では，否定的な立場なのはジェレミーとケリー教授の2人である。したがって，②が正解である。

問39 **39** ②

①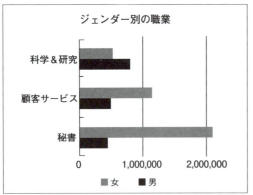

②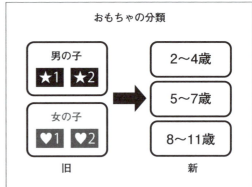

③
	よく売れている特定のジェンダー向けでない おもちゃの種類	
1	アウトドア＆スポーツ玩具	$3.71
2	ブロック＆建築物セット	$1.98
3	ゲーム＆パズル	$1.94
4	美術＆工芸	$0.97
5	楽器	$0.54

売上単位：10億

④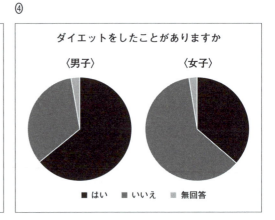

> ①は職業における男女別の割合を示すグラフだが，ケリー教授の意見とは関係ない。②はケリー教授が最後に述べている「従来の男の子対女の子ではなく非ジェンダー的な表示」の具体例となっているので，これが正解。③はケリー教授も言及している特定のジェンダー向けでないおもちゃに関する図であるが，どのような種類が売れているかといった話題は出ていない。④は議論の内容とはまったく無関係。
>
> 語句
> ◇ stuff「（漠然と）もの」
> ◇ bold「大胆な；勇気のある」
> ◇ end up *doing*「最終的に…することになる」

リスニング模試 第4回 解答

| 第1問小計 | 第2問小計 | 第3問小計 | 第4問小計 | 第5問小計 | 第6問小計 | 合計点 | /100 |

問題番号(配点)	設問		解答番号	正解	配点	自己採点
第1問 (25)	A	1	1	①	4	
		2	2	②	4	
		3	3	②	4	
		4	4	③	4	
	B	5	5	④	3	
		6	6	②	3	
		7	7	①	3	
第2問 (16)		8	8	③	4	
		9	9	①	4	
		10	10	③	4	
		11	11	③	4	
第3問 (18)		12	12	③	3	
		13	13	①	3	
		14	14	①	3	
		15	15	②	3	
		16	16	②	3	
		17	17	④	3	

問題番号(配点)	設問		解答番号	正解	配点	自己採点
第4問 (12)	A	18	18	②	4※	
		19	19	③		
		20	20	①		
		21	21	④		
		22	22	③	1	
		23	23	②	1	
		24	24	⑤	1	
		25	25	③	1	
	B	26	26	④	4	
第5問 (15)		27	27	③	1	
		28	28	③	2※	
		29	29	④		
		30	30	②	2※	
		31	31	③		
		32	32	②	2※	
		33	33	③		
		34	34	②	4	
		35	35	④	4	
第6問 (14)	A	36	36	③	3	
		37	37	①	3	
	B	38	38	③	4	
		39	39	④	4	

(注) ※は,全部正解の場合のみ点を与える。

第1問

A

問1　1　①

スクリプト	和訳
If you hand me your plate, I'll give you some dinner.	あなたが皿を手渡してくれたら、料理を入れてあげます。

① **The speaker is offering food.（話者は食べ物を提供している。）**
② The speaker is ordering dinner.（話者は料理を注文している。）
③ The speaker is washing a plate.（話者は皿を洗っている。）
④ The speaker wants food.（話者は食べ物が欲しい。）

> 〈hand＋(人)＋(物)〉は「(人)に(物)を手渡す」、〈give＋(人)＋(物)〉は「(人)に(物)を与える」という意味。つまり、話者は相手が手渡した皿に料理を入れてあげると言っているので、正解は①で、②と④は不正解。wash your plate（(あなたの)皿を洗う）とは言っていないので、③も不正解。

問2　2　②

スクリプト	和訳
Once I've saved up some money, I'm going to buy a new car.	お金が貯まったら、私は新しい車を買うつもりです。

① The speaker has saved enough money.（話者は十分なお金を貯めた。）
② **The speaker has to save some money first.（話者はまずお金を貯めなければならない。）**
③ The speaker is happy with his car.（話者は自分の車に満足している。）
④ The speaker just got a new car.（話者はちょうど新しい車を手に入れた。）

> onceは接続詞で「いったん…すると、…するとすぐに」という意味。前半の「お金が貯まったら」は、つまり、今はまだ十分なお金がないということ。したがって、②が正解で、①は不正解。後半はbe going to doを使い、「車を買うつもりだ」という未来の予定を述べている。したがって、③と④も不正解。
>
> **語句**
> ◇ save up「(お金)を貯める」

問3　3　②

スクリプト	和訳
I stopped at the library after school to pick up some books for my homework.	私は宿題をするための本を借りるために放課後図書館に寄りました。

① The speaker finished his homework.（話者は宿題を終えた。）
② **The speaker visited the library.（話者は図書館を訪れた。）**
③ The speaker wanted to return some books.（話者は本を返したかった。）
④ The speaker will go to the library after school.（話者は放課後に図書館へ行くつもりだ。）

話者の行動を整理しよう。（いつ）：after school（放課後），（目的）：本を借りるため，（どんな本）：宿題をするための本，（行為）：stopped at the library（図書館に寄った）→したがって，②が正解。時制が過去なので，未来の予定を述べた④は不正解。宿題をするための本を借りたのだから，この時点で宿題は終えていないので，①は不正解。本を借りに行ったのだから，③も不正解。

問4 **4** ③

スクリプト	和訳
Emi usually buys a sandwich, which is her favorite food, but today she ate a burger instead.	エミは通常サンドイッチを買い，そしてそれは彼女の好きな食べ物なのですが，今日は代わりにハンバーガーを食べました。

① Emi doesn't like sandwiches.（エミはサンドイッチが好きではない。）
② Emi found a new burger shop.（エミは新しいバーガーショップを見つけた。）
③ **Emi had a burger.（エミはハンバーガーを食べた。）**
④ Emi made a sandwich.（エミはサンドイッチを作った。）

today she (=Emi) ate a burger（今日，彼女（=エミ）はハンバーガーを食べた）とあるので，③が正解。新しいバーガーショップを見つけたかは不明なので，②は不正解。サンドイッチについてはbutより前の部分に注目。コンマのあとのwhichは非制限用法の関係代名詞で，前の名詞a sandwichに説明を加える働きをしている。サンドイッチはエミの好きな食べ物であるということなので，①は不正解。「作った」とは述べられていないので，④も不正解。

B

問5 **5** ④

スクリプト	和訳
She had just put down her picnic blanket in the park when it began to rain.	彼女が公園にピクニックシートを敷いたかと思うと，雨が降り始めました。

選択肢にイラストが含まれる問題では，放送が流れる前に各イラストの差異を確認しておくのがポイント。女の子はどこで何をしているのか，天気は晴れか雨かに注意して聞くこと。女の子が公園でピクニックシートを敷いたところで雨が降り始めたのだから，④が正解。①と②はそもそも晴れているので不正解，③は公園以外の場所でかさをさして歩いているので不正解。

問6 **6** ②

スクリプト	和訳
He cooked dinner so that his wife could keep reading the book.	彼は妻がその本を読み続けることができるように夕食を作りました。

男性と女性それぞれが本を読んでいるのか，料理をしているのかに注意して聞くこと。女性が読書を続けられるように男性が夕食を作ったのだから，男性が料理，女性が読書をしている②が正解。2人とも読書をしている①，男性が読書，女性が料理をしている③，2人とも料理をしている④はすべて不正解。

【語句】
◇ so that ...「…するために」※so thatのあとには，その前の文の目的を表す節がくる。
◇ keep *doing*「…し続ける」

問7 7 ①

スクリプト	和訳
The girl didn't want to wear the sweater that her mother gave her.	その女の子は，母親がくれたセーターを着ていたくありませんでした。

セーターを着用しているのは誰で，その人物はうれしいのかどうかに注意して聞くこと。女の子は母親がくれたセーターを着ていたくなかったのだから，女の子がうれしくなさそうにセーターを着ている①が正解。②は女の子がセーターを着用しているもののうれしそうなので不正解。③と④は母親がセーターを着用しているのでこれらも不正解。

【語句】
◇ wear「～を身につけている」

第2問

問8 8 ③

スクリプト	和訳
M: So you want it next to the window?	男：それで，きみはそれを窓の横に置きたいの？
W: Yes, the one near the restroom.	女：ええ，トイレに近い方の窓に。
M: You don't want it next to the counter, right?	男：きみはそれをカウンターの横に置きたくないと思っているんだよね？
W: There just isn't enough space on either side.	女：どちら側にも十分なスペースがないわ。

問 Where does the woman want to place the coat rack?
（女性はコート掛けをどこに置きたいと思っているか。）

男性の1つ目の発言「きみはそれを窓の横に置きたいの？」に，女性は「ええ，トイレに近い方の窓に。」と答えている。窓の横のスペースという点で，③または④に絞られる。2つのうち，トイレに近いスペースは③なので，これが正解。①と②は窓の横ではないし，さらに，2人の2つ目のやり取りから，女性はカウンターの横にはスペースがないと思っていることがわかるので，不正解。

【語句】
◇ either「どちらの～も」

問9 9 ①

スクリプト	和訳
W: You want to speak with customers, don't you?	女：あなたはお客さんと話したいのよね？
M: Yes. But large groups of people make me nervous.	男：うん。でも，僕は大人数の団体がいると緊張するんだよ。
W: How about this then?	女：それなら，これはどう？
M: I'd rather not sit at a desk all day.	男：僕は一日中机に座らない仕事のほうがいい。

問 Which is the best job choice for the man?（男性にとっての最高の仕事の選択はどれか。）

女性の1つ目の発言「あなたはお客さんと話したいのよね？」に，男性は「うん。でも，ぼくは大人数の団体がいると緊張するんだよ。」と答えているので，たくさんの人々を引率する④のツアーガイドは不正解。さらに男性は最後の発言で，「僕は一日中机に座らない仕事のほうがいい。」と言っているので，一日中座って仕事をする②のプログラマーと③のカスタマーサービスも不正解。ケーキショップの販売員は少人数の接客をする立ち仕事なので，①が正解。

[語句]
◇ nervous「緊張した」
◇ would rather *do*「むしろ…したい」

問10　10　③

スクリプト	和訳
W: Let's try to be more active today.	女：今日はもっと活動的に過ごしましょうよ。
M: OK, how about we go here?	男：いいよ，ここに行くのはどう？
W: No, I got too much sun yesterday.	女：いやよ，私は昨日，日光を浴び過ぎたもの。
M: Then this should be good.	男：それならこれがいいはずだよ。

問　Where will they go today?（彼らは今日はどこへ行くか。）

女性の1つ目の発言の，「今日はもっと活動的に過ごしましょうよ。」という提案に，男性は賛同している。①の映画鑑賞は活動的とは言えないので不正解。男性は2つ目の発言である場所を提案するが，それに対して女性は，「いやよ，私は昨日，日光を浴び過ぎたもの。」と否定していることから，日光を浴びる②と④も不正解。③のスケートは活動的と言え，屋内で日光を浴びないので，これが正解。

問11　11　③

スクリプト	和訳
W: We need to paint the side of the house.	女：家の側面にペンキを塗らなきゃ。
M: I'm afraid of climbing up the ladder.	男：僕は，はしごを登るのが怖いよ。
W: Why don't you do the dishes, then?	女：それなら，皿を洗ってくれない？
M: I've already done that. Maybe I can take care of the grass.	男：それはもうやったよ。多分草むしりならできるよ。

問　What task will the man do?（男性はどんな仕事をするつもりか。）

男性は最後の発言で，「多分草むしりならできるよ。」と言っているので，③が正解。男性の1つ目の発言に，「僕は，はしごを登るのが怖いよ。」とあるので，①と②は不正解。女性の2つ目の発言の「それなら，皿を洗ってくれない？」に対し，男性は「それはもうやったよ。」と応じているので，④も不正解。

[語句]
◇ ladder「はしご」
◇ do the dishes「皿を洗う」
◇ take care of ～「～の世話をする；～の手入れをする」

第3問

問12 12 ③

スクリプト	和訳
W : While you're in town, can you pick up a dozen eggs at the store? M : We still have some in the fridge, behind the orange juice. W : Oh, I didn't realize. I'll make a pizza while you're shopping. M : Thanks. I'll grab some ice cream for dessert while I'm out.	女：あなたが町にいる間に，店で卵を1ダース買ってきてくれる？ 男：まだ冷蔵庫の中のオレンジジュースの後ろにいくつかあるよ。 女：ああ，気づかなかったわ。あなたが買い物をしている間に，私はピザを作るわね。 男：ありがとう。僕は外出中に，デザートにアイスクリームを買ってくるよ。

問 What is the man going to buy?（男性は何を買うつもりか。）
① A dozen eggs（卵を1ダース）
② A pizza（ピザ）
③ Ice cream（アイスクリーム）
④ Orange juice（オレンジジュース）

男性は2つ目の発言で，「僕は外出中に，デザートにアイスクリームを買ってくるよ。」と言っているので，③が正解。女性の1つ目の発言の，「店で卵を1ダース買ってきてくれる？」に対して，男性は，「まだ冷蔵庫の中のオレンジジュースの後ろにいくつかあるよ。」と応じている。つまり，卵はまだ残っているので買う必要はなく，オレンジジュースは卵のある場所の説明のために挙げただけなので，①と④は不正解。女性の2つ目の発言の第2文に，「私はピザを作るわね」とあり，ピザは女性が今から作る料理なので，②も不正解。

語句
◇ dozen「1ダース〔12個〕の」
◇ fridge「冷蔵庫」
◇ grab「～を急いで取ってくる」※買い物の文脈ではbuyの意味を表すこともある。

問13 13 ①

スクリプト	和訳
M : If you feel sick, you should rest at home. W : But I don't want to miss today's meeting. How about my coming in just for that? M : That's better than coming in for a full day. W : Thank you. And I'll go to the doctor tomorrow if I feel worse.	男：きみは体調が悪いのなら，家で休むべきだよ。 女：でも今日の会議を欠席したくありません。そのためだけに出勤するのはいかがでしょうか？ 男：一日中出勤するよりはいいよ。 女：ありがとうございます。そして，もし体調がもっと悪くなったら，明日医者に行きます。

問 What will the woman do today?（女性は今日何をするか。）
① Attend the meeting（会議に出席する）
② Go see a doctor（医者に行く）
③ Stay home all day（一日中家にいる）
④ Work all day（一日中働く）

女性の1つ目の発言の第2文の,「そのためだけに出勤するのはいかがでしょうか？」という提案を,男性は了承し,女性は,Thank you.（ありがとうございます。）と言っている。この女性の1つ目の発言の第2文にあるthatは,直前の文のtoday's meeting（今日の会議）を指す。したがって,女性は今日,会議のためだけに出勤するということなので,①が正解で,③と④は不正解。女性の2つ目の発言の第2文に,「もし体調がもっと悪くなったら,明日医者に行きます。」とあり,医者に行くとしてもそれは明日のことなので,②も不正解。

問14　14　①

スクリプト	和訳
W：That was much more difficult than I expected.	女：それは私が予想していたよりも,はるかに難しかったわ。
M：I was surprised! All of the reviews online said it would be easier. I was hoping it would be more fun, too.	男：僕は驚いたよ！　オンラインのすべてのレビューにはもっと簡単だって書いてあったよ。それに,もっと楽しければなあと思っていたよ。
W：Oh, I had a good time, although I wish the teacher had explained things better.	女：あら,私は楽しかったわ。先生がもっとよく説明してくれていたらなあと思うけど。
M：She was fine. We just need to practice.	男：彼女は素晴らしかったよ。僕たちは練習が必要なだけだよ。

問　What did both speakers think of the class?（2人の話者はその教室をどう思ったか。）
① It was not easy.（それは簡単ではなかった。）
② It was very enjoyable.（それはとても楽しかった。）
③ The online reviews were good.（オンラインのレビューはよかった。）
④ The teacher was not clear.（先生はわかりやすくはなかった。）

女性の1つ目の発言に,「それは私が予想していたよりも,はるかに難しかったわ。」とあることから,女性は料理教室が簡単ではなかったと思っている。男性は1つ目の発言の第1～2文で,「僕は驚いたよ！　オンラインのすべてのレビューにはもっと簡単だって書いてあったよ。」と言っている。つまり男性は,オンラインのレビューにはその料理教室がもっと簡単だと書いてあったのに,実際には簡単ではなかったので驚いたということ。したがって,①が正解。オンラインレビューの良し悪しは語っていないので,③は不正解。男性の1つ目の発言の第3文に,「それに,もっと楽しければなあと思っていた」とあり,つまり男性は実際の料理教室は楽しくはなかったということなので,②も不正解。女性の2つ目の発言に,「先生がもっとよく説明してくれていたらなあ」とあるが,それに対して男性は2つ目の発言の第1文で,「彼女は素晴らしかったよ。」と反論しているので,④も不正解。

語句
◇〈I wish＋主語＋had＋過去分詞〉「私は…だったらなあと思う」※仮定法過去完了。過去において実現されなかった願望を表す。

問15 15 ②

スクリプト	和訳
W: Let's take the 11:50 limited express. It will leave in seven minutes. M: That'll get us to our destination too early. Let's take the local train leaving two minutes before it. W: Fine. Then we'll arrive at 12:47. M: That's perfect.	女：11時50分の特急に乗りましょうよ。7分後に発車するわ。 男：それだと目的地に早く着きすぎるよ。その2分前に出る普通列車に乗ろうよ。 女：いいわ。そうすると12時47分に到着するわね。 男：それならバッチリだね。

問 What time will the speakers leave this station?（話者たちは何時にこの駅を出発する予定か。）
① At 11:43（11時43分）
② **At 11:48（11時48分）**
③ At 11:50（11時50分）
④ At 11:57（11時57分）

> 時間に関する数字がいくつか出てくるが，問いに関係あるものとないものを区別すること。まず女性が「11時50分の特急に乗りましょう」と言ったのに対し，男性は「その2分前に出る普通列車に乗ろう」と言い，女性も賛同している。したがって，彼らが駅を出発するのは「11時50分の2分前」で，11時48分となる。正解は②。最初の女性の発言にある「7分後」は特急の発車時刻なので，問いには無関係。
>
> **語句**
> ◇ limited express「特急」
> ◇ get A to B「AをBに連れて行く」

問16 16 ②

スクリプト	和訳
M: What did you think of the game? W: At first I found the rules a bit confusing, but I had fun. I haven't laughed that hard in a long time. M: Playing it always makes me laugh as well. W: Next time, let's get a bigger group together to play.	男：きみはそのゲームをどう思った？ 女：最初はルールが少しわかりにくいと思ったけど，楽しかったわ。私は長い間こんなにも笑ったことはなかったわ。 男：僕もそのゲームをするといつも笑うよ。 女：次は，もっと人数を集めてそのゲームをしましょう。

問 What do the two people agree about?（2人は何について意見が一致しているか。）
① The game is confusing.（そのゲームはわかりにくい。）
② **The game is very funny.（そのゲームはとても面白い。）**
③ The game needs more people.（そのゲームにはもっと人数が必要だ。）
④ The game takes a long time.（そのゲームには長い時間がかかる。）

女性は1つ目の発言の第2文で「私は長い間こんなにも笑ったことはなかったわ。」と述べ、男性は2つ目の発言で、「僕もそのゲームをするといつも笑うよ。」と述べている。つまり2人ともそのゲームはとても面白いと言っているので、②が正解。また、2人だけでもゲームを楽しめているので、③は不正解。①のconfusing（わかりにくい）という単語は、女性の1つ目の発言の第1文に、「最初はルールが少しわかりにくいと思った」とあるが、男性はそれについて何も述べていないので、①は不正解。ゲームの所要時間については2人とも述べていないので、④も不正解。

語句
◇ at first「最初は」
◇ confusing「混乱させる；わかりにくい」
◇ as well「～もまた」

問17 17 ④

スクリプト	和訳
W：You look happy.	女：うれしそうね。
M：I was just thinking about the meeting I had with the clients.	男：お客様と終えた打ち合わせのことを考えていたんだ。
W：I suppose they were pleased with your designs.	女：あなたのデザインを喜んでくれたようね。
M：Yes. They said a lot of kind things about them. They agreed to hire us.	男：うん。僕のデザインについていろいろ優しいことを言ってくれたよ。僕らを採用してくれることになった。
W：That's great news. When do we start?	女：すばらしい知らせね。いつ始めるの？

問　Why is the man in a good mood?（なぜ男性は機嫌がよいのか。）
① He agreed with his clients.（彼は顧客に同意した。）
② He was shown a nice design.（彼はよいデザインを見せられた。）
③ He will meet with his clients in a few days.（彼は顧客と2, 3日後に打ち合わせをするだろう。）
④ He's landed a new contract.（彼は新しい契約を結んだ。）

男性がうれしそうにしている理由は男性の2つ目の発言にある。顧客が男性のデザインをほめ、採用してくれることになったからである。④のlandは「（契約など）をとりつける」の意。これが正解。男性の2つ目の発言にあるagreeの主語theyは顧客を指す。造園会社を採用することに同意したのは顧客のほうだから①は不正解。デザインを見せたのは男性が顧客に対してであり、男性が見せられたのではない。②も不正解。顧客と2, 3日後に打ち合わせをするかどうかについては言及がないから③も不正解。

語句
◇ 問 in a good mood「機嫌がよい」
◇ ④ land「（契約など）を得る」
◇ ④ contract「契約」

第4問

A

問18〜21　18　②　19　③　20　①　21　④

スクリプト

　　Last Wednesday, I made a rocket from an empty plastic bottle for my art class. I came home from school on Thursday and saw that my mom had cleaned my room. The bottle was gone! My mom said she hadn't moved it, but I was sure she had thrown it away. While we were arguing, a garbage truck pulled up and took our garbage. I called out to the garbage collectors through my window, but they didn't hear me and drove away. I spent all night making a new rocket using a milk carton instead of a plastic bottle. But when I opened my closet the following morning, I found the bottle-rocket on the floor! I forgot I had put it there.

和訳

　　先週の水曜日，僕は美術の授業のために空のペットボトルでロケットを作りました。僕は木曜日に学校から帰ってきて，母が僕の部屋を掃除したのを知りました。ペットボトルはなくなっていました！母はそれを動かしていないと言いましたが，僕は母がそれを捨てたと確信していました。僕たちが口論している間に，ゴミ収集車が止まり，ゴミを持って行ってしまいました。僕は窓からゴミ収集業者に呼びかけましたが，僕の声は彼らには聞こえず，走り去ってしまいました。僕は一晩中かけて，ペットボトルの代わりに牛乳パックを使って新しいロケットを作りました。しかし翌朝クローゼットを開けた時，僕はクローゼットの床にペットボトルロケットを発見したのです！僕はそれをそこに置いたのを忘れていました。

エピソードが時系列で語られるので，話題が出てきた順にイラストを選べばよい。第5文前半「**僕たち（＝僕と母）が口論している間に**」→第6文前半「**僕は窓からゴミ収集業者に呼びかけました**」→第7文「僕は一晩中かけて，ペットボトルの代わりに**牛乳パックを使って新しいロケットを作りました。**」→第8文「しかし翌朝クローゼットを開けた時，**僕はクローゼットの床にペットボトルロケットを発見したのです！**」したがって，②→③→①→④が正解。

語句

◇ empty「空の」
◇ plastic bottle「ペットボトル」
◇ argue「口論する」
◇ garbage truck「ゴミ収集車」
◇ milk carton「牛乳パック」

問22〜25 22 ③ 23 ② 24 ⑤ 25 ③

スクリプト

This is the list of our Christmas gift boxes. Would you mind helping me out with these numbers? The cost of each box depends on how many chocolates it contains. Boxes that contain fewer than eight chocolates cost $6. If it has eight to ten chocolates, that's a price of $8. After that, it's an extra $2 per chocolate.

和訳

これはクリスマスのギフトボックスの表です。これらの数字の記入を手伝っていただけませんか？各ギフトボックスの値段は箱に入っているチョコレートの数によって決まります。チョコレートが8個よりも少ないギフトボックスは6ドルです。8個から10個のチョコレートが入っていれば，その値段は8ドルです。それより多ければ，チョコレート1個につき2ドルずつ追加でかかります。

表から，ギフトボックスの価格が問われていることがわかる。第3文に「各ギフトボックスの値段は箱に入っているチョコレートの数によって決まります。」とあることから，チョコレートの個数に注意して聞き取ればよいことがわかる。第4文に「チョコレートが8個よりも少ないギフトボックスは6ドルです。」とある。Box Cは5個なので6ドルだから，23 は②。fewer than eightは（8より少ない）だから，8は含まない。第5文に，「8個から10個のチョコレートが入っていれば，その値段は8ドルです。」とある。Box Bは10個，Box Eは8個なので8ドルだから，22 と 25 は③。第6文に，「それより多ければ，チョコレート1個につき2ドルずつ追加でかかります。」とある。Box Dは12個なので，8ドル＋2ドル×2個＝12ドル。したがって，24 は⑤。

語句
◇ Would you mind doing 〜?「〜していただいてもよろしいですか？」
◇ depend on 〜「〜次第である」
◇ contain「〜を含む」
◇ extra「追加の」

B

問26 26 ④

スクリプト

1. I'm Alan. I was a drummer for a band last year. This August, I don't have any plans, so I would be happy to join you on your tour. But sometimes I will have to leave early to care for my children when my wife works night shift as a nurse.
2. My name's Hitoshi. Even though I've never been in a band, I have several years of experience playing drums. I'm free all August, and I'm happy to perform late into the night.
3. My name is Olivia. I love to stay up late and would have no problem playing your night shows. My part-time job doesn't end until August 15, so I'm only free for half the month. I've played in three different bands.

和訳

1. 私はアランです。私は昨年，あるバンドのドラマーでした。今年の8月に予定はありませんので，喜んであなたたちのツアーに参加します。でも妻が看護師として夜勤をしている時，子供の世話をするために早めに帰宅しなければならないことが時々あります。
2. 私の名前はヒトシです。私はバンドに参加したことは一度もありませんが，数年間のドラムの演奏経験があります。8月中はずっとひまなので，喜んで深夜まで演奏します。
3. 私の名前はオリビアです。私は夜更かしが大好きで，あなた方の夜の公演で演奏することに差支えはないでしょう。アルバイトは8月15日まで続きますので，私は半月だけひまです。私は3つの異なるバンドで演奏したことがあります。

| 4. Hi, I'm Sophia and I would love to join you on tour. I'm available during the whole month of August. I used to play drums in a band, and I really miss it. Staying up late doesn't bother me a bit. | 4. こんにちは，私はソフィアで，ツアーにとても参加したいです。私は8月中空いています。私はあるバンドでドラムを演奏していたのですが，本当にそれが恋しいです。夜更かしすることは少しも気になりません。 |

問 [26] is the drummer you are most likely to choose.
（[26] が，あなたが選ぶ可能性の最も高いドラマーです。）

各候補者の自己紹介を聞きながら，条件である「A.バンドでドラムを演奏したことがある」，「B.8月いっぱい時間が自由になる」，「C.午後10時まで演奏活動ができる」についてワークシートにメモを書き込んでいこう。1人目の発言はアランで，昨年，あるバンドのドラマーを経験し，8月に予定はないが，子供の世話で早く帰宅する日もあり，Cの条件に合わないので不正解。2人目の発言はヒトシで，8月中はひまで，深夜まで参加できるが，バンドに参加したことがなく，Aの条件に合わないので不正解。3人目の発言はオリビアで，夜更かしが大好きで夜の公演でも演奏ができ，3つのバンドでの演奏経験があるが，アルバイトのため8月は半月しか自由時間がなく，Bの条件に合わないので不正解。4人目の発言はソフィアで，8月中時間があり，バンドでの演奏経験があり，夜更かしも気にならないので，すべての条件を満たしている。したがって，④が正解。

語句
◇ night shift「夜勤」
◇ even though ...「…だけれども」
◇ part-time job「アルバイト」
◇ available「時間がある」
◇ used to do「以前はよく…した」
◇ bother「～を煩わせる」

第5問

スクリプト

Over the past few centuries, one of the biggest drivers of climate change has been the burning of fossil fuels such as coal, oil, and natural gas. There is no question that human activity has led to global warming. In 1750, before the activities of the Industrial Revolution, the level of carbon dioxide in the air was around 280 parts per million. In the 21st century, that level has risen to more than 400 parts per million. Along with other greenhouse gases, the increasing concentration of carbon dioxide in the atmosphere is one of the main reasons that global temperatures are rising.

As the world's most used energy source, oil is one of the biggest contributors to climate change. However, the oil industry itself has also felt the

和訳

過去数世紀にわたり，気候変動の最大の原因の1つは石炭，石油，天然ガスなどの化石燃料の燃焼であり続けてきました。人間の活動が地球温暖化をもたらしてきたことは疑いようがありません。1750年，産業革命が起こる以前，大気中の二酸化炭素濃度は約280ppmでした。21世紀には，それは400ppmを超えるまでに上昇しました。他の温室効果ガスとともに，大気中の二酸化炭素濃度の増加は，地球規模での気温上昇の主な理由の1つなのです。

世界で最も使用されているエネルギー源なので，石油は気候変動をもたらす最大の原因の1つです。しかし，石油産業自体も地球温暖化の影響を感じ続

impact of global warming. Large hurricanes have caused billions of dollars in damage to oil production facilities. Flooding and high winds could result in infrastructure damage, which also interrupts oil transportation. As awareness of the dangers of climate change spreads, oil companies must follow a growing number of laws and regulations.

　　However, global demand for oil is continuing to rise year after year despite the increased adoption of renewable energies. Gasoline was one of the most popular oil products for many decades, and demand for gasoline grew as more families bought private vehicles. Recently, however, the demand for gasoline is declining as electric cars become more common. Therefore, many oil companies are shifting their production activities to support oil products for which demand is still rising, like jet fuel and plastics. The market for propane is also growing due to its more sustainable manufacturing process.

けてきました。大規模なハリケーンは石油生産施設に数十億ドルの損害を与えてきました。洪水や強風がインフラの損傷を招き，それが石油輸送を妨げる可能性もあるでしょう。気候変動の危険性に対する認識が広がるにつれて，石油会社はますます多くの法律や規制に従わなければならなくなっています。

　しかし，再生可能エネルギーの利用増加にもかかわらず，世界の石油需要は年々増加し続けています。ガソリンは何十年もの間，最も人気のある石油製品の１つであり，自家用車を買う家庭が増えるにつれて，ガソリンの需要が伸びていきました。しかし最近では，電気自動車が普及するにつれて，ガソリンの需要が減少しています。そのため，多くの石油会社は，航空機燃料やプラスチックなど，需要が依然として増加している石油製品を支える生産活動へと移行しています。プロパンガスの市場も，より持続可能な生産工程により成長し続けています。

ワークシート

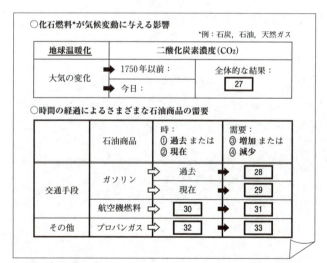

問27 27 ③

① an increase of around 20%（約20％の増加）　② a decrease of around 20%（約20％の減少）
③ **an increase of around 40%（約40％の増加）**　④ a decrease of around 40%（約40％の減少）
⑤ an increase of around 70%（約70％の増加）　⑥ a decrease of around 70%（約70％の減少）

ワークシート及び選択肢の情報から，increaseとdecreaseの数値に注意して聞くべきとわかる。第１段落第３～４文に，「1750年，産業革命が起こる以前，大気中の二酸化炭素濃度は約280ppmでした。21世紀

には，それは400ppmを超えるまでに上昇しました。」とある。今日が400ppm超で1750年以前は約280ppmだから，約40％の増加となり，正解は③。

問28〜33　28　③　　29　④　　30　②　　31　③　　32　②　　33　③

① in the past（過去）
② today（現在）
③ increasing（増加）
④ decreasing（減少）

石油商品の需要については第3段落でふれられている。 28 29 はガソリンの需要について。第3段落第2〜3文に「ガソリンは何十年もの間，最も人気のある石油商品の1つであり，自家用車を買う家庭が増えるにつれて，ガソリンの需要が伸びていきました。しかし最近では，電気自動車が普及するにつれて，ガソリンの需要が減少しています。」とあり，過去は自家用車の普及によって増加したので 28 は③。現在は電気自動車の普及で減少したので 29 は④。
30 31 は航空機燃料について。第3段落第4文に「多くの石油会社は，航空機燃料やプラスチックなど，需要が依然として増加している石油製品を支える生産活動へと移行しています。」とあり，現在の変化として増加しているので 30 は②， 31 は③。
32 33 はプロパンガスについて。第3段落第5文に，「プロパンガスの市場も成長し続けています」とあり，現在の変化として増加しているので 32 は②， 33 は③。

問34　34　②

① Propane is likely to become the most popular oil product around the world.
（プロパンガスは世界中で最も人気のある石油製品になる可能性がある。）
② **The oil industry itself has suffered as a result of oil affecting the climate.**
（**石油が気候に影響を与えた結果，石油産業自身はその報いを受けている。**）
③ The oil industry will eventually shut down due to the popularity of renewable energy.
（再生可能エネルギーの人気により，石油産業は最終的に消滅するだろう。）
④ There will be fewer oil companies because of laws and regulations.
（法律や規制により，石油会社の数は少なくなるだろう。）

第2段落全体で，石油は気候変動をもたらす最大の原因の1つである一方で，地球温暖化のあおりを受けて石油産業も損害を受けるなどの影響が起きていることが述べられている。ここから，石油産業が自身の生み出す石油によってしっぺ返しを受けていると考えられる。したがって，②が正解。③のような内容までは述べられていない。第2段落最終文に「石油会社はますます多くの法律や規制に従わなければならなくなっています」とあるが，それにより石油会社の数が少なくなるとは述べられていないので，④も不正解。プロパンガスについては第3段落最終文に「プロパンガスの市場も成長し続けています」とあるが，最も人気のある石油製品になる可能性があるとは述べられていないので，①も不正解。

【語句】
◇ climate change「気候変動」
◇ fossil fuel「化石燃料」
◇ carbon dioxide「二酸化炭素」
◇ parts per million「百万分率」※ppmと略すことが多い。
◇ renewable energy「再生可能エネルギー」
◇ decade「10年間」
◇ vehicle「車」
◇ sustainable「持続可能な」

問35 35 ④

スクリプト	和訳
Oil is found in many parts of the world, but it is far easier to access and process in some places than it is in others. The graph shows the relative volumes of oil production in different regions. Oil in the Middle East is particularly easy to obtain.	石油は世界の多くの地域で見つかっていますが、ある地域では他の地域よりも入手や加工がはるかに容易です。グラフは、さまざまな地域における石油生産量の比較を示しています。中東の石油は特に入手が容易です。

① Propane sales are beginning to decrease in some regions of the world.
（プロパンガスの売上高は世界の一部の地域で減少し始めている。）

② The adoption of renewable energy sources is the best way to reduce the burning of fossil fuels.
（再生可能エネルギー源の利用は、化石燃料の燃焼を減らす最善の方法である。）

③ The demand for oil products in the United States is not increasing.
（アメリカにおける石油製品の需要は増加していない。）

④ **The oil industry in the Middle East has the fastest growing impact on climate change.**
（中東の石油産業は、気候変動に最も急速に影響を及ぼしている。）

> 講義の続きの最終文に、「中東の石油は特に入手が容易です。」とあり、グラフからは年間石油産出量はすべての年代とも中東がトップであることが読み取れる。そして、講義の第1段落第1文には、「気候変動の最大の原因の1つは石炭、石油、天然ガスなどの化石燃料の燃焼であり続けてきました」とある。つまり「気候変動に最も影響を及ぼすのは石油産業」→「石油産業が最も盛んなのは中東」→「だから中東の石油産業が気候変動を最も推し進めている」と考えられるので、④が正解。その他の選択肢は、講義全体や講義の続きの内容・グラフにも関係ないので不適。

第6問

A

スクリプト	和訳
Greg: This article says bigger dogs tend to have more diseases. Maybe a smaller one would be better, Cynthia. Cynthia: But a small dog couldn't keep up with us on our weekend hikes. Do you want to just leave it home all day, Greg? Greg: No, of course not. But keeping a big dog in our small house seems cruel anyway. Cynthia: The whole point of getting a dog is to get us out of the house, though. Greg: Sure, but what about when there's bad weather or it's really hot? Another advantage of small dogs is that they don't need to go on long walks. Cynthia: I think spending more time in the rain is	グレッグ：この記事には、大型犬ほど病気にかかる傾向があると書いてあるよ。きっともっと小型の犬の方がいいよ、シンシア。 シンシア：でも、小型犬は私たちの週末のハイキングについて来られないでしょう。グレッグ、犬をただ一日中家に残しておきたいの？ グレッグ：いや、もちろん嫌だよ。でもとにかく、僕たちの小さな家で大型犬を飼うのは残酷なことだろう。 シンシア：とはいえ、犬を飼う一番の目的は、私たちを家の外に連れ出してくれることよ。 グレッグ：もちろんだけど、悪天候やすごく暑い時はどうなの？ 小型犬のもう1つの利点は、長い散歩に行く必要がないことだよ。 シンシア：私は雨の中でより長い時間を過ごすこと

>   a pretty small sacrifice. And a big dog will force us to get exercise.
> Greg: In that case, let's wait until we can afford a bigger backyard.

はかなり小さな犠牲だと思うわ。それに大型犬が私たちが運動するように強いるでしょう。
グレッグ：それなら，もっと広い裏庭が持てるようになるまで待とうよ。

問36　36　③

問　What is Cynthia's main point?（シンシアの発言の要点は何か。）

① A small dog is less likely to have diseases.（小型犬は病気にかかる可能性が低い。）
② Dogs are happiest in houses with backyards.（犬は裏庭のある家にいるのが最も幸せだ。）
③ Having a dog is a way to stay active.（犬を飼うことは，活動的であり続けるための1つの方法だ。）
④ Small dogs are easier to take on trips.（小型犬は旅行に連れて行くのが簡単だ。）

> シンシアの2つ目の発言に，「とはいえ，犬を飼う一番の目的は，私たちを家の外に連れ出してくれることよ。」とあり，シンシアは，犬は自分たちを屋外に連れ出してくれるので，活動的であり続けることができ，それが犬を飼う一番の目的だと言いたいのである。したがって，③が正解。グレッグの1つ目の発言の第1文に「この記事には，大型犬ほど病気にかかる傾向があると書いてあるよ。」とあるが，これはシンシアの発言ではないので，①は不正解。グレッグの最後の発言に「裏庭」という言葉が出てくるが，シンシアは裏庭について何も述べていないので，②も不正解。シンシアの1つ目の発言の第1文に，「でも，小型犬は私たちの週末のハイキングについて来られないでしょう。」とあるが，旅行に連れて行くのが簡単だとは言っていないので，④も不正解。

問37　37　①

問　Which of the following issues is not mentioned by either speaker?
（次の問題のうちどれがどちらの話者にも言及されていないか。）

① Larger dogs have more behavior issues than smaller ones.（大型犬は小型犬よりも行動上の問題がある。）
② Larger dogs have more health issues than smaller ones.（大型犬は小型犬よりも健康上の問題がある。）
③ Larger dogs need more exercise than smaller ones.（大型犬は小型犬よりも運動が必要だ。）
④ Larger dogs need more space than smaller ones.（大型犬は小型犬よりもスペースが必要だ。）

> 消去法で正解を選ぶ必要がある。グレッグの1つ目の発言の第1文に「この記事には，大型犬ほど病気にかかる傾向があると書いてあるよ。」とあるので，②は不正解。グレッグの3つ目の発言の第2文に，「小型犬のもう1つの利点は，長い散歩に行く必要がないことだよ。」とあり，つまり大型犬の方が運動が必要だということなので，③も不正解。グレッグは2つ目の発言の第2文で，「僕たちの小さな家で大型犬を飼うのは残酷なことだろう」，さらに最後の発言で，「それなら（＝大型犬を飼うなら），もっと広い裏庭が持てるようになるまで待とうよ。」と述べている。つまり，大型犬を飼うには大きな家や広い裏庭などのスペースが必要だと言いたいので，④も不正解。大型犬と小型犬の行動上の問題点の比較については，両者とも述べていないので，①が正解。
>
> 語句
> ◇ keep up with ~「~について行く」
> ◇ cruel「残酷な」
> ◇ advantage「利点」
> ◇ sacrifice「犠牲」
> ◇ force O to do「Oに…するように強いる」
> ◇ can afford ~「~を持つ〔買う〕余裕がある」
> ◇ backyard「裏庭」

B

スクリプト

Harry: I'm worried that my nephew spends a lot of time on his smartphone, you know... too much screen time. Do you think this is a problem, Emily?

Emily: Maybe not, Harry. Do you think he needs more "green time," or outdoor play time?

Harry: Yes, because one study showed more screen time makes children sleep less. If they lack too much sleep, they may lose the ability to focus.

Emily: Hmm.... My niece spends a lot of time online, but does well in school.

Harry: What do you think, Junko?

Junko: Well, reading e-books is different from gaming. Still, I don't like kids spending so much time on smartphones and tablets.

Harry: Right! Green time helps kids improve their social skills and imagination.

Emily: Reading a Web story also boosts imagination, so it can benefit children's growth. Alex, you have a little sister. Give us your opinion.

Alex: I'm with Harry on this. I've heard that American kids are far less healthy than before, since they play outside less.

Junko: Right, they hardly look up from their smartphones.

Alex: We need to encourage kids to play more, both at home and at school.

Junko: I agree. Some schools take kids' smartphones away during class hours. Harry, how do you feel about this policy?

Harry: I guess it's okay, but without smartphones, how could parents reach their kids in an emergency?

Alex: They'd just call the school office.

Harry: Oh, you have a point. OK, thank you everyone.

和訳

ハリー：僕の甥っ子が長時間スマートフォンばかり見ていて心配なんだよね…スクリーンタイムが長すぎるんだ。これは問題だと思う？ エミリー。

エミリー：そうとは限らないわよ，ハリー。あなたは彼に「グリーンタイム」，つまり外で遊ぶ時間がもっと必要だと思うの？

ハリー：うん，だって，ある研究ではスクリーンタイムが長い子供ほど睡眠時間が少なくなるとあったんだ。睡眠不足が続くと集中力がなくなるかもしれない。

エミリー：うーん…。私の姪っ子は長時間インターネットをしているけど，学校の成績はいいわよ。

ハリー：ジュンコ，君はどう思う？

ジュンコ：そうね，電子書籍を読むのとゲームをするのは違うわ。それでも，私は子供がスマートフォンやタブレットをあまりに長い時間使うのは好きではないわ。

ハリー：そうだよね！ グリーンタイムを持つことは子供の社会的能力や想像力を高めるのに役立つんだ。

エミリー：ネット上にある物語を読むのだって想像力を高めるし，子供の成長にプラスになり得るわ。アレックス，あなたには小さな妹がいるわよね。意見を聞かせて。

アレックス：僕はこのことについてはハリーと同意見だよ。アメリカの子供は以前よりもずっと不健康になっていて，それは外であまり遊ばなくなったからだと聞いたことがある。

ジュンコ：そうね，彼らはスマートフォンからほとんど顔を上げないものね。

アレックス：子供にもっと遊ぶように勧める必要があるね，家でも学校でも。

ジュンコ：その通りね。授業中には子供たちからスマートフォンを取り上げる学校もあるのよ。ハリー，この方針についてはどう思う？

ハリー：いいんじゃないかな，でもスマートフォンがないと，親は非常時にどうやって子供と連絡がとれるのかな？

アレックス：ただ学校の事務室に電話すればいいよ。

ハリー：ああ，確かにそうだね。よし，ありがとう，みんな。

| Alex: Hey, can we just get up and walk into town? | アレックス：さて，みんなそろそろ腰を上げて町に歩いて行かないかい？ |
| Emily: That's a good idea. I need to stretch my legs. | エミリー：いい考えね。私は脚を伸ばしたいわ。 |

問38 　38　　③

> 子供のスマートフォンの長時間使用について，4人の意見のポイントを押さえながら聞く。キーワードをつかんで，メモ欄も活用しよう。ハリーは1つ目の発言で「僕の甥っ子がスマートフォンばかり見ていて心配なんだ」と述べ，このことが問題かどうかをエミリーに尋ねている。エミリーは1つ目の発言で「そうとは限らない」と答え，さらに2つ目の発言で自身の姪っ子についてふれ，「私の姪っ子は長時間インターネットをしているけど，学校の成績はいいわよ。」と言っている。さらに，3つ目の発言でも「ネット上にある物語を読むのだって想像力を高めるし，子供の成長にプラスになり得るわ。」という意見を述べており，これらのことから，エミリーは子供の長時間のスマートフォン使用について肯定的な考えを持っていると言える。ハリーは2つ目の発言の中で「ある研究ではスクリーンタイムが長いと睡眠時間が少なくなるとあった」という点を挙げ，さらに4つ目の発言「グリーンタイムを持つことは子供の社会的能力や想像力を高めるのに役立つんだ。」で，戸外で遊ぶことの重要性にもふれている。これらの内容から，ハリーは子供の長時間のスマートフォン使用について否定的であることがわかる。ジュンコも，1つ目の発言「子供がスマートフォンやタブレットをあまりに長い時間使うのは好きではない。」，2つ目の発言「彼らはスマートフォンからほとんど顔を上げない」の内容から，否定的な考えを持っていると言える。アレックスは1つ目の発言で「僕はこのことについてはハリーと同意見だよ。」と言っており，すなわちハリー同様に否定的であることがわかる。したがって，子供の長時間のスマートフォン使用に否定的なのはエミリーを除く3人であり，正解は③。

問39 　39　　④

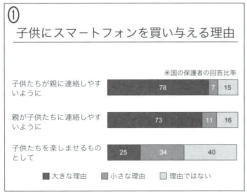

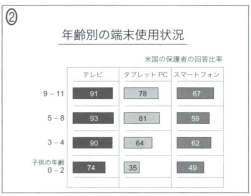

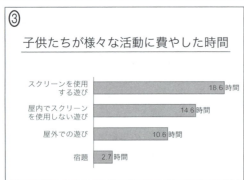

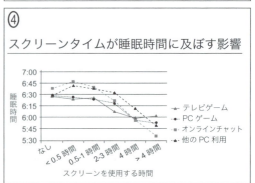

ハリーは1つ目の発言で「甥っ子の**スクリーンタイムが長いことが心配だ**」，2つ目の発言で「**スクリーンタイムが長いと睡眠時間が減り，そうすると集中力が低下するかもしれない**」と述べている。これらの根拠となるグラフは，スクリーンタイムの長さと睡眠時間の関連を示している④。①は子供にスマートフォンを購入する理由を示したグラフで不適当。②は子供が使用する端末の割合を年齢別に示したもので，ハリーの意見とは関連がない。③は子供たちの遊びの内容の内訳を示したグラフ。screen-based play「スクリーンを使う遊び」が優位を占めているが，ハリーの考えの根拠にはなってはいないので不適当。

語句
◇ nephew「甥（おい）」
◇ niece「姪（めい）」
◇ e-book「電子書籍」
◇ boost「〜を高める」
◇ benefit「〜のためになる；〜の利益になる」
◇ growth「成長；発育」
◇ policy「方針」
◇ stretch「〜を伸ばす」
◇ 問39 ② device「装置；端末」
◇ 問39 ③ screen-based「スクリーンを用いた」
◇ 問39 ③ screen-free「スクリーンを使わない」
◇ 問39 ④ duration「持続（時間）；存続」
◇ 問39 ④ console game「家庭用ゲーム」

リスニング模試　第5回　解答

第1問小計 6　第2問小計 12　第3問小計 0　第4問小計 9　第5問小計 11　第6問小計 8　合計点 46/100

問題番号(配点)	設問		解答番号	正解	配点	自己採点	問題番号(配点)	設問		解答番号	正解	配点	自己採点
第1問(25)	A	1	1	③	4		第4問(12)	A	18	18	①	4※	✓
		2	2	③	4				19	19	③		✓
		3	3	③	4				20	20	②		✓
		4	4	②	4				21	21	④		✓
	B	5	5	②	3				22	22	③	1	✓
		6	6	④	3	✓			23	23	①	1	
		7	7	③	3	✓			24	24	②	1	
第2問(16)		8	8	③	4	✓			25	25	⑤	1	
		9	9	①	4	✓		B	26	26	①	4	✓
		10	10	④	4		第5問(15)		27	27	①	3	✓
		11	11	①	4	✓			28	28	②	2※	✓
第3問(18)		12	12	④	3				29	29	④		✓
		13	13	①	3				30	30	①	2※	✓
		14	14	④	3				31	31	③		✓
		15	15	③	3				32	32	③	4	
		16	16	②	3				33	33	④	4	✓
		17	17	①	3		第6問(14)	A	34	34	④	3	✓
									35	35	①	3	✓
								B	36	36	③	4	
									37	37	①	4	

(注)　※は，全部正解の場合のみ点を与える。

第1問

A

問1 1 ③

スクリプト	和訳
Can I go to the post office? I must mail this letter.	郵便局へ行ってもいいですか。この手紙を出さなければならないのです。

① The speaker cannot find the post office.（話者は郵便局を見つけることができない。）
② The speaker received a letter.（話者は手紙を1通受け取った。）
③ **The speaker wants to send a letter.（話者は手紙を送りたいと思っている。）**
④ The speaker works at the post office.（話者は郵便局で働いている。）

> I must mail this letter.（この手紙を出さなければならないのです。）のmailは「～を郵便で出す〔郵送する〕」の意でsendとほぼ同意。よって，③が正解。郵便局へ行くのはこれからなので①は状況に合わず，不正解。②，④についてはふれられていない。

問2 2 ③

スクリプト	和訳
Where did I put my glasses? Oh, wait. Are they on my desk?	私はメガネをどこに置いたんだろう？ ちょっと待った。机の上かな。

① The speaker found some glasses on a desk.（話者は机の上でメガネを見つけた。）
② The speaker is sitting at a desk.（話者は机の前に座っている。）
③ **The speaker is trying to find his glasses.（話者はメガネを探そうとしている。）**
④ The speaker wants to buy glasses.（話者はメガネを買いたがっている。）

> Where did I put my glasses? は「私はメガネをどこに置いたんだろう？」の意。3文目で「それら（＝メガネ）は机の上かな。」と言っていることから，話者がメガネをどこかに置いてしまって探している様子がわかるので③が正解。メガネを見つけてはいないので①は不正解。②，④についてはふれられていない。

問3 3 ③

スクリプト	和訳
To save money for a vacation next summer, Kenji got a job at a movie theater.	次の夏の休暇に向けて貯金するため，ケンジは映画館での仕事を得ました。

① Kenji is now on vacation.（ケンジは今，休暇中である。）
② Kenji is watching a movie.（ケンジは映画を見ている。）
③ **Kenji plans to take a vacation.（ケンジは休暇を取る計画をしている。）**
④ Kenji will work all this summer.（ケンジは夏の間ずっと働くだろう。）

> To save money for a vacation next summerと言っていることから，次の夏に休暇を取る予定があるとわかるので正解は③。休暇は先のことなので①は不正解。また，休暇を取るということは④のwork all this summer（夏の間ずっと働く）とも一致しない。②についてはふれられていない。

問4 　4　 ②

スクリプト	和訳
I won't call Sarah about the meeting. I already told her it will be tomorrow.	私は会議についてサラに電話をするつもりはありません。すでに彼女には会議は明日だと伝えました。

① Sarah called the speaker about a meeting.（サラは会議について話者に電話をした。）
② **Sarah knows that the meeting will be tomorrow.（サラは会議が明日だと知っている。）**
③ Sarah will call the speaker tomorrow.（サラは話者に明日電話するつもりだ。）
④ Sarah will get a call from the speaker today.（サラは話者から今日電話を受けるだろう。）

> I won't（＝will not）call Sarah about the meeting.（私は会議についてサラに電話をするつもりはありません。）と言っており，その理由としてI already told her it will be tomorrow.（すでに彼女（＝サラ）にはそれ（＝会議）は明日だと伝えました。）と言っている。つまり，サラは明日会議があるとすでに知っているので②が正解。サラには電話をしないのだから，④は不正解。won'tの聞き取りに注意しよう。

B
問5 　5　 ②

スクリプト	和訳
Most of the guests at the café are being served cake.	カフェのほとんどの客にはケーキが出されています。

> 選択肢にイラストが含まれる問題では，音声が流れる前に各イラストの差異を確認しておくのがポイント。この問題では人数はどれも同じなので，テーブルに何が置かれているか，置かれているものの数などに注意しながら聞くこと。most of the ～ は「～の大部分〔ほとんど〕」の意で，most of the guestsは「客のほとんど」という意味になる。すなわち，5人のうち4人の前にケーキが出されている②が正解となる。
>
> 語句
> ◇ serve「～（＝飲食物）を出す〔配膳する〕」

問6 　6　 ④

スクリプト	和訳
Joe will wash the dishes and fold the laundry up later. Now he is doing other work in the house.	ジョーはあとで皿洗いをして洗濯物をたたむつもりです。現在，彼は家の中で他の仕事をしています。

> 1文目Joe will wash the dishes and fold the laundry up later. からはジョーがあとで皿洗いをして洗濯物をたたむつもりだということ，2文目Now he is doing other work in the house. からは現在（皿洗いと洗濯物たたみの仕事以外の）別のことを家の中でしていることがわかる。よって，まだしていない①の皿洗いと②洗濯物たたみは不正解だとわかる。③の洗車は家の外の仕事なのでこれも不正解。正解は④とわかる。
>
> 語句
> ◇ fold the laundry up「洗濯物をたたむ」

問7　7　③

スクリプト	和訳
The girl's father is having a sandwich made for himself.	女の子の父親は自分で作ったサンドイッチを食べています。

イラストでは娘と父親が描かれているので、それぞれの様子に注目して聞くこと。The girl's father is ~ と読まれているので、文の主語は父親であることをつかむ。having a sandwich made for himself はここでは「自分で作ったサンドイッチを食べている」ということ。よって、サンドイッチを食べている父親が描かれている③が正解。

語句
◇ for oneself「自分のために；自分で」

第2問

問8　8　③

スクリプト	和訳
W：Will you get a desktop computer, Paul?	女：ポール、デスクトップコンピューターを買うつもり？
M：No, I want one that is easy to carry.	男：いや、持ち運びしやすいものが欲しいんだ。
W：How about this small tablet?	女：この小さなタブレットはどう？
M：I prefer one with a larger screen.	男：もっと画面が大きいものがいいな。

問　Which computer will Paul buy?（ポールはどのコンピューターを買うか。）

「デスクトップコンピューターを買うつもりか」という女性の問いかけに対し、ポールはNoと答え、「持ち運びしやすいものが欲しい」と言っている。このことから、まずデスクトップ型の①と②は不正解だとわかる。続けて、ポールはI prefer one with a larger screen. と言っていることから、小型タブレットよりも画面が大きなものが欲しいことがわかるので、④と比べて画面が大きい③が正解。

語句
◇ tablet「タブレット型コンピューター」

問9　9　①

スクリプト	和訳
M：Do you like this one?	男：これはどう？
W：It is too fancy. In the school play, I will be a grandmother.	女：飾りが派手すぎるわ。学校の劇で、私はおばあさん役をするのよ。
M：Maybe one with just one flower on it?	男：じゃあ、花が1つだけ付いているものかな？
W：OK. But not the one with ribbon.	女：そうね。でもリボンが付いていないものにするわ。

問　Which hat will the woman wear in the school play?（女性は学校の劇でどの帽子を身につけるか。）

男性の2番目の発言Maybe one with just one flower on it?（じゃあ，花が1つだけ付いているものかな？）に対してOK.と同意したあと，女性はnot the one with ribbon（リボンが付いていないもの）と言っていることから，女性が最終的に選んだのは，花飾りが1つでリボンが付いていない①であるとわかる。

語句
◇ fancy「（小物などが）装飾的な；派手な」

問10　10　④

スクリプト	和訳
W：Should we take snacks?	女：おやつを持っていくべきかしら。
M：The teacher will bring those. But we might get thirsty.	男：先生が持ってくるよ。でも，喉が渇くかもしれないな。
W：Yes, then we need this. And don't forget that it will be cold.	女：そうね。じゃあ，これが必要だわ。それから，寒くなりそうだということを忘れないで。
M：Then we had better wear this.	男：それならこれを身につけた方がいいね。

問　What will each of the students take?（生徒はそれぞれ何を持っていくか。）

女性のShould we take snacks?の問いかけに対する男性の答えThe teacher will bring those.から，おやつの持参は不要だとわかる。続く男性の発言But we might get thirsty.に対し女性はYes, then we need this.と答えているので，喉が渇いたときの備えを持っていくことがわかる。また，女性のit will be coldに対して男性がThen we had better wear this.と言っていることから，何らかの防寒具を持っていくと考えられるので，水筒とニット帽の組み合わせの④が正解となる。

問11　11　①

スクリプト	和訳
M：Could you tell me where the famous cat painting is?	男：有名なネコの絵画はどこにあるか教えていただけますか。
W：Sure. It's in the room next to the gift shop.	女：はい。ギフトショップの隣の部屋にあります。
M：Down by the café?	男：向こうのカフェの隣ですか。
W：No, the room on the other side.	女：いえ，反対側の部屋です。

問　Where is the painting of a cat?（ネコの絵画はどこにあるか。）

案内係はIt's in the room next to the gift shop.と言っているのでgift shopの隣である①か②のいずれかが正解だと考える。続く会話の中で，男性はDown by the café?（向こうのカフェの隣ですか。）と尋ね，案内係はthe room on the other side（反対側の部屋）と答えている。よって，①と②のうちカフェの隣ではない方の①が正解。

第3問

問12 　12　　④

スクリプト	和訳
M：Hi, Yuki. I heard that you are going to study in Germany. W：Yes, I'll join a homestay program. M：How long do you plan to stay? W：Three months. I will leave on September 10th and return on December 15th. M：Really? Let's have a dinner party when you get back. W：That would be fun.	男：やあ，ユキ。ドイツへ留学すると聞いたよ。 女：そうなの。ホームステイプログラムに参加するのよ。 男：どれくらい滞在する予定？ 女：3ヵ月よ。9月10日に出発して12月15日に戻る予定よ。 男：そうなの？　戻ってきたら夕食会を開こう。 女：それはいいわね。

問　What will Yuki do on September 10th?（ユキは9月10日に何をするか。）

① Attend a party（パーティーに出席する）
② Host a student（学生をもてなす）
③ Return home（家に帰ってくる）
④ **Travel to Germany（ドイツに行く）**

> 男性がユキにドイツへの留学について尋ねている。男性のHow long do you plan to stay? という問いかけに対し，ユキはThree months. と答え，さらに **leave on September 10th（9月10日に出発する）**，return on December 15th（12月15日に戻る）と伝えている。よって，ユキが9月10日に行うことは「ドイツに行く」ことなので④が正解。①のパーティーについては，ユキの帰国後に開こうと話しているので不正解。

問13 　13　　①

スクリプト	和訳
M：When will we visit the museum? W：After lunch. There is a nice souvenir shop next to the museum, which will be a good place to end our tour. M：Good. I want to see the gardens in the morning. W：We will. After we look at a beautiful old house.	男：博物館にはいつ行く予定ですか。 女：昼食後です。博物館の隣にすてきな土産物店があるんですよ。旅の終わりにぴったりのところです。 男：いいですね。午前中に庭園を見たいのですが。 女：行きますよ。美しい古い家屋を見たあとに行きます。

問　Where will the group visit first?（グループは最初にどこを訪れるか。）

① **A house（家屋）**
② A museum（博物館）
③ A restaurant（レストラン）
④ Gardens（庭園）

男性は最初に，博物館にはいつ行くのかを尋ね，ガイドの女性はAfter lunchと答えている。この時点で，②の博物館は最初の訪問地ではなさそうだと推測できる。男性は次にI want to see the gardens in the morning. と言い，これに対してガイドの女性はWe will. と答えているが，続けてAfter we look at a beautiful old house. と伝えていることから，午前中に「古い家屋」→「庭園」の順で訪れる予定であることがわかる。③のrestaurantについてはふれられていないので，正解は①のA house。

語句
◇ souvenir「土産」

問14　14　④

スクリプト	和訳
W: Excuse me, I don't think that this is the food I ordered. Is this the salmon salad?	女：すみません。これは注文した料理ではないと思います。これはサーモンサラダですか。
M: It is the side salad to go with our special.	男：それはスペシャルメニューに付いているサラダです。
W: But I ordered a salmon salad and a soup. Where is the soup?	女：私はサーモンサラダとスープを注文したのですが。スープはどこですか。
M: I must have written your order wrong. Sorry. I'll bring the correct food right away.	男：ご注文を間違えて書いてしまったようです。申し訳ありません。すぐに正しい料理をお持ちします。

問　What is true according to the conversation?（会話によると，正しいのはどれか。）
① The man brought a soup and a salad.（男性はスープとサラダを運んできた。）
② The man wrote down the correct order.（男性は正しい注文を書き留めた。）
③ The woman decided to order different food.（女性は違う料理を注文することに決めた。）
④ The woman wanted to have soup.（女性はスープが欲しかった。）

I don't think that ... は「…ではないと思う」の意で，客の女性は「(出された料理が)自分が注文した料理ではないと思う」とウェイターに伝えている。女性の2番目の発言で，女性はサーモンサラダとスープを注文したと言っていることから，正解は④。女性のWhere is the soup? からスープが運ばれてきていないとわかるので①は不正解。ウェイターの2番目の発言で間違えて注文を書いたと言っているので②も不正解。〈must have＋過去分詞〉で「…したに違いない」という意を表す。③についてはふれられていない。

語句
◇ side salad「付け合わせのサラダ」
◇ go with ～「～に付属する；～付きで売られる」
◇ special「(レストランの)本日のおすすめ；サービスメニュー」

問15　15　③

スクリプト	和訳
M: I want to become a nurse.	男：私は看護師になりたいと思っています。
W: That's a very good job choice. Why do you want to be a nurse?	女：それはとてもいい仕事の選択ですね。なぜ看護師になりたいのですか。
M: Because I like helping people.	男：人を助けることが好きだからです。

W: It is a good reason. Now you must study hard in your classes. It will be useful when you become a nurse.	女：いい理由ですね。それなら授業では一生懸命に勉強しなくてはなりませんね。看護師になった時に役立ちますよ。

問　What does the woman think about the student's plan?（女性は生徒の計画についてどう思っているか。）

① He does not study hard enough to become a nurse.
（彼は看護師になるために十分なほど熱心に勉強していない。）
② He will be good at helping other people.（彼は他人を助けることが得意になるだろう。）
③ **He will learn a lot from the classes he is taking.（彼は履修している授業から多くを学ぶだろう。）**
④ The classes for nurses are not very interesting.（看護師になるための授業はあまり面白くない。）

> 看護師になりたい生徒と教員の会話。教員は2番目の発言でNow you must study hard in your classes. と言い，その「（今の）授業で一生懸命に勉強すること」がuseful when you become a nurse（看護師になった時に役立つ）と助言している。③はこれを言い換えた内容なのでこれが正解。①，②，④についてはふれられていない。

問16　　16　　②

スクリプト	和訳
M: Are you excited about the game tomorrow? W: Do I look happy? M: Not really. Does that mean you aren't going to play? W: That's right. I was tired and didn't attend the practices last week. If I had tried harder, I might have been selected for the team. M: Oh, well. Maybe next time.	男：明日の試合にわくわくしているかい？ 女：私，うれしそうに見える？ 男：いいや，あんまり。それは試合には出ないということ？ 女：そうよ。先週は疲れていて練習に参加しなかったの。もしもっと頑張っていたら，チームに選ばれたかもしれないのに。 男：そうか。きっと次があるよ。

問　Why is the woman upset?（なぜ女性は動揺しているのか。）

① She didn't get basketball tickets.（彼女はバスケットボールのチケットを手に入れなかった。）
② **She isn't a member of the team.（彼女はチームのメンバーではない。）**
③ The man didn't go to basketball practice.（男性はバスケットボールの練習に行かなかった。）
④ The man didn't invite her to the game.（男性は彼女を試合に誘わなかった。）

> If I had tried harder, I might have been selected for the team. の意味をつかめるかがこの会話の重要ポイント。「もしもっと頑張っていたら，チームに選ばれたかもしれないのに」は「あまり頑張らなかったのでチームに選ばれなかった」という事実を示し，これが彼女が動揺している理由である。＜If + S + had + 過去分詞 ..., S' + 助動詞の過去形 + have + 過去分詞 ～.＞は過去の事実と反対の仮定と，それに基づく推量を表す。①，③，④についてはふれられていない。
>
> 語句
> ◇ select「～を選ぶ〔選抜する〕」
> ◇ upset「動揺している；取り乱している」

問17　17　①

スクリプト	和訳
M：Didn't you enjoy that show? I thought the man who played the cat was very funny. W：Do you mean the dog? M：Well, the man with a brown jacket. Wasn't he a cat? W：I don't think so. He made jokes about eating his dog food. M：Maybe you are right. Still, he was funny.	男：あの番組が楽しくなかったのかい？　ネコの役をやっていた男の人はとても面白いと思ったけどな。 女：犬の役の人のこと？ 男：えっと，茶色の上着を着ていた男性だよ。彼はネコじゃなかったのかい？ 女：違うと思うよ。ドッグフードを食べるジョークを言っていたから。 男：きっとその通りだな。それでも彼は面白かったよ。

問　What did the grandfather do?（祖父は何をしたか。）
① **He misunderstood an actor's role.**（彼は役者の役を誤解していた。）
② He played a cat in a show.（彼はある番組でネコの役をした。）
③ He told the girl some jokes.（彼は女の子に冗談を言った。）
④ He wore a brown jacket.（彼は茶色の上着を着ていた。）

祖父と孫はテレビ番組の内容について話している。祖父は最初の発言でthe man who played the cat（ネコの役をやっていた男の人）をfunnyだと言っているが，それに対して孫はDo you mean the dog? と聞き返している。このmeanは「〜のつもりで言う；〜のことを言う」という意味で，孫は「犬（の役をした男性）のこと？」と確認している。つまり，祖父は男性の役を誤解していたので①が正解。孫は2番目の発言でHe made jokes about eating his dog food. と言っているが，これは番組の役者についての話である。よって③は不正解。②，④も祖父についてのことではないので不正解。

第4問

A

問18〜21　18　①　　19　③　　20　②　　21　④

スクリプト	和訳
This year, 200 students from our school were asked this question: Where would you most like to travel during your summer vacation? Students could select one of four places; Australia, Egypt, France, or Korea. Over a third of the students, the largest percentage, said they wanted to go to Australia. Least popular of the countries was Korea. This might be partly because many students had already traveled there. France and Egypt both received just over twenty percent of the votes. However, the latter received slightly fewer votes.	今年，私たちの学校の200名の生徒が「夏休みにあなたは一番どこへ旅行したいですか？」という質問に答えました。生徒は次の4つの場所，オーストラリア，エジプト，フランス，韓国から1つ選択することができました。3分の1以上という最も大きな割合の生徒が，オーストラリアに行きたいと答えました。最も人気が低かった国は韓国でした。これは1つには，多くの生徒がすでに行ったことがあったということが原因かもしれません。フランスとエジプトはどちらも20%余りの票を得ましたが，後者の得票の方がわずかに少ない結果でした。

グラフを含む問題は，まずグラフのタイトルを読んでテーマを頭に入れておこう。タイトルは「学生が夏休みに一番旅行したい場所」である。選択肢では国名が与えられていることにも注目し，グラフに占める割合と国名を結びつけることが問われると推測して聞くことができるとよい。数値や割合を表す表現には特に注意して聞こう。音声では，まず調査の概要説明があり，中盤から具体的な結果説明へと移っている。over a third（3分の1以上）がAustraliaを選んだと言っており，the largest percentage（最も大きな割合）を占めると言っているので 18 は ⓪ が入る。次の，Least popular … was Korea. では least（最も小さい）をつかめるかがポイント。最も人気が低かったので，グラフの最小部分 21 が ④ となる。残りの2つは数値が近いが，France and Egypt both received just over twenty percent のあとに the latter received slightly fewer votes と言っており，the latter（後者）が Egypt を指し，fewer votes（より少ない得票だった）をつかめれば 19 が ③， 20 が ② だと決定できる。

[語句]
◇ a third「3分の1」
◇ partly because …「1つには…の理由で」
◇ vote「票」
◇ slightly「わずかに；少し」

問22～25　　22　③　　23　①　　24　②　　25　⑤

スクリプト	和訳
We need to write the delivery prices for these customers who ordered flowers. We charge $10 to deliver flowers to any customer that is over 20 miles away. For customers who live between 10 and 19 miles away, the delivery fee is $8. All deliveries closer than 10 miles are charged $5. Notice that a few of the names have stars. Those orders are for weddings, which always get free delivery.	私たちは花を注文されたこれらのお客様について配送料を書く必要があります。20マイル以上の距離があるお客様の場合，花の配送料は10ドルです。お住まいまで10マイルから19マイルのお客様の場合，配送料は8ドルです。10マイル以内の配達の場合はすべて，配送料は5ドルです。星印が付いているお名前が若干あることに注意して下さい。こちらの注文は結婚式向けであり，配送料は常に無料です。

この問題のテーマは「花の配送料」であり，与えられている表から「距離」と「金額」の関係を聞き取る必要があると推測できるので，数字に注意しながら聞き取り，表のDistanceの列と照らし合わせて料金を決定していくとよい。We charge $10 … over 20 miles away. と言っているので20マイル以上の配達には10ドルの配送料がかかる。そのあとに，10～19マイルの距離の場合は8ドル，10マイルに満たない場合は5ドル，という内容が続く。ただし，終盤でNotice that a few of the names have stars.（星印が付いているお名前が若干あることに注意して下さい。）と言っており，Those orders（＝星印が付いている注文）は for weddings で，この場合は free delivery（配送料無料）であると言っている。これらの情報から， 22 は35マイル→③10ドル， 23 は4マイル→①5ドル， 24 は12マイル→②8ドル， 25 は星（**）付き→⑤無料。

[語句]
◇ delivery「配送」
◇ charge「～（＝代金・料金など）を請求する」
◇ notice「～に注意〔注目〕する」
◇ star「星印」（* は asterisk ともいう）

B

問26 `26` ①

スクリプト	和訳
1. I love Maple Grove. The bus from here stops in front of Harvard House. It was built 200 years ago. The house tour is great, and tells you about the history of the town, too. After that, enjoy the café and stores on Maple Street.	1. 私はメイプル・グローブが大好きです。ここからのバスはハーバード・ハウスの前に止まります。それは200年前に建てられたものです。ハウスのツアーは素晴らしく，町の歴史も知ることができます。ツアーのあとは，メイプル通りのカフェや店を楽しんで下さい。
2. You should go to Ocean View. It's only one hour from here by train, and the station is close to the beach. The main activity is walking on the beach, so you really can relax. There are nice places to eat and buy souvenirs near the station, too.	2. オーシャン・ビューに行くとよいです。ここからは電車でたったの1時間の距離で，駅はビーチの近くにあります。主なアクティビティはビーチの散歩ですから，実にリラックスすることができます。駅の近くには，食事やお土産を買うためのすてきな場所もあります。
3. My family often drives to Pride Peak because there is no public transportation. There is a really old hotel with a small museum. I recommend eating at Pride Restaurant, but there are other choices for food and gifts.	3. 私の家族はよくプライド・ピークに車で出かけます。なぜなら公共交通機関がないからです。小さな美術館が付いたとても古いホテルが1軒あります。食事はプライド・レストランをお勧めしますが，食事やお土産のための場所は他にもあります。
4. Don't miss Walt's Crossing if you are interested in history. There are many guided tours to the famous old bridge. Be sure to take your lunch, though, because there are only houses in the area.	4. 歴史に興味があるなら，ウォルツ・クロッシングを見逃してはいけません。有名な古い橋へのたくさんのガイドツアーがあります。ただ，その周辺には住宅しかないので，昼食を必ず持っていくようにしましょう。

問 `26` is the place you are most likely to choose. (`26` が，あなたが選ぶ可能性の最も高い場所です。)

各場所についての説明を聞きながら，3つの条件「A. 公共の交通機関で行きやすい」「B. 地元の歴史について学べる」「C. 店やレストランがある」について表にメモを書き込んでいくことで，正解を導くことができる。① Maple Groveがすべての条件を満たすので正解。② Ocean ViewはB.に関して言及がない。③ Pride Peakは車が必要であり，A.を満たしておらず，B.も言及がない。④ Walt's Crossingは昼食を持参せねばならず，C.を満たしていない。

語句
◇ public transportation「公共交通機関」
◇ guided tour「ガイド付きのツアー」
◇ be sure to *do*「必ず…する」

第5問

スクリプト	和訳
The United Nations wants to make the world a better place. To achieve that goal, the United Nations	国連は，世界をよりよい場所にしたいと考えています。その目標を達成するため，国連は17の目標を掲

wrote seventeen goals, which are called Sustainable Development Goals. These goals try to solve issues such as providing quality education for all children. The seventeen goals were accepted by all the United Nations member countries in 2015. They want to achieve the goals by the year 2030.

One project that helps achieve several sustainable development goals is called Plan2Inclusivize. Inclusivize is a new word that the UNESCO Chair made up. That word refers to everything needed to include all people in everyday activities. Plan2Inclusivize helps disabled children become more a part of their communities.

Unfortunately, today many disabled children do not join regular school activities. Many cannot attend school at all. A major reason is that there are not enough teachers who know how to help disabled children. Therefore, the program uses a system that shows adults how to be better teachers. Adults learn skills to help their community understand and accept children with disabilities. The system works well for kids with disabilities, too. That is because they are encouraged to play sports together regardless of their abilities.

By influencing both adults and kids, the program achieves very important goals. The whole community learns to accept people with disabilities. Disabled children benefit by gaining confidence in themselves. The first program of Plan2Inclusivize was held in the African country of Guinea. It started in 2017. Since then, 80 adults have learned new teaching skills. 1,020 disabled children have participated and other people were able to understand them better. Plan2Inclusivize is a good step in achieving all of the United Nations Sustainable Development Goals.

げました。それらは持続可能な開発目標と呼ばれています。これらの目標は，すべての子供たちに質の高い教育を提供することなどの問題の解決に取り組んでいます。17の目標は2015年にすべての国連加盟国によって承認されました。それらの目標は2030年までに達成したいと考えています。

いくつかの持続可能な開発目標を達成するのに役立つプロジェクトの１つにPlan2Inclusivizeと呼ばれるものがあります。inclusivizeはユネスコチェアが生み出した新しい単語です。その言葉は，すべての人々を日常の活動に含めるために必要とされるすべてのものを表しています。Plan2Inclusivizeは，障がいがある子供たちが地域社会にもっと参加できるように支援します。

残念ながら，現在，障がいを持つ子供たちの多くは通常の学校活動に参加していません。多くは，学校にまったく通うことができません。その主な理由は，障がいを持つ子供たちを支援する方法を知る教師が不足していることです。そのため，そのプログラムは大人がよりよい教師になる方法を示す仕組みを利用しています。大人は，地域社会が障がいを持つ子供たちを理解し，受け入れる手助けをするためのスキルを学びます。その仕組みは障がいを持つ子供たちにも役立ちます。能力にかかわらず，彼らは一緒にスポーツをすることが奨励されるからです。

大人と子供の両方に影響を与えることによって，そのプログラムはとても重要な目標を達成します。地域社会全体が，障がいを持つ人たちを受け入れることを学びます。障がいを持つ子供たちにとっては，自分に自信を持てるという利点があります。Plan2Inclusivizeの最初のプログラムはアフリカのギニアで採用されました。それは2017年に開始しました。以来，80名の大人が新しい教授法を習得しています。1,020名の障がいを持つ子供たちが参加し，他の人々も彼らについて，より理解できるようになりました。Plan2Inclusivizeは国連が掲げる持続可能な開発目標のすべてを達成することにおけるよい一歩なのです。

ワークシート

○持続可能な開発目標
・世界をよりよくするための17の目標を含む
・2015年に 27 によって承認された
・2030年までに目標達成を目指す

○SDGsを達成するための1つの方法：Plan2Inclusivize

	大人向け	障がいを持つ子ども向け
仕組み	28	29
目標	30	31
ギニアのプログラム	80名のスタッフ	1,020名の子供

問27 27 ①

① all countries in the United Nations（国連のすべての国）
② disabled children around the world（世界中の障がいを持つ子供たち）
③ every resident of Guinea（ギニアの全住民）
④ the chairperson of UNESCO（ユネスコの議長）

持続可能な開発目標については第1段落で述べられている。空欄の前のAccepted by ～（～によって承認された）に着目し，誰〔何〕によって承認されたのかに注意して聞く。第4文でThe seventeen goals were accepted by all the United Nations member countries in 2015. と言っているので①が正解。

語句
◇ sustainable「持続可能な」（地球環境を破壊しないという意味）
◇ make up ～「～（＝新しいこと）を考え出す〔作り上げる〕」
◇ regular「通常の」
◇ be encouraged to do「…することを奨励される」
◇ regardless of ～「～にかかわらず」
◇ benefit「利益を得る」
◇ confidence「自信」
◇ ③ resident「住民」
◇ ④ chairperson「議長；委員長」

問28～31 28 ② 29 ④ 30 ① 31 ③

① Accept people with disabilities（障がいを持つ人たちを受け入れる）
② Acquire teaching skills（教える技術を習得する）
③ Gain confidence（自信を得る）
④ Promote sports（スポーツを促進する）
⑤ Provide books（本を提供する）
⑥ Travel to new places（新しい場所に旅する）

Plan2Inclusivizeについては第2段落以降で述べられているが，そのsystem（仕組み）については第3段落，goals（目標）については第4段落で説明されている。第3段落第4～5文で，大人はよりよい教師になるために学び，地域社会が障がいを持つ子供たちを受け入れやすいようにスキルを身につけると言っているので 28 には②が入る。次の第6～7文では，障がいを持つ子供にとっても，一緒にスポーツを

することが奨励されることで役立つという点が挙げられているので 29 には④が入る。goals（目標）については，第4段落第2文で，「地域社会全体が障がいを持つ人たちを受け入れることを学ぶ」と言っているので 30 には①が入る。続く第3文では，障がいを持つ子供たちは自信を持つと言っているので 31 には③が入る。

問32 32 ③

① Plan2Inclusivize builds classrooms so disabled children can receive an education.
（Plan2Inclusivizeは障がいを持つ子供たちが教育を受けられるように教室を作る。）
② Plan2Inclusivize helps disabled children rather than focusing on adults like other programs.
（Plan2Inclusivizeは他のプログラムのように大人に焦点を当てるよりも，障がいを持つ子供たちを支援する。）
③ **Plan2Inclusivize is a program whose name the UNESCO Chair has something to do with.**
（Plan2Inclusivizeはその名称がユネスコチェアと関係するプログラムである。）
④ Plan2Inclusivize is the first program related to the Sustainable Development Goals.
（Plan2Inclusivizeは持続可能な開発目標に関連する最初のプログラムである。）

Plan2Inclusivizeの内容について正しいものを選ぶ。①は，builds classroomsの部分が正しくない。Plan2Inclusivizeが教室自体を作っているという内容は含まれていない。②は，Plan2Inclusivizeは大人と子供の両方に働きかけているので正しくない。第2段落第2文でPlan2Inclusivizeの'inclusivize'という語はユネスコチェアが作った新しい単語だと言っており，③は内容と一致するので正解。④のthe first program related to the Sustainable Development Goalsという内容は講義では述べられていないので正しくない。

[語句]
◇ ② focus on ～「～に焦点を当てる」
◇ ③ have something to do with ～「～と関係がある」
◇ ④ related to ～「～に関連する」

問33 33 ④

スクリプト	和訳
Here's a graph based on world data. There are significant gaps between children with disabilities and other children as to their participation in school activities. This Plan2Inclusivise project is expected to improve the situation. What do you think?	ここに世界のデータをもとにしたグラフがあります。障がいを持つ子供たちとその他の子供たちとの間には，学校活動への参加において大きな差があります。このPlan2Inclusivizeプロジェクトはその状況を改善すると期待されています。あなたはどう思いますか。

① If Plan2Inclusivize is successful, then fewer able-bodied children might complete primary school.
（もしPlan2Inclusivizeが成功すれば，小学校を修了する健常な子供たちの数は減るだろう。）
② More schools for disabled children only should be built to improve their completion rate.
（修了率を上げるために，障がいを持つ子供専用の学校がもっと建てられるべきだ。）
③ Since mostly able-bodied children attend schools, programs like Plan2Inclusivize are not necessary.
（たいてい健常な子供たちは学校に通うため，Plan2Inclusivizeのようなプログラムは必要ではない。）
④ **The difference in school attendance between disabled and other children might decrease due to Plan2Inclusivize.**

（障がいを持つ子供たちと他の子供たちの間にある学校への出席に関する差は，Plan2Inclusivizeによって縮まるかもしれない。）

グラフのタイトルは「世界における小学校の出席」で，障がいを持つ子供と健常な子供を比較している。グラフの値には明らかな差が認められるが，このことと講義の内容を合わせて考える。①の内容は講義ではふれられていない。学校の数を増やすことには言及していないので②も不正解。この講義では，障がいを持つ子供たちが学校活動へもっと参加するためのPlan2Inclusivizeの役割について述べている。よって③も不正解。講義終盤で，障がいを持つ子供が活動に参加するようになるPlan2Inclusivizeプログラムのプラス効果について述べられていて，本問における講義の続きでも，「Plan2Inclusivizeプロジェクトがグラフの状況を改善すると期待されている」と言っている。つまり，**Plan2Inclusivizeによって障がいを持つ子供の学校出席率が上がる可能性があり，これは④の「出席に関する差が縮まる可能性がある」と一致するので④が正解。**

語句
◇ significant「大幅な；かなりの」
◇ as to ~「~に関しては；~については」
◇〔グラフ内〕attendance「出席」
◇〔グラフ内〕able-bodied「健常な」
◇ ② completion「修了」

第6問

A

スクリプト	和訳
Peter: Are you OK, Kana? You look upset.	ピーター：カナ，大丈夫？　気が動転しているようだけど。
Kana: Did you see the summer camp schedule, Peter? I can't believe it!	カナ：夏のキャンプのスケジュールを見ましたか，ピーター？　信じられません！
Peter: I helped write the schedule. What's the problem?	ピーター：私はスケジュールを書くのを手伝いました。何が問題ですか。
Kana: Sports. Look! Every day there are mostly just sports.	カナ：スポーツです。見てください！　毎日，ほぼスポーツばかりです。
Peter: What's wrong with that? Sounds fun.	ピーター：それのどこが問題ですか。楽しそうでしょう。
Kana: Maybe, but I signed up for the camp to learn English. Why do I have to play silly games? I wonder if I should not participate in the camp. The camp is only one week long.	カナ：そうかもしれません。でも私は英語を学ぶためにキャンプに申し込んだのです。なぜくだらないゲームをしなければならないのですか。キャンプに参加すべきではないのかしら。キャンプはたった1週間なのに。
Peter: That's true. But students get tired of studying in a classroom all day. We thought it might be fun to learn while playing with friends and running around outside.	ピーター：それはそうですが，生徒は1日中教室で勉強するのでは飽きてしまいます。友達と遊んだり外で走り回ったりしながら学ぶのは楽しいだろうと思ったのですよ。
Kana: Isn't it just a waste of time?	カナ：それは単に時間の無駄ではないですか？

Peter : Not really. In fact, it will be a good chance to practice English. You want to talk with native speakers like me, right?	ピーター：そんなことはありません。実際，英語を練習するのにいい機会になるでしょう。私のようなネイティブスピーカーと話したいと思っているでしょう？
Kana : Of course.	カナ：もちろんです。
Peter : Great. We'll use a lot of new words and grammar. For example, I don't usually yell directions at you. You have to think fast while playing sports.	ピーター：よかった。私たちはたくさんの新しい単語や文法を使うでしょう。例えば，普段はあなたたちに対して大声で方角を叫んだりしませんよね。スポーツをしている間は素早く考えなくてはなりませんよ。
Kana : Still, maybe I should find a different English program.	カナ：でも，やっぱり他の英語プログラムを探すべきかもしれません。
Peter : You could. But we want to make the camp experience more like real life.	ピーター：そうすることもできますよ。でも，私たちはキャンプでの経験を実際の生活に近づけたいと考えているのですよ。

問34　　**34**　　④

問　What is Peter's main point?（ピーターの発言の要点は何か。）

① It is best to study language in a classroom.（言語は教室で学ぶのが最良だ。）
② Most native speakers learn vocabulary by playing sports.
　（たいていのネイティブスピーカーはスポーツをしながら語彙を学ぶ。）
③ Real life situations allow students to think more carefully.
　（実際の生活のような状況によって生徒はより慎重に考えることができる。）
④ **Sports can also be useful in learning a foreign language.**
　　（スポーツは外国語を学ぶことにおいても役に立つ。）

> 問いが「ピーターの発言の要点は何か」なので，ピーターの主張に注意して聞く。語学キャンプのメニューにスポーツや遊びが多いことについて，カナはその学習効果に疑念を抱いている。一方，ピーターはそのプラスの効果を主張している。カナは，スポーツや遊びを通して本当に英語が学べるのかと不満そうであるが，ピーターは5番目の発言で，it will be a good chance to practice English と言っているので④が正解。ピーターは，屋外で活動しながら学ぶのもよいと言っているので①は不正解。②，③についてはふれられていない。
>
> 語句
> ◇ sign up for ～「～に申し込む〔参加する〕」
> ◇ get tired of ～「～に飽きる」
> ◇ yell「～を大声で言う」
> ◇ still「それでもなお」

問35　　**35**　　①

問　What choice does Kana need to make?（カナは何の選択をしなくてはならないか。）

① Whether to attend the summer language camp or not（夏の語学キャンプに参加するかどうか）
② Whether to choose a sports program or a camp program
　（スポーツプログラムを選ぶかキャンププログラムを選ぶか）
③ Whether to learn new vocabulary about sports or not

(スポーツについての新しい語彙を学ぶかどうか)
④ Whether to take a class from Peter or another native speaker
(ピーターの授業を受講するか別のネイティブスピーカーの授業を受講するか)

> カナは語学キャンプの内容にスポーツや遊びが多いと知ったことで，キャンプに対して不安や不満を感じている。カナは3番目の発言の中でI wonder if I should not participate in the camp. と言っているが，I wonder if ... は「…か（どうか）なと思う」の意。つまり「私はキャンプに参加するべきではないのかしらと思う」と言っている。さらに，ピーターの話を聞いたあとでも，6番目の発言Still, maybe I should find a different English program. で，他の英語プログラムを探そうかと言っているので，①が正解。②のスポーツプログラムや，③のスポーツについての語彙，④のピーターの授業についてはふれられていない。

B

スクリプト	和訳
Naomi: Did you like the TV show, Violet?	ナオミ：テレビ番組は気に入った，バイオレット？
Violet: I sure did, Naomi. It explained why more women should be in leadership positions in politics or in business.	バイオレット：ええ，とても気に入ったわ，ナオミ。政治やビジネスにおいて，なぜもっと多くの女性が指導的地位に立つべきかを説明していたわね。
Carl: On the other hand, according to the show, male leaders are considered better when trying to take risks. I think male leaders are better.	カール：一方で，番組によれば，リスクを負おうとする時は男性の指導者の方がいいとされている。僕は男性の指導者の方がいいと思うな。
Violet: Really, Carl? A leader should be careful when making decisions.	バイオレット：本当に，カール？ 指導者は決断する際は慎重であるべきよ。
Pedro: I agree, Violet. The program also said that women are better at understanding others' feelings.	ペドロ：僕もそう思うよ，バイオレット。それと，番組では女性の方が他人の心情をより理解できるとも言っていたね。
Naomi: Yeah, Pedro. It's too bad that even now, most world leaders are men.	ナオミ：そうね，ペドロ。現代でさえ，ほとんどの世界の指導者は男性なのは残念だわ。
Carl: What's wrong with that?	カール：それのどこがまずいんだい？
Pedro: Well, history would be very different if women were in charge.	ペドロ：ええと，もし女性に任せられていたら歴史はまるで違っていただろうね。
Naomi: There may have been fewer wars.	ナオミ：戦争は少なくなったかもしれないわ。
Carl: But, in that show, many people said that men can do better when it comes to national defense.	カール：でも，番組の中で，国防の面では男性の方がうまくやれると多くの人が言っていたよ。
Naomi: Oh, that's true. In contrast, many thought that female leaders can do better at work on education and health care.	ナオミ：ああ，それはそうね。対照的に，教育や医療については女性指導者の方がうまくできると考える人が多かったわ。
Violet: Both male and female leaders have good points. I can't say which is better.	バイオレット：男性の指導者も女性の指導者もいい点があるのよ。どちらの方がいいとは言えないわ。
Pedro: I think, ideally, there would be equal numbers of male and female leaders.	ペドロ：理想的には，男女同数の指導者がいるといいね。

Violet : True. Maybe women still face various barriers to becoming a leader.	バイオレット：その通りね。女性はいまだに指導者になるにはいろいろな障壁に直面するのかもしれないわ。

問36 36 ③

4人の会話なので，多くの意見や情報が飛び交うことが予想できる。音声が流れる前に，図表や設問になるべく目を通し，メモ欄も活用できるとよい。音声が流れ始めたら，それぞれの声の主を名前で把握しよう。今より多くの女性が指導者になるべきだという考えについて，ナオミは，世界的な指導者はまだ男性が多いという点を残念に思っていることから「肯定的」，カールは，男性の指導者の方がよいと言っているので「否定的」，ペドロは最後の発言で「理想的には男女同数の指導者がいるといい」と言っているので「肯定的」，バイオレットは，そのペドロの発言を肯定しているので「肯定的」だと読み取れる。よって，肯定的なのは3人なので正解は③。

語句
◇ take a risk「リスクを負う；危険を冒す」
◇ make a decision「決定を下す」
◇ in charge「責任を負って」
◇ when it comes to ～「～のことになると；～に関して言えば」
◇ national defense「国防」
◇ in contrast「その一方；対照的に」
◇ ideally「理想的には」
◇ face「～に直面する」
◇ barrier to ～「～に対する障害（物）〔障壁〕」（このtoは前置詞）

問37 37 ①

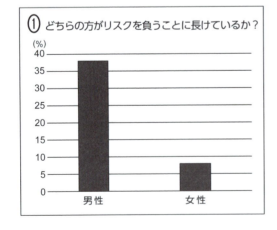
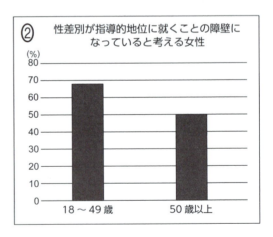

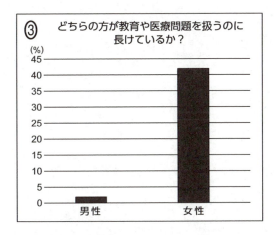
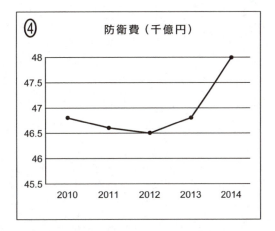

①はリスクを負うことが得意かどうかについてのグラフで、男性の方が大幅に高い数値を示している。カールは最初の発言でこの点にふれ、男性の指導者の方がよいと主張している。よって、正解は①。③はナオミの発言した、教育や医療問題を扱うのは女性の方が優れていることを示すグラフ。②の性差別に関する女性の考えや、④の国防費の移り変わりは、会話の内容の裏付けとはならない。

語句
◇ 問37 ② discrimination「差別」
◇ 問37 ③ deal with ~「~を扱う」

2023 本試　解答

第1問小計 □　第2問小計 □　第3問小計 □　第4問小計 □　第5問小計 □　第6問小計 □　合計点 □/100

問題番号(配点)	設問	解答番号	正解	配点	自己採点	問題番号(配点)	設問	解答番号	正解	配点	自己採点
第1問 (25)	A	1	①	4		第4問 (12)	A	18	①		
		2	①	4				19	④	4※	
		3	①	4				20	③		
		4	④	4				21	②		
	B	5	③	3				22	①	1	
		6	①	3				23	⑥	1	
		7	②	3				24	①	1	
第2問 (16)		8	④	4				25	①	1	
		9	④	4			B	26	④	4	
		10	③	4		第5問 (15)		27	②	3	
		11	②	4				28	②	2※	
第3問 (18)		12	②	3				29	⑥		
		13	④	3				30	⑤	2※	
		14	④	3				31	③		
		15	④	3				32	③	4	
		16	①	3				33	④	4	
		17	①	3		第6問 (14)	A	34	③	3	
								35	①	3	
							B	36	①	4	
								37	②	4	

(注)　※は，全部正解の場合のみ点を与える。

第1問

A

問1 1 ①

スクリプト	和訳
Sam, the TV is too loud. I'm working. Can you close the door?	サム, テレビがうるさすぎます。私は働いているのです。ドアを閉めてもらえませんか。

① **The speaker is asking Sam to shut the door.（話者はサムにドアを閉めるように頼んでいる。）**
② The speaker is asking Sam to turn on the TV.（話者はサムにテレビをつけるように頼んでいる。）
③ The speaker is going to open the door right now.（話者は今ドアを開けるつもりだ。）
④ The speaker is going to watch TV while working.（話者は仕事中にテレビを見るつもりだ。）

> 話者はサムに Can you close the door?「ドアを閉めてもらえませんか。」と頼んでいることから, 正解は①で,「話者がドアを開けるつもり」という③は不適当。「テレビがうるさすぎる」と言っていることから, 現在テレビはついていることがわかるので, ②は不適当。仕事中の話者がテレビの音をうるさがっているので, ④も不適当。

問2 2 ①

スクリプト	和訳
I've already washed the bowl, but I haven't started cleaning the pan.	私はボウルをもう洗ってしまいましたが, 鍋はまだ洗い始めていません。

① **The speaker finished cleaning the bowl.（話者はボウルを洗い終えた。）**
② The speaker finished washing the pan.（話者は鍋を洗い終えた。）
③ The speaker is cleaning the pan now.（話者は今鍋を洗っている。）
④ The speaker is washing the bowl now.（話者は今ボウルを洗っている。）

> 完了形が聞き取れるかどうかが鍵。話者は I've already washed the bowl「ボウルをもう洗ってしまった」（完了）と言っているので, finished cleaning the bowl「ボウルを洗い終えた」と言い変えている①が正解で, 現在進行形の④は不適当。また I haven't started cleaning the pan「鍋はまだ洗い始めていない」と言っているので, ②と③も不適当。

問3 3 ①

スクリプト	和訳
Look at this postcard my uncle sent me from Canada.	おじがカナダから私に送ってくれたこのハガキを見てください。

① **The speaker received a postcard from her uncle.（話者はおじからハガキを受け取った。）**
② The speaker sent the postcard to her uncle in Canada.（話者はカナダにいるおじにハガキを送った。）
③ The speaker's uncle forgot to send the postcard.（話者のおじはハガキを送ることを忘れた。）
④ The speaker's uncle got a postcard from Canada.（話者のおじはカナダからのハガキを受け取った。）

話者はpostcard (that) my uncle sent me from Canada「おじがカナダから私（＝話者）に送ったハガキ」を誰かに見せているので，送り主はおじで，受取人は話者。したがって①が正解。②は送り主と受取人が逆になっているので不適当。おじはハガキを送ったので，③も不適当。カナダからのハガキを受け取ったのはおじではなく話者なので，④も不適当。

語句
◇ ③ forget to *do*「…することを忘れる」*cf.* forget *doing*「…したことを忘れる」

問4 **4** ④

スクリプト	和訳
There are twenty students in the classroom, and two more will come after lunch.	教室には20人の生徒がいて，昼食後にもう2人来るだろう。

① There are fewer than 20 students in the classroom right now.（現在20人未満の生徒が教室にいる。）
② There are 22 students in the classroom right now.（現在22人の生徒が教室にいる。）
③ There will be just 18 students in the classroom later.
（後に教室には18人だけ生徒がいることになるだろう。）
④ **There will be more than 20 students in the classroom later.**
（後に教室には20人を超える生徒がいることになるだろう。）

教室には，現在はThere are twenty students「20人の生徒がいる」，そして昼食後はtwo more will come「もう2人来るだろう」，つまり後に22人の生徒がいることになる。したがって，22人を「20人を超える」と言い換えている④が正解。現在は20人の生徒がいるのだから，①と②は不適当。昼食後には生徒が22人になるのだから，③も不適当。

B

問5 **5** ③

スクリプト	和訳
There's not much tea left in the bottle.	ボトルにはお茶はあまり残っていません。

この手の問題では，放送が流れる前に各イラストの差異を確認しておくのがポイント。本問ではお茶の残量に注目する。There's not much tea「お茶はあまりない」と言っているので，ボトルに少量お茶が残っている③が正解。②は残量が多すぎるので不適当。ボトルいっぱいにお茶がある①と，ボトルが空の④も不適当。

問6 **6** ①

スクリプト	和訳
I can't see any cows. Oh, I see one behind the fence.	私には1頭も牛が見えません。おや，柵の後ろに1頭見えます。

まずI can't see any cows.と言っているが，続けてOh, I see one (=a cow) behind the fence.と言っているので，最初は牛が1頭もいないと思ったが，柵の背後に牛が1頭いるのに気づいたという状況であることがわかる。したがって①が正解。

問7 ┃ 7 ┃ ②

スクリプト	和訳
I'm over here. I'm wearing black pants and holding a skateboard.	私はここにいます。私は黒いパンツをはいてスケートボードを持っています。

I'm wearing black pants and holding a skateboard.「私は黒いパンツをはいてスケートボードを持っています。」と言っているので，②が正解。白いパンツを着用しているので，①と③は不適当。黒いパンツを着用しているがスケートボードを手に持っていないので，④も不適当。

第2問

問8 ┃ 8 ┃ ④

スクリプト	和訳
M：This avatar with the glasses must be you!	男：この眼鏡をかけているプロフィール画像は君に違いない！
W：Why, because I'm holding my favorite drink?	女：なぜ？ 大好きな飲み物を持っているから？
M：Of course! And you always have your computer with you.	男：もちろん！ そして君はいつもコンピューターを持っている。
W：You're right!	女：その通りよ！

問 Which avatar is the woman's?（どのプロフィール画像が女性のものか。）

イラストを見ながら話の流れを追っていけば，消去法で正解にたどり着ける。with the glasses「眼鏡をかけている」から，②がまず外れる。I'm holding my favorite drink「大好きな飲み物を持っている」で③が外れ，you always have your computer with you「君はいつもコンピューターを持っている」で④が正解だとわかる。①はコンピューターを持っていないので，不適当。

問9 ┃ 9 ┃ ④

スクリプト	和訳
M：Plastic bottles go in here, and paper cups here.	男：ペットボトルはここに，紙コップはここに入れて。
W：How about this, then? Should I put this in here?	女：では，これはどう？ これをここに入れるべき？
M：No, that one is for glass. Put it over here.	男：いや，そのゴミ箱はガラス用だ。ここに入れて。
W：OK.	女：わかった。

問 Which item is the woman holding?（女性が持っている物はどれか。）

男性がゴミ箱を指して，plastic bottles「ペットボトル」用と paper cups「紙コップ」用と示した後に，女性は自分が持っている物を入れるゴミ箱について，Should I put this in here?「これをここに入れるべき？」と聞いているので，女性が持っている物は，ペットボトルでも紙コップでもない。よって①と②が外れる。女性の指したゴミ箱について，男性が No, that one is for glass.「いや，そのゴミ箱はガラス用だ。」と答えているので，③のガラスびんも外れる。したがって，最後に残った④の缶が正解。

問10　10　③

スクリプト	和訳
W：How about this pair? M：No, tying shoelaces takes too much time. W：Well, this other style is popular. These are 50% off, too. M：Nice! I'll take them.	女：この靴はいかがですか？ 男：いいえ，靴ひもを結ぶのに時間がかかりすぎます。 女：ええと，この別のスタイルは人気です。こちらも半額です。 男：素敵ですね！ それをいただきます。

問　Which pair of shoes will the man buy?（男性はどの靴を買うか。）

女性の勧めた靴を男性は断り，その理由を tying shoelaces takes too much time「靴ひもを結ぶのに時間がかかりすぎる」と述べていることから，靴ひものある①と②がまず外れる。次に女性が別の靴を These are 50% off, too.「こちらも半額です。」と勧め，男性が I'll take them.「それをいただきます。」と言っていることから，男性が購入したのは半額の靴である。残り2足のうち，60ドルが30ドルと半額になっている③が正解。④は定価なので不適当。

語句
◇ tie「〜を結ぶ」
◇ shoelace「靴ひも」

問11　11　②

スクリプト	和訳
W：Where shall we meet? M：Well, I want to get some food before the game. W：And I need to use a locker. M：Then, let's meet there.	女：どこで会おうか？ 男：うーん，僕は試合前に食べ物を買いたいな。 女：そして私はロッカーを使う必要があるの。 男：では，そこで会おう。

問　Where will they meet up before the game?（彼らは試合前にどこで待ち合わせをするだろうか。）

男性は I want to get some food「食べ物を買いたい」，女性は I need to use a locker「私はロッカーを使う必要がある」と言っているので，売店とロッカーのピクトグラムがある②が正解。②以外については，①はロッカーはあるが売店はなく，③は売店はあるがロッカーはなく，④は両方ともないので，すべて不適当。

語句
◇ Shall we …?「（私たちは）…しましょうか。」

第3問

問12　12　②

スクリプト	和訳
M：Excuse me. I'd like to go to Central Station. What's the best way to get there? W：After you take the Green Line, just transfer to the Blue Line or the Yellow Line at Riverside Station.	男：すみません。セントラル駅に行きたいのです。そこに行くいちばんいい方法は何ですか？ 女：グリーン線に乗ったあと，リバーサイド駅でブルー線またはイエロー線に乗り換えるだけですよ。

M : Can I also take the Red Line first?	男：最初にレッド線に乗ることもできますか？
W : Usually that's faster, but it's closed for maintenance.	女：普段はその方が早いですが，レッド線はメンテナンスのため閉鎖中です。

問　Which subway line will the man use first?（男性が最初に利用する地下鉄路線はどれか。）
① The Blue Line（ブルー線）
② **The Green Line（グリーン線）**
③ The Red Line（レッド線）
④ The Yellow Line（イエロー線）

> 女性は１つ目の発言でAfter you take the Green Line, just transfer to the Blue Line or the Yellow Line at Riverside Station.「グリーン線に乗ったあと，リバーサイド駅でブルー線またはイエロー線に乗り換えるだけですよ。」と，最初にグリーン線に乗るよう指示している。続けて男性がCan I also take the Red Line first?「最初にレッド線に乗ることもできますか？」と質問するが，女性はit's closed for maintenance「それ（＝レッド線）はメンテナンスのため閉鎖中です」と答えていることから，男性はやはり最初にグリーン線に乗らなければならないことがわかるので，正解は②。
>
> 語句
> ◇ transfer to ～「～に乗り換える」
> ◇ maintenance「メンテナンス；保守（管理）」

問13　13　④

スクリプト	和訳
M : Would you like to go out for dinner?	男：夕食を外に食べに行かない？
W : Well, I'm not sure.	女：うーん，どうかなあ。
M : What about an Indian restaurant?	男：インド料理店はどう？
W : You know, I like Indian food, but we shouldn't spend too much money this week.	女：あのね，私はインド料理が好きだけど，今週はあまりお金を使わないほうがいいわよ。
M : Then, why don't we just cook it ourselves, instead?	男：じゃあ，代わりに自分たちでインド料理を作らない？
W : That's a better idea!	女：それはいい考えね！

問　What will they do?（彼らは何をするだろうか。）
① Choose a cheaper restaurant（より安いレストランを選ぶ）
② Eat together at a restaurant（レストランで一緒に食べる）
③ Have Indian food delivered（インド料理をデリバリーしてもらう）
④ **Prepare Indian food at home（家でインド料理を作る）**

> 男性は「夕食を外に食べに行かない？」「インド料理店はどう？」と外食に積極的だが，女性は「あまりお金を使わないほうがいい」と外食を否定しているので，まず②が外れる。続けて男性がwhy don't we just cook it ourselves, instead?「代わりに自分たちでそれ（＝インド料理）を作らない？」と提案し，女性がそれに賛同しているので，④が正解。より安いレストランを選んだり，フードデリバリーを依頼するといった話はしていないので，①と③は不適当。
>
> 語句
> ◇ instead「代わりに」
> ◇ ③ have＋O＋過去分詞「Oを…してもらう」

◇ ④ prepare「〜を料理する」

問14 14 ④

スクリプト	和訳
M：I can't find my dictionary!	男：僕の辞書が見つからないよ！
W：When did you use it last? In class?	女：最後に辞書を使ったのはいつ？ 授業中？
M：No, but I took it out of my backpack this morning in the bus to check my homework.	男：いや，でも今朝，宿題を確認するためにバスの中でバックパックから辞書を取り出したよ。
W：You must have left it there. The driver will take it to the office.	女：バスに置き忘れたに違いないわ。運転手さんが事務所にあなたの辞書を持って行ってくれるわ。
M：Oh, I'll call the office, then.	男：ああ，それなら，僕は事務所に電話するよ。

問 What did the boy do?（少年は何をしたか。）
① He checked his dictionary in class.（彼は授業中に辞書で調べた。）
② He left his backpack at his home.（彼はバックパックを家に置き忘れた。）
③ He took his backpack to the office.（彼はバックパックを事務所に持っていった。）
④ **He used his dictionary on the bus.（彼はバスの中で辞書を使った。）**

男性は2つ目の発言でI took it out of my backpack this morning in the bus to check my homework「今朝，宿題を確認するためにバスの中でバックパックからそれ（＝辞書）を取り出した」と言っているので，正解は④。バスの中にバックパックを持って行っていることから，家に置き忘れていないことが分かるので，②は不適当。女性が1つ目の発言で「最後に辞書を使ったのは授業中か？」と質問したのに対し，男性はNoと答えているので，①も不適当。男性は最後の発言でI'll call the office「僕は事務所に電話する」と言っているだけで，バックパックを事務所に持っていったわけではないので，③も不適当。

語句
◇ take O out of 〜「〜からOを取り出す」
◇ must have ＋過去分詞「…したにちがいない」（過去のことに対しての確信が強い推量を表す。）

問15 15 ④

スクリプト	和訳
W：How was your first week of classes?	女：授業の最初の週はどうだった？
M：Good! I'm enjoying university here.	男：良かったです！ 僕はここでの大学生活を楽しんでいます。
W：So, are you originally from here? I mean, London?	女：それで，あなたの生まれはここ？ つまり，ロンドンなの？
M：Yes, but my family moved to Germany after I was born.	男：はい，でも僕が生まれたあと，家族でドイツに引っ越しました。
W：Then, you must be fluent in German.	女：じゃあ，あなたはドイツ語が堪能に違いないわね。
M：Yes. That's right.	男：はい。その通りです。

問 What is true about the new student?（新入生について正しいのはどれか。）
① He grew up in England.（彼はイギリスで育った。）

② He is just visiting London.（彼はただロンドンを訪れているだけだ。）
③ He is studying in Germany.（彼はドイツで勉強しているところだ。）
④ **He was born in the UK.（彼はイギリスで生まれた。）**

> 女性の2つ目の発言の「あなたはロンドン生まれなのか？」という質問に，男性は Yes, but my family moved to Germany after I was born.「はい，でも僕が生まれたあと，家族でドイツに引っ越しました。」と答えているので，男性はロンドン生まれのドイツ育ちであることがわかる。したがって，④が正解で，①は不適当。男性は1つ目の発言で I'm enjoying university here.「僕はここ（＝ロンドン）での大学生活を楽しんでいます。」と述べているので，②と③も不適当。
>
> 語句
> ◇ originally「生まれは；もともとは」
> ◇ be fluent in ～「～が堪能である；～が流暢である」

問16 16 ①

スクリプト	和訳
W：How are you?	女：元気？
M：Well, I have a runny nose. I always suffer from allergies in the spring.	男：うーん，鼻水が出る。春はいつもアレルギーで苦しむよ。
W：Do you have some medicine?	女：薬は持っているの？
M：No, but I'll drop by the drugstore on my way home to get my regular allergy pills.	男：いや，でもいつものアレルギーの薬を買うために帰宅途中に薬局へ立ち寄るつもりだよ。
W：You should leave the office early.	女：あなたは早く退社すべきね。
M：Yes, I think I'll leave now.	男：うん，今退社しようと思う。

問 What will the man do?（男性は何をするだろうか。）
① **Buy some medicine at the drugstore（薬局で薬を買う）**
② Drop by the clinic on his way home（帰宅途中に診療所に立ち寄る）
③ Keep working and take some medicine（仕事を続けて薬を飲む）
④ Take the allergy pills he already has（すでに持っているアレルギーの薬を飲む）

> 男性は2つ目の発言で I'll drop by the drugstore on my way home to get my regular allergy pills「いつものアレルギーの薬を買うために帰宅途中に薬局へ立ち寄るつもりだ」と言っているので，①が正解。帰宅途中に立ち寄るのは診療所ではなく薬局なので，②は不適当。女性の2つ目の発言の「薬は持っているの？」という質問に，男性は No と答えているので，④も不適当。男性は最後の発言で I think I'll leave now「今退社しようと思う」と言っているので，③も不適当。
>
> 語句
> ◇ have a runny nose「鼻水が出る」
> ◇ suffer from ～「～に苦しむ」
> ◇ allergy「アレルギー」
> ◇ drop by ～「～に立ち寄る」
> ◇ pill「錠剤」
> ◇ ② clinic「診療所」

問17　17　①

スクリプト	和訳
M : What a cute dog! W : Thanks. Do you have a pet? M : I'm planning to get a cat. W : Do you want to adopt or buy one? M : What do you mean by 'adopt'? W : Instead of buying one at a petshop, you could give a new home to a rescued pet. M : That's a good idea. I'll do that!	男：なんてかわいいイヌなんだ！ 女：ありがとう。あなたはペットを飼っている？ 男：僕はネコを手に入れるつもりだよ。 女：ネコを引き取りたい？　それとも買いたい？ 男：「引き取る」ってどういう意味？ 女：ペットショップでペットを買う代わりに、保護されたペットに新しい家を与えることができるのよ。 男：それはいい考えだね。そうしよう！

問　What is the man going to do?（男性は何をするだろうか。）
① Adopt a cat（ネコを引き取る）
② Adopt a dog（イヌを引き取る）
③ Buy a cat（ネコを買う）
④ Buy a dog（イヌを買う）

> 男性は2つ目の発言で I'm planning to get a cat.「僕はネコを手に入れるつもりだよ。」と言っているので、まず②と④は外れる。最後のやり取りでは、女性が 'adopt' について「ペットショップでペットを買う代わりに、保護されたペットに新しい家を与えることができる」と説明し、それを聞いた男性が I'll do that!「そうしよう！」と言っている。つまり男性はネコを引き取るつもりなので、①が正解で、③は不適当。
>
> 語句
> ◇ adopt「〜を引き取る」
> ◇ instead of 〜「〜ではなく；〜の代わりに」

第4問

A

問18　18　①　**問19**　19　④　**問20**　20　③　**問21**　21　②

スクリプト	和訳
Each year we survey our graduating students on why they chose their future jobs. We compared the results for 2011 and 2021. The four most popular factors were "content of work," "income," "location," and "working hours." The graph shows that "content of work" increased the most. "Income" decreased a little in 2021 compared with 2011. Although "location" was the second most chosen answer in 2011, it dropped significantly in 2021. Finally, "working hours" was chosen slightly more by graduates in 2021.	毎年、卒業生を対象に将来の仕事を選んだ理由について調査を行っています。2011年と2021年の結果を比較しました。最も多かった要因は「仕事内容」「収入」「勤務地」「勤務時間」の4つでした。グラフは「仕事内容」が最も増えたことを示しています。「収入」は2011年に比べて2021年はわずかに減少しました。「勤務地」は2011年に2番目に多かった回答でしたが、2021年には大幅に減少しました。最後に、「労働時間」は2021年の卒業生によってわずかにより多く選択されました。

グラフのタイトルは「仕事を選ぶ際に最も多かった4つの要因」で，各棒グラフが表す要因を答える問題。第4文に"content of work" increased the most「『仕事内容』が最も増えた」とあるので，2011年から2021年の増加率が最も高い 18 に『仕事内容（⓪）』を入れる。第5文に"Income" decreased a little in 2021 compared with 2011.「『収入』は2011年に比べて2021年はわずかに減少しました。」とあるので， 21 に『収入（②）』を入れる。第6文にAlthough "location" was the second most chosen answer in 2011, it dropped significantly in 2021.「『勤務地』は2011年に2番目に多かった回答でしたが，2021年には大幅に減少しました。」とあるので， 20 に『勤務地（③）』を入れる。最終文に"working hours" was chosen slightly more by graduates in 2021「『労働時間』は2021年の卒業生によってわずかにより多く選択されました」とあるので，2011年より2021年にわずかに増えた 19 に『労働時間（④）』を入れる。

語句
◇ survey「～を調査する」
◇ graduating student「卒業生」（= graduate「卒業生」）
◇ compare「～を比較する」
◇ content「内容」
◇ income「収入」
◇ location「立地」（本問では「勤務地」の意）
◇ increase「増える」⇔ decrease「減る」
◇ compared with ～「～に比べて」
◇ significantly「大幅に」⇔ slightly「わずかに」

問22 22 ①　**問23** 23 ⑥　**問24** 24 ②　**問25** 25 ①

スクリプト	和訳
We are delighted to announce the prizes! Please look at the summary of the results on your screen. First, the top team in Stage A will be awarded medals. The top team in Stage B will also receive medals. Next, the team that got the highest final rank will win the champion's trophies. Team members not winning any medals or trophies will receive a game from our online store. The prizes will be sent to everyone next week.	賞品を発表できることをうれしく思います！ 画面上の結果のまとめを見てください。まず，ステージAの1位のチームにメダルが授与されます。ステージBの1位のチームもメダルを受け取ります。次に，最終ランクで最高位を獲得したチームがチャンピオンのトロフィーを獲得します。メダルやトロフィーを獲得していないチームメンバーは当店のオンラインストアからゲームを受け取ります。賞品は来週全員に送付されます。

まず，問題文と表を読む時間が与えられるので，表から，ゲーム大会の参加チームは4チームで，ステージA，ステージB，最終ランクの各チームの順位があり，空欄になっているのは各チームの獲得賞品であることを読み取る。次に音声を聞きながら，表の順位と獲得賞品を確認していく。音声のthe top team in Stage A will be awarded medals（第3文）から，ステージAで1位のElegant Eaglesはメダルを獲得することがわかる。続くThe top team in Stage B will also receive medals（第4文）から，ステージBで1位のShocking Sharksもメダルを獲得することがわかる。さらにthe team that got the highest final rank will win the champion's trophies（第5文）から，最終ランクが1位のElegant Eaglesはメダルに加えてトロフィーも獲得すること，Team members not winning any medals or trophies will receive a game（第6文）から，まだメダルもトロフィーも獲得していない残りのチーム（Dark DragonsとWarrior Wolves）はゲームを獲得することがわかる。以上をまとめると，

| 22 | には「ゲーム（⓪）」，| 23 | には「メダル，トロフィー（⑥）」，| 24 | には「メダル（②）」，| 25 | には「ゲーム（⓪）」が入る。

語句
◇ be delighted to *do*「…できてうれしく思う」
◇ summary「まとめ，要約」

B

問26 | 26 | ④

スクリプト	和訳
1. Hi there! Charlie, here. I'll work to increase the opening hours of the computer room. Also, there should be more events for all students. Finally, our student athletes need energy! So I'll push for more meat options in the cafeteria.	1. やあ，みなさん！ チャーリーです。僕はコンピューター室の開室時間を増やすために働きます。また，全校生徒のための行事はもっとあるべきだと思います。最後に，運動をする生徒はエネルギーが必要です！ だから僕は学校の食堂に肉料理のメニューを増やすことを要求します。
2. Hello! I'm Jun. I think school meals would be healthier if our cafeteria increased vegetarian choices. The computer lab should also be open longer, especially in the afternoons. Finally, our school should have fewer events. We should concentrate on homework and club activities!	2. こんにちは！ 私はジュンです。学校の食堂にベジタリアン向けのメニューが増えたら，学校給食はもっと健康的になると思います。コンピューター室も，特に午後はもっと長く開いているべきです。最後に，私たちの学校は行事を減らすべきです。私たちは宿題と部活動に集中すべきです！
3. Hi guys! I'm Nancy. I support the school giving all students computers; then we wouldn't need the lab! I also think the cafeteria should bring back our favorite fried chicken. And school events need expanding. It's important for all students to get together!	3. こんにちは，みなさん！ 私はナンシーです。学校が全校生徒にコンピューターを供与することを私は支持します。そうすればコンピューター室は必要なくなるでしょう！ また，食堂は私たちが大好きなフライドチキンを復活させるべきだと思います。そして，学校行事は増やす必要があります。全校生徒にとっては集まることが大切なのです！
4. Hey everybody! I'm Philip. First, I don't think there are enough events for students. We should do more together! Next, we should be able to use the computer lab at the weekends, too. Also, vegans like me need more vegetable-only meals in our cafeteria.	4. やあ，みなさん！ 僕はフィリップです。まず，生徒向けの行事が十分ではないと思います。我々はもっと多くのことを一緒にすべきです！ 次に，我々が週末もコンピューター室を利用できるようにすべきです。また，僕のようなヴィーガンは食堂で野菜のみの食事をもっと必要としています。

問 | 26 | があなたが選ぶ可能性の最も高い候補者です。

⓪ チャーリー
② ジュン
③ ナンシー
④ フィリップ

各候補者が話すので，各条件について，聞きながら表にメモを書き込んでいこう。まとめると以下のようになる。フィリップの発言の I don't think there are enough events for students. We should do more together!「生徒向けの行事が十分ではないと思います。我々はもっと多くのことを一緒にすべきです！」, we should be able to use the computer lab at the weekends, too「我々が週末もコンピューター室を利用できるようにすべきです」, vegans like me need more vegetable-only meals in our cafeteria「僕のようなヴィーガンは学校食堂で野菜のみの食事をもっと必要としています」から，3つの条件をすべて満たす④が正解。

候補者	条件A (全校生徒のための行事を増やす)	条件B (ベジタリアン向けのメニューを増やす)	条件C (コンピューター室の使用時間を増やす)
① チャーリー	○ 増やす	× 肉料理のメニューを増やす	○ 開室時間を増やす
② ジュン	× 減らす	○ ベジタリアン向けのメニューを増やす	○ 午後の開室時間をもっと長くすべき
③ ナンシー	○ 増やす	× フライドチキンを復活させる	× コンピューター室は不要になる
④ フィリップ	○ 増やす	○ 野菜のみの食事がもっと必要	○ 週末も利用できるようにすべき

語句
◇ push for ~ 「~を要求する」
◇ concentrate on ~ 「~に集中する」
◇ bring back ~ 「~を復活させる」
◇ expand「拡大する」
◇ vegan「ヴィーガン；完全菜食主義者」(動物を食べることを避け，卵・乳製品などの動物由来の食品の摂取も避ける人。場合によっては，動物を利用した皮革製品などの使用も避ける。)

第5問

スクリプト

Today, our topic is the Asian elephant, the largest land animal in Asia. They are found across South and Southeast Asia. Asian elephants are sociable animals that usually live in groups and are known for helping each other. They are also intelligent and have the ability to use tools.

The Asian elephant's population has dropped greatly over the last 75 years, even though this animal is listed as endangered. Why has this happened? One reason for this decline is illegal

和訳

本日のトピックは，アジア最大の陸生動物であるアジアゾウです。それらは南および東南アジア全体で見られます。アジアゾウは通常，グループで生活し，互いに助け合うことで知られている，社交的な動物です。彼らは知的で，道具を使う能力も持っています。

アジアゾウは絶滅危惧種に指定されているのですが，この動物の個体数は過去75年間で大幅に減少しました。なぜこんなことが起こったのでしょうか。この減少の理由の1つは，違法な人間の活動です。

human activities. Wild elephants have long been killed for ivory. But now, there is a developing market for other body parts, including skin and tail hair. These body parts are used for accessories, skin care products, and even medicine. Also, the number of wild elephants caught illegally is increasing because performing elephants are popular as tourist attractions.

Housing developments and farming create other problems for elephants. Asian elephants need large areas to live in, but these human activities have reduced their natural habitats and created barriers between elephant groups. As a result, there is less contact between elephant groups and their numbers are declining. Also, many elephants are forced to live close to humans, resulting in deadly incidents for both humans and elephants.

What actions have been taken to improve the Asian elephant's future? People are forming patrol units and other groups that watch for illegal activities. People are also making new routes to connect elephant habitats, and are constructing fences around local living areas to protect both people and elephants.

Next, let's look at the current situation for elephants in different Asian countries. Each group will give its report to the class.

野生のゾウは長い間，象牙のために殺されてきました。しかし現在は，皮膚や尻尾の毛などを含む体の他の部位の市場が広がりつつあるのです。これらの体の部位はアクセサリーやスキンケア製品，さらには薬に使用されます。また，芸をするゾウは観光アトラクションとして人気があるため，違法に捕獲される野生のゾウの数が増加しているのです。

住宅開発と農業がゾウにとって別の問題を引き起こしています。アジアゾウが住むには広大な面積が必要ですが，これらの人間の活動は，ゾウの自然の生息地を減少させ，ゾウの群れの間に障壁を作ってきたのです。その結果，ゾウの群れ同士の接触が減り，ゾウの数が減少しています。また，多くのゾウが人間の近くで生活することを余儀なくされ，人間とゾウの両方に致命的な事故を引き起こしているのです。

アジアゾウの将来を改善するためにどのような行動が取られてきたのでしょうか。人々は，違法行為を監視するパトロール隊やその他のグループを編成しています。人々はまた，ゾウの生息地をつなぐ新しいルートを作り，人々とゾウの両方を保護するために，地元の居住地域の周りに柵を建設しています。

次に，アジア各国のゾウの現状を見ていきましょう。各グループが授業でレポートを発表します。

ワークシート

アジアゾウ

◇一般情報
　◆大きさ：アジア最大の陸生動物
　◆生息地：南および東南アジア
　◆特徴： 27
◇ゾウへの脅威
　脅威1：違法な商業活動
　　◆象の体の部位をアクセサリー， 28 ，薬に使用
　　◆ 29 のために生きたゾウを捕獲
　脅威2：土地開発による生息地の喪失
　　◆ゾウの 30 の交流の減少
　　◆人間とゾウの 31 の増加

問27 27 ②
① Aggressive and strong（攻撃的で強い）
② **Cooperative and smart（協力的で賢い）**
③ Friendly and calm（親しみやすくて穏やか）
④ Independent and intelligent（独立心が強く知的な）

> アジアゾウの特徴を述べているものを選ぶ。第1段落第3〜4文にAsian elephants are sociable animals that usually live in groups and are known for helping each other. They are also intelligent and have the ability to use tools.「アジアゾウは通常，グループで生活し，互いに助け合うことで知られている社交的な動物です。彼らは知的で，道具を使う能力も持っています。」とある。これらを言い換えると「協力的で賢い」と言えるので，②が正解。④はintelligent「知的な」は正しいが，「独立心が強い」は間違いなので，不適当。①や③に相当することは述べられていないので，不適当。

問28 28 ② **問29** 29 ⑥ **問30** 30 ⑤ **問31** 31 ③
① clothing（衣類）　　② cosmetics（化粧品）　　③ deaths（死亡）
④ friendship（友情）　⑤ group（群れ）　　　　　⑥ performances（芸当）

> 28 と 29 は違法な商業活動によるゾウへの脅威についてまとめた部分を完成する問題。これについては第2段落で述べられている。第6文にThese body parts are used for accessories, skin care products, and even medicine.「これらの体の部位はアクセサリーやスキンケア製品，さらには薬に使用されます。」とある。アクセサリーと薬はすでに挙がっているので，28 にはcosmetics「化粧品（②）」が入る。第7文にthe number of wild elephants caught illegally is increasing because performing elephants are popular as tourist attractions「芸をするゾウは観光アトラクションとして人気があるため，違法に捕獲される野生のゾウの数が増加しているのです」とあるので，29 にはperformances「芸当（⑥）」が入る。30 と 31 は土地開発による生息地の喪失がゾウへの脅威になっているとする部分を完成する問題。これについては第3段落で述べられている。第3文にthere is less contact between elephant groups「ゾウの群れ同士の接触が減る」とあるので，30 にはgroup「群れ（⑤）」が入る。第4文にmany elephants are forced to live close to humans, resulting in deadly incidents for both humans and elephants「多くのゾウが人間の近くで生活することを余儀なくされ，人間とゾウの両方に致命的な事故を引き起こしているのです」とあるので，31 にはdeaths「死亡（③）」が入る。

問32 32 ③
① Efforts to stop illegal activities are effective in allowing humans to expand their housing projects.
（違法行為を阻止する努力は人間が住宅事業を拡大できるようにするのに効果的だ。）
② Encounters between different elephant groups are responsible for the decrease in agricultural development.
（異なるゾウの群れの遭遇に農業開発減少の原因がある。）
③ **Helping humans and Asian elephants live together is a key to preserving elephants' lives and habitats.**
（人間とアジアゾウの共生を手助けすることがゾウの生命と生息地を守るために重要である。）
④ Listing the Asian elephant as an endangered species is a way to solve environmental problems.
（アジアゾウを絶滅危惧種に指定することが環境問題を解決する方法である。）

第4段落第1文に What actions have been taken to improve the Asian elephant's future?「アジアゾウの将来を改善するためにどのような行動が取られてきたのでしょうか。」とあり，その答えとして続く2つの文に People are forming patrol units and other groups that watch for illegal activities. People are also making new routes to connect elephant habitats, and are constructing fences around local living areas to protect both people and elephants.「人々は，違法行為を監視するパトロール隊やその他のグループを編成しています。人々はまた，ゾウの生息地をつなぐ新しいルートを作り，人々とゾウの両方を保護するために，地元の居住地域の周りに柵を建設しています。」とある。これらを短く要約した内容である③が正解。また，違法行為を阻止する努力は，住宅事業を拡大するのに効果的なのではなく，ゾウの将来を改善するのに効果的なので，①は不適当。第3段落第2，3文に …these human activities (= housing developments and farming) have reduced their natural habitats and created barriers between elephant groups. As a result, there is less contact between elephant groups and their numbers are declining.「これらの人間の活動（＝住宅開発と農業）は，ゾウの自然の生息地を減少させ，ゾウの群れの間に障壁を作ってきたのです。その結果，ゾウの群れ同士の接触が減り，ゾウの数が減少しています。」とあり，つまり，ゾウの群れ同士が遭遇しなくなっており，その原因は農業開発にあるということだから，②も不適当。第2段落第1文に The Asian elephant's population has dropped greatly over the last 75 years, even though this animal is listed as endangered.「アジアゾウは絶滅危惧種に指定されているのですが，この動物の個体数は過去75年間で大幅に減少しました。」とあるので，④も不適当。

語句

◇ sociable「社交的な」
◇ intelligent「知的な」
◇ population「生息数；人口」
◇ endangered「絶滅の危機にひんした」
◇ ivory「象牙」
◇ habitat「生息地」
◇ as a result「結果として」
◇ result in ～「（結果的に）～をもたらす」
◇ incident「事故；事件」
◇ construct「～を建設する」
◇ ワークシート　characteristic「特徴；特質」
◇ ワークシート　threat「脅威」
◇ ワークシート　capture「捕獲する；捕える」
◇ ワークシート　interaction「交流」
◇ 問27　① aggressive「攻撃的な」
◇ 問27　② cooperative「協力的な」
◇ 問27　③ calm「穏やかな」
◇ 問27　④ independent「独立心が強い」
◇ 問32　① allow O to *do*「Oに…するのを許す」
◇ 問32　② encounter「遭遇；接触」
◇ 問32　② be responsible for ～「～に対して責任がある；～の原因となる」
◇ 問32　③ preserve「～を保護する」

問33 | **33** | ④

スクリプト	和訳
Our group studied deadly encounters between humans and elephants in Sri Lanka. In other countries, like India, many more people than elephants die in these encounters. By contrast, similar efforts in Sri Lanka show a different trend. Let's take a look at the graph and the data we found.	私たちのグループは，スリランカでの人間とゾウの致命的な遭遇について調査しました。インドのような他の国では，ゾウよりもはるかに多くの人間がこれらの遭遇で死亡しています。対照的に，スリランカでの同様の取り組みは，異なる傾向を示しています。私たちが見つけたグラフとデータを見てみましょう。

① Efforts to protect endangered animals have increased the number of elephants in Sri Lanka.
（絶滅の危機に瀕している動物を保護するための努力により，スリランカではゾウの数が増加している。）

② Monitoring illegal activities in Sri Lanka has been effective in eliminating elephant deaths.
（スリランカにおける違法行為の監視は，ゾウの死亡をなくすのに効果的であった。）

③ Sri Lanka has not seen an increase in the number of elephants that have died due to human-elephant encounters.
（スリランカでは人間とゾウの遭遇によって死亡したゾウの数の増加が見られない。）

④ **Steps taken to protect elephants have not produced the desired results in Sri Lanka yet.**
（ゾウを保護するために講じられた措置は，スリランカではまだ望ましい結果をもたらしていない。）

> グラフのタイトルは「スリランカにおける人間とゾウの遭遇による死亡数」で，グループの発表の概要は「ゾウを保護する取り組みにより，ほかの国では人間とゾウの遭遇によってゾウより人間の方がより多く死亡しているが，スリランカでは人間よりゾウの方がより多く死亡している。」ということである。グラフから人間よりもゾウの死亡数が多く，しかもゾウの死亡数は増加傾向にあるので，保護活動が結果を出していないと言える。したがって，④が正解。また講義の第4段落第2文によると，ここで言う結果の出ていない保護活動には違法行為の監視も含まれることがわかるので，②は不適当。グラフによると，人間とゾウの遭遇により死亡したゾウの数の増加が見られるので，③も不適当。講義の第2段落第1文によると，アジアゾウの生息数が激減していることがわかるが，スリランカのゾウの生息数の増減については講義，発表，グラフのどこからも読み取れないので，①も不適当。
>
> **語句**
> ◇ by contrast「対照的に」
> ◇ trend「傾向」
> ◇ ② monitor「〜を監視する」
> ◇ ② eliminate「〜をなくす」
> ◇ ④ desired「望ましい；期待どおりの」

第6問

A

スクリプト	和訳
David: Hey, Mom! Let's go to Mt. Taka tomorrow. We've always wanted to go there. Sue: Well, I'm tired from work. I want to stay home tomorrow.	デイビッド：ねえ，お母さん！ 明日はタカ山に行こうよ。ずっと行きたいと思っていたじゃない。 スー：ええと，私は仕事で疲れているのよ。明日は家にいたいわ。

David: Oh, too bad. Can I go by myself, then?	デイビッド：ああ，残念。じゃあ１人で行ってもいい？
Sue: What? People always say you should never go hiking alone. What if you get lost?	スー：何ですって？１人でハイキングに行くべきではないと人は皆言うわ。迷子になったらどうするの？
David: Yeah, I thought that way too, until I read a magazine article on solo hiking.	デイビッド：うん，ソロハイキングに関する雑誌の記事を読むまでは，僕もそう思っていたよ。
Sue: Huh. What does the article say about it?	スー：ふうん。記事にはそれについて何て書いてあるの？
David: It says it takes more time and effort to prepare for solo hiking than group hiking.	デイビッド：グループハイキングよりもソロハイキングの準備の方が時間と労力がかかると書いてあるよ。
Sue: OK.	スー：そうなのね。
David: But you can select a date that's convenient for you and walk at your own pace. And imagine the sense of achievement once you're done, Mom!	デイビッド：でも自分にとって都合の良い日付を選んで，自分のペースで歩くことができる。それにやり終えたあとの達成感を想像してみてよ，お母さん！
Sue: That's a good point.	スー：それも一理あるわね。
David: So, can I hike up Mt. Taka by myself tomorrow?	デイビッド：じゃあ，明日は１人でタカ山に登ってもいい？
Sue: David, do you really have time to prepare for it?	スー：デイビッド，準備する時間は本当にあるの？
David: Well, I guess not.	デイビッド：ええと，たぶんないかな。
Sue: Why not wait until next weekend when you're ready? Then you can go on your own.	スー：準備が整う来週末まで待ってみたら？そうしたらあなたは１人で行ってもいいわよ。
David: OK, Mom.	デイビッド：わかったよ，お母さん。

問34 34 ③

問 Which statement would David agree with the most?（デイビッドが最も同意する意見はどれか。）

① Enjoyable hiking requires walking a long distance.
（楽しいハイキングのためには長い距離を歩く必要がある。）
② Going on a group hike gives you a sense of achievement.（グループハイキングには達成感がある。）
③ **Hiking alone is convenient because you can choose when to go.**
（１人でのハイキングはいつ行くべきかを選べるので便利だ。）
④ Hiking is often difficult because nobody helps you.
（誰も助けてくれないので，ハイキングはしばしば難しい。）

デイビッドは５つ目の発言第１文でソロハイキングについてyou can select a date that's convenient for you「自分にとって都合の良い日付を選べる」と言っているので，③が正解。デイビッドは続けてyou can ... walk at your own pace.「自分のペースで歩くことができる」と言っているが，長い距離を歩かなければならないとは言っていないので，①は不適当。デイビッドは５つ目の発言第２文でimagine the sense of achievement once you're done「やり終えたあとの達成感を想像してみて」と言っているが，これはグループハイキングについてではなく，ソロハイキングについて言っているので，②も不適当。What if you get lost?「（１人で行って）迷子になったらどうするの？」と心配しているのは母親のスーであり，デイビッドはこのようなことは言及していないので，④も不適当。

問35 　35　 ①

問 Which statement best describes Sue's opinion about hiking alone by the end of the conversation?
（会話の終わりまでの，1人でハイキングすることについてのスーの意見を最もよく表しているのはどれか。）

① It is acceptable.（それは許容できる。）
② It is creative.（それは独創的だ。）
③ It is fantastic.（それはすばらしい。）
④ It is ridiculous.（それはばかげている。）

デイビッドから「1人でハイキングに行ってもいいか？」とたずねられたスーは，「迷子になったらどうするの？」と当初はソロハイキングに否定的であったが，雑誌の記事を読んだデイビッドから，「自分にとって都合の良い日付を選んで，自分のペースで歩くことができる。」「やり終えたあとには達成感がある。」とソロハイキングの利点を聞いたあと，That's a good point.「それも一理あるわね。」と発言している。(That's a) good point.はよく使う表現で，相手の論点が的を射ていることを認める表現。その後，明日ソロハイキングに行っていいかと尋ねるデイビッドに，スーは「来週末まで時間をかけて準備をしたら」という条件付きで，you can go on your own「あなたは1人で行ってもいいわよ」とソロハイキングを許可している。したがって，①の「許容できる」という意味のacceptableが正解。1人でのキャンプはすでに雑誌の記事で紹介されており，デイビッドが考案したものではないことをスーも知っているので，②は不適当。スーはfantasticというほど，無条件にソロハイキングを賞賛しているわけではなく，またridiculousというように否定しているわけではないので，③と④も不適当。

語句
◇ by oneself「1人で；自力で」
◇ What if ...?「もし…だったらどうなるか。：もし…としたらどうなるだろうか。」
◇ get lost「迷子になる」
◇ article「記事」
◇ effort「努力」
◇ convenient「都合の良い；便利な」
◇ achievement「達成」
◇ on one's own「1人で，自力で」
◇ 問34　①　enjoyable「楽しめる」
◇ 問35　①　acceptable「許容できる」
◇ 問35　②　creative「独創的な」
◇ 問35　③　fantastic「すばらしい」
◇ 問35　④　ridiculous「ばかげている」

B

スクリプト	和訳
Mary: Yay! We all got jobs downtown! I'm so relieved and excited.	メアリー：やった！　私たち全員が街の中心部での仕事が決まったわ！　私はとても安心して興奮しているわ。
Jimmy: You said it, Mary! So, are you going to get a place near your office or in the suburbs?	ジミー：そうだね，メアリー！　それで，君は事務所の近くと郊外のどちらに住むつもり？
Mary: Oh, definitely close to the company. I'm not a morning person, so I need to be near the office. You should live near me, Lisa!	メアリー：あら，絶対に会社の近くよ。私は朝型人間じゃないから，事務所の近くに住む必要があるわ。あなたは私の近所に住む方がいいわよ，リサ！

Lisa: Sorry, Mary. The rent is too expensive. I want to save money. How about you, Kota?	リサ：ごめんなさい，メアリー。家賃が高すぎるわ。私はお金を節約したいの。コウタはどう？
Kota: I'm with you, Lisa. I don't mind waking up early and commuting to work by train. You know, while commuting I can listen to music.	コウタ：君と同じだよ，リサ。僕は早起きして電車で通勤するのは構わないんだ。ほら，通勤中に音楽を聞くことができるだろ。
Jimmy: Oh, come on, you guys. We should enjoy the city life while we're young. There are so many things to do downtown.	ジミー：ああ，ちょっと待ってよ，君たち。僕らは若いうちに都会暮らしを楽しむべきだ。街の中心部にはやることがたくさんあるよ。
Mary: Jimmy's right. Also, I want to get a dog. If I live near the office, I can get home earlier and take it for longer walks.	メアリー：ジミーが正しいわ。それに，私はイヌを飼いたいの。私が事務所付近に住めば，早く家に帰って長い散歩に出かけることができるわ。
Lisa: Mary, don't you think your dog would be happier in the suburbs, where there's a lot more space?	リサ：メアリー，あなたのイヌはもっと広いスペースのある郊外のほうが幸せだと思わない？
Mary: Yeah, you may be right, Lisa. Hmm, now I have to think again.	メアリー：ええ，その通りかもしれないわ，リサ。うーん，それじゃあ私はもう一度考えなければならないわね。
Kota: Well, I want space for my training equipment. I wouldn't have that space in a tiny downtown apartment.	コウタ：ええと，僕はトレーニング器具を置くスペースが欲しいな。街の中心部の狭いアパートにそのスペースはないだろうな。
Jimmy: That might be true for you, Kota. For me, a small apartment downtown is just fine. In fact, I've already found a good one.	ジミー：君の場合はそうかもしれないね，コウタ。僕には街の中心部の狭いアパートがちょうどいい。実は，僕はもう良いアパートを見つけたんだ。
Lisa: Great! When can we come over?	リサ：すごい！私たちはいつ遊びに行けるの？

問36　36　①

ジミーは２つ目の発言で「若いうちに都会暮らしを楽しむべきで，街の中心部にはやることがたくさんある。」と述べ，さらに３つ目の発言で「自分には街の中心部の狭いアパートがちょうどよく，すでに良いアパートを見つけた。」と言っており，ジミーはすでに街の中心部に住むことを決めている。リサは１つ目の発言で「(街の中心部は)家賃が高すぎる。」という理由で，メアリーの街の中心部に住んだ方がよいという助言を断っている。コウタは１つ目の発言で，街の中心部には住まないというリサに賛同し，さらに２つ目の発言で「トレーニング器具を置くスペースが欲しいが，街の中心部の狭いアパートにそのスペースはない。」と述べており，一貫して街の中心部に住むことを否定している。メアリーは２つ目の発言で「朝型人間ではないので，絶対に(街の中心部の)会社の近くに住む。」と言い，３つ目の発言では「若いうちに都会暮らしを楽しむべきだ。」というジミーの意見に賛同し，さらに「(街の中心部の)事務所付近に住めば，早く帰宅して，イヌと長い散歩ができる。」と述べ，ここまでは街の中心部に住むことに積極的だったが，この直後，リサに「イヌはもっと広いスペースのある郊外のほうが幸せなのではないか？」と指摘され，メアリーは「その通りかもしれない。もう一度考えなければならない。」と意見を翻し，街の中心部に住むかどうか迷い始めている。したがって，街の中心部に住むことを決めたのはジミー１人だけなので，①が正解。

問37 37 ②

① (図表) 1か月あたりのペットに費やすお金
② **(図表) 平均月額賃料**
③ (図表) 通勤中の人気アクティビティ3選
④ (図表) 住む場所を選ぶ理由

> メアリーの「(街の中心部に住む)私の近所に住む方が良い」という助言に,リサは「ごめんなさい。(街の中心部は)家賃が高すぎる。私は(郊外に住んで)お金を節約したい。」と答えている。この考えの根拠となり得るのは,「平均月額賃料」というタイトルで,街の中心部の家賃より郊外の家賃の方がはるかに安いことを示す②のグラフなので,これが正解。また,「住む場所を選ぶ理由」というタイトルだが,「家賃」という項目がない④のグラフは,リサの考えには合っていないので不適当。イヌを飼いたいと言っているのはメアリーだし,ペットにかかるお金の話題は会話に出てこないので,「1か月あたりのペットに費やすお金」というタイトルのグラフである①も不適当。通勤中に音楽が聞けると言って,通勤中のアクティビティに言及しているのはコウタだけで,他にこの話題は会話に出てこないので,「通勤中の人気アクティビティ3選」というタイトルの表である③も不適当。
>
> **語句**
> ◇ relieved「安心した」
> ◇ suburb「郊外」⇔downtown「街の中心部」
> ◇ definitely「絶対に；間違いなく」
> ◇ morning person「朝型人間」⇔ cf. night person「夜型人間」
> ◇ rent「家賃」
> ◇ be with O「Oと同意見だ；Oに賛成だ」
> ◇ commute「通勤する」
> ◇ equipment「道具；装置」
> ◇ come over「(話し相手の)自宅にやってくる；立ち寄る」
> ◇ 問37 ① per「〜につき」
> ◇ 問37 ③ physical exercise「運動；体操」
> ◇ 問37 ④ security「治安」

2023 追試　解答

第1問小計 ☐　第2問小計 ☐　第3問小計 ☐　第4問小計 ☐　第5問小計 ☐　第6問小計 ☐　合計点 ／100

問題番号(配点)	設問		解答番号	正解	配点	自己採点	問題番号(配点)	設問		解答番号	正解	配点	自己採点
第1問 (25)	A	1	1	①	4		第4問 (12)	A	18	18	③	4※	
		2	2	④	4				19	19	④		
		3	3	②	4				20	20	①		
		4	4	④	4				21	21	②		
	B	5	5	④	3				22	22	⑤	1	
		6	6	①	3				23	23	⑥	1	
		7	7	③	3				24	24	①	1	
第2問 (16)		8	8	③	4				25	25	②	1	
		9	9	①	4			B	26	26	③	4	
		10	10	②	4		第5問 (15)		27	27	①	3	
		11	11	③	4				28	28	⑥	2※	
第3問 (18)		12	12	①	3				29	29	④		
		13	13	③	3				30	30	③	2※	
		14	14	①	3				31	31	②		
		15	15	③	3				32	32	②	4	
		16	16	②	3				33	33	②	4	
		17	17	②	3		第6問 (14)	A	34	34	①	3	
(注)　※は，全部正解の場合のみ点を与える。									35	35	③	3	
								B	36	36	①	4	
									37	37	②	4	

第1問

A

問1 1 ①

スクリプト	和訳
What a beautiful sweater! It looks really nice on you, Jennifer.	なんて美しいセーターなんだ！ とても似合っているよ，ジェニファー。

① **The speaker admires Jennifer's sweater.**（話者はジェニファーのセーターを称賛している。）
② The speaker is asking about the sweater.（話者はセーターについてたずねている。）
③ The speaker is looking for a sweater.（話者はセーターを探している。）
④ The speaker wants to see Jennifer's sweater.（話者はジェニファーのセーターを見たがっている。）

> 話者は第1文で，What a beautiful sweater!「なんて美しいセーターなんだ！」とジェニファーのセーターを称賛しているので，正解は①。〈What＋a〔an〕＋形容詞＋名詞（＋主語＋動詞）！〉の形は「なんて～だろう！」という意味を表す感嘆文。「何」をたずねる疑問文ではないので，②は不適当。続く第2文に，It looks really nice on you「あなたにとても似合っています」とあることから，話者はセーターを着たジェニファーを見ていることがわかるので，④も不適当。〈look＋形容詞〉は「～に見える」の意味。look for ～は「～を探す」なので，③も不適当。
>
> **語句**
> ◇ look nice on ～「～に似合っている」

問2 2 ④

スクリプト	和訳
Bowling is more fun than badminton, but tennis is the best. Let's play that.	ボウリングはバドミントンより楽しいですが，テニスが最高です。それをプレーしましょう。

① The speaker doesn't enjoy playing tennis.（話者はテニスをするのを楽しんでいない。）
② The speaker doesn't want to play any sports now.（話者は今，何のスポーツもしたくない。）
③ The speaker thinks badminton is the most fun.（話者はバドミントンが最も楽しいと思っている。）
④ **The speaker thinks tennis is better than bowling.**
（話者はボウリングよりもテニスのほうがいいと思っている。）

> 第1文のBowling is more fun than badminton, but tennis is the best.「ボウリングはバドミントンより楽しいですが，テニスが最高です。」から，作者が楽しいと思うスポーツの順位は，1位テニス，2位ボウリング，3位バドミントンということになる。したがって，④が正解で，①と③は不適当。また第2文に，Let's play that (= tennis).「それ（＝テニス）をプレーしましょう。」とあるので，②も不適当。

問3 3 ②

スクリプト	和訳
We should go somewhere to eat dinner. How about a steak restaurant?	私たちは夕食を食べにどこかに行くべきです。ステーキレストランはいかがですか？

① The speaker doesn't want to eat steak.（話者はステーキを食べたくない。）

② **The speaker hasn't eaten dinner yet.**（話者はまだ夕食を食べていない。）
③ The speaker is eating steak now.（話者は今，ステーキを食べている。）
④ The speaker wants to eat dinner alone.（話者は1人で夕食を食べたがっている。）

> 話者は，should「…すべきである」という義務を表す助動詞を用いて「夕食を食べにどこかに行くべきだ」と述べ，続けてHow about 〜?「〜はいかがですか。」という表現を用いて「ステーキレストランはいかがですか。」と提案している。つまり，夕食はこれから食べることがわかる。したがって，②が正解で，③は不適当。話者はステーキレストランに行くことを提案しているのだから，ステーキが食べたいはず。したがって，①も不適当。We should 〜.と主語にweを用い，How about 〜?と相手に提案しているので，話者は誰かと一緒に夕食を食べたがっている。したがって，④も不適当。

問4 　4　　④

スクリプト	和訳
Diana, do you know what time the dentist will open? My tooth really hurts.	ダイアナ，歯医者が何時に開くか知っていますか？歯がすごく痛いんです。

① The speaker is talking to the dentist.（話者は歯医者に話しかけている。）
② The speaker is telling Diana the time.（話者はダイアナに時間を伝えている。）
③ The speaker wants to call Diana.（話者はダイアナに電話したい。）
④ **The speaker wants to go to the dentist.**（話者は歯医者に行きたがっている。）

> ダイアナに「歯医者が何時に開くか知っているか」とたずね，続けて「歯がすごく痛い」と言っていることから，話者は歯医者に行きたいと思っていることがわかる。したがって，④が正解。話者はダイアナに時間を伝えているのではなく，歯医者の開院時間を質問しているので，②は不適当。話者は最初にDiana,と呼びかけているので，今ダイアナと話していることがわかる。したがって，①と③も不適当。
>
> **語句**
> ◇ dentist「歯医者」
> ◇ tooth「歯」

B

問5 　5　　④

スクリプト	和訳
The guitar is inside the case under the table.	ギターはテーブル下のケースに入っています。

> 選択肢にイラストが含まれる問題では，放送が流れる前に各イラストの差異を確認しておくのがポイント。消去法で考えよう。ギターはinside the case「ケースの中」にあるので，①と③は外れる。さらにそのケースはunder the table「テーブルの下」にあるので，④が正解で，②は不適当。

問6 　6　　①

スクリプト	和訳
These spoons are dirty, but there's another in the drawer.	これらのスプーンは汚れていますが，引き出しに別のスプーンがあります。

These spoons are dirty「これらのスプーンは汚れています」と主語が複数なので，流し台に汚れたスプーンが1本しかない③と④がまず外れる。続けてthere's another in the drawer「引き出しに別のスプーンがあります」と言っているが，anotherは1語で「別のもの」という代名詞であり，ここでは前の文を受けて「別のスプーン」を意味している。したがって，引き出しの中にスプーンが入っている①が正解で，②は不適当。

語句
◇ drawer「引き出し」

問7　7　③

スクリプト	和訳
Turn left at the tree and go straight. The apartment building will be on the right.	木のところを左折してそれからまっすぐ進んでください。アパートは右側にあります。

Turn left at the tree and go straight「木のところを左折してまっすぐ進んで」とあるので，左折した後の道がほとんど描かれておらず，それ以上進んでいけない②と④がまず外れる。左折後まっすぐ進むと，アパートはon the right「右側に」あるということなので，③が正解で，①は不適当。

第2問

問8　8　③

スクリプト	和訳
W：Fireflies hatch from eggs. And in the next stage, they live underwater. M：I know that. But then, they continue developing underground? W：Yes. Didn't you know that? M：No. Aren't fireflies amazing?	女：ホタルは卵からふ化する。そして次の段階は，水中で暮らすのよ。 男：それは知っているよ。でもその後，それらは土の中で育ち続けるの？ 女：そうよ。あなたはそれを知らなかったの？ 男：うん。ホタルってすごいね。

問　Which stage has the man just learned about?（男性が学んだばかりの段階はどれか。）

イラストを見ながら話の流れを追っていけば，消去法で正解にたどり着ける。女性は1つ目の発言で「ホタルは卵からふ化する（①）」「次の段階では水中で暮らす（②）」と説明し，それについて男性がI know that.「それは知っているよ。」と言っていることから，①と②はまず外れる。続けて男性が，then, they continue developing underground?「その後，それらは土の中で育ち続けるの？（③）」と質問すると，女性がYes. Didn't you know that?「そうよ，あなたはそれを知らなかったの？」と尋ね，男性がNo (, I didn't know it).「うん（知らなかった）。」と言っている。したがって，土の中のサナギ（③）が正解で，大空を飛んでいる成虫（④）は不適当。

語句
◇ firefly「ホタル」
◇ hatch「ふ化する」
◇ underwater「水中で」　cf. underground「地下で；土の中で」

問9 9 ①

スクリプト	和訳
M : We need to make twenty eco-friendly bags, so a simple design is best. W : Is a pocket necessary? M : Definitely, but we don't have enough time to add buttons. W : So, this design!	男：僕たちはエコバッグを20個作る必要があるから，シンプルなデザインがベストだよ。 女：ポケットは必要かしら？ 男：もちろん，でもボタンを付けるのに十分な時間はないよね。 女：では，このデザインね！

問 **Which eco-friendly bag will they make?**（どのエコバッグを彼らは作るか。）

女性の1つ目の発言 Is a pocket necessary?「ポケットは必要かしら？」に対し，男性が Definitely, but we don't have enough time to add buttons.「もちろん，でもボタンを付けるのに十分な時間はないよね。」と答えている。したがって，ポケットあり，ボタンなしのデザインである①が正解。definitely は，「もちろん」と yes を強調する表現。

語句
◇ eco-friendly「環境にやさしい」

問10 10 ②

スクリプト	和訳
W : I'm here. Wow, there are so many different tents. Which one's yours? M : Mine's round. Can't you see it? W : No. Where is it? M : It's between the trees.	女：着いたわよ。うわー，たくさんのいろいろなテントがあるわね。どれがあなたのテント？ 男：僕のは円形だよ。見つからない？ 女：見つからないわ。どこ？ 男：木と木の間にあるよ。

問 **Which one is the brother's tent?**（どれが兄のテントか。）

男性が1つ目の発言で Mine's round.「僕のは円形だよ。」と言っているので，③と④がまず外れる。男性は最後の発言で It's between the trees.「木と木の間にあるよ。」と言っているので，2本の木の間にある②が正解で，そばに木が1本しかない①は不適当。

語句
◇ round「円形の」

問11 11 ③

スクリプト	和訳
M : We can take the ferry to the garden, then the aquarium. W : I want to visit the shrine, too. M : But, don't forget, dinner is at six. W : OK. Let's go there tomorrow.	男：僕たちはフェリーで庭園に行って，それから水族館に行くことができるよ。 女：私は神社も行きたいわ。 男：でも忘れないでね，夕食は6時だよ。 女：わかったわ。明日そこに行きましょう。

問 **Which route will they take today?**（彼らは今日どのルートを取るか。）

男性の1つ目の発言に We can take the ferry to the garden, then the aquarium.「僕たちはフェリーで庭園に行って，それから水族館に行くことができるよ。」とあるので，フェリーのマークの後に，水族館のマークがある①と②がまず外れる。その後，女性が「神社も行きたい」と言うが，男性に「夕食は6

時だ」と言われて,「明日そこ（＝神社）に行きましょう。」と提案している。したがって，今日の観光予定に神社が入っている④も外れ，③が正解とわかる。

語句
◇ aquarium「水族館」
◇ shrine「神社」

第3問

問12　12　①

スクリプト	和訳
W：Are you going somewhere this summer?	女：今年の夏はどこかに行くの？
M：Yes, I'm going to drive to the coast.	男：うん，海岸までドライブする予定だよ。
W：That's quite far. Why don't you take the train, instead?	女：それはかなり遠いわ。代わりに，電車で行くのはどう？
M：If I drive, I can park and go sightseeing anywhere along the way.	男：自分で運転すれば，途中どこにでも駐車して，観光に行けるよ。
W：Isn't driving more expensive?	女：ドライブの方がお金がかからない？
M：Well, maybe, but I like the flexibility.	男：うーん，そうかもしれないけど，僕は融通がきくのが好きなんだ。

問　Why does the man want to drive?（なぜ男性はドライブしたいのか。）
① He prefers to stop wherever he likes.（彼はどこでも好きなところで止まるのを好む。）
② He wants to go directly to the coast.（彼は海岸に直接行きたいと思っている。）
③ The train goes just part of the way.（電車は途中までだけ行く。）
④ The train is much more flexible.（電車ははるかに融通がきく。）

男性はドライブしたい理由を，2つ目の発言で「自分で運転すれば，途中どこにでも駐車して，観光に行ける」，3つ目の発言で「僕は融通がきくのが好きだ」と説明しているので，①が正解。つまり，男性は海岸に直接行きたいのではなく，寄り道しながら行きたいと考えていることがわかるので，②は不適当。電車で海岸に直接行けるかどうかは会話に出てこないので，③も不適当。融通がきくのは電車ではなく車なので，④も不適当。

語句
◇ instead「代わりに」
◇ flexibility「融通がきくこと；柔軟性」（名詞）　cf. ④　flexible「融通がきいた；柔軟な」（形容詞）

問13　13　③

スクリプト	和訳
W：How much does it cost to send this letter to London?	女：この手紙をロンドンまで送るのにいくらかかりますか？
M：Hmm. Let me check. That's about £2 for standard delivery, or about £8 for special delivery. Which do you prefer?	男：うーん。確認しますね。通常配達で約2ポンド，速達で約8ポンドです。どっちがいいですか？
W：I really want it to arrive by Friday.	女：本当に手紙が金曜日までに着いて欲しいのです。

— 2023追 - 6 —

| M : With special delivery, it will. | 男：速達でなら，着きますよ。 |
| W : I'll do that then. | 女：それならそうします。 |

問 What will the woman do?（女性はどうするか。）

① Buy the less expensive postage（安い方の郵便料金を支払う）
② Mail the letter on Friday or later（金曜日以降に手紙を投函する）
③ **Pay the higher price for postage（高い方の郵便料金を支払う）**
④ Send the letter by standard delivery（通常配達で手紙を送る）

> 女性の2つ目の，I really want it (= the letter) to arrive by Friday.「本当にそれ（＝手紙）が金曜日までに着いて欲しい」という発言に対して，男性は「速達でなら，（金曜日までに）着きます。」と答えている。それを聞いて女性は，「それならそう（＝速達で送ることに）します。」と言っているので，女性は速達で手紙を送ることがわかる。料金については，男性の1つ目の発言に，通常配達は about £2「約2ポンド」，速達は about £8「約8ポンド」とある。したがって，正解は③で，①と④は不適当。金曜以降に投函するのでは，金曜までには着かないので，②も不適当。
>
> 語句
> ◇ £ (pound)「ポンド」（イギリスの通貨単位）
> ◇ standard delivery「通常配達」 cf. special delivery「速達」
> ◇ want A to do「Aに…して欲しいと思う」
> ◇ ①　postage「郵便料金」
> ◇ ②　～ or later「～以降」

問14　14　①

スクリプト	和訳
M : Would you like to see a movie next week?	男：来週映画を見ない？
W : Sure, but what kind of movie?	女：いいけど，どんな映画？
M : I'd like to watch a horror movie.	男：僕はホラー映画を見たいな。
W : Well, I don't see one scheduled, but there's a comedy currently showing.	女：えーと，ホラー映画で上演が予定されているのは見当たらなくて，今はコメディが上映されているわ。
M : I really don't like comedies. Maybe we can check the schedule again next week.	男：僕はあまりコメディが好きじゃないんだ。来週，もう一度スケジュールを確認するのはどうかな。
W : Sure, let's do that.	女：ええ，そうしましょう。

問 What did they decide to do?（彼らはどうすることにしたか。）

① **Choose a movie next week（来週映画を選ぶ）**
② Go to a comedy movie today（今日コメディ映画を見に行く）
③ Select a movie this week（今週映画を選ぶ）
④ Watch a horror movie tonight（今夜ホラー映画を見る）

> 最初に，男性が Would you like to see a movie next week?「来週映画を見ない？」と言い，女性がSure と応じている。つまり2人が映画を見に行くのは来週なので，②と④はまず外れる。男性の見たいホラー映画が上映スケジュールに見当たらないという女性の発言の後，男性は3つ目の発言で，Maybe we can check the schedule again next week.「来週，もう一度スケジュールを確認するのは

どうかな。」と言っている。maybeは表現をやわらげるのに用いられ，maybe we canで「…するのはどうですか」という控えめな提案。それに対し女性は，Sure, let's do that.「ええ，そうしましょう。」と賛同しているので，①が正解で，③は不適当。

[語句]
◇ currently「今は；現在は」
◇ maybe we can「…するのはどうですか（控えめな提案・依頼）」

問15　15　③

スクリプト	和訳
M：What did you do last weekend?	男：先週末は何をしたの？
W：I took all my nieces and nephews to lunch.	女：姪と甥を全員ランチに連れて行ったわ。
M：Really? How many do you have?	男：本当に？　何人いるの？
W：Well, my sister has two boys, and my brother has three girls.	女：ええと，姉には男の子が2人いて，兄には女の子が3人いるわ。
M：That sounds like a nice family gathering.	男：素敵な家族の集まりみたいだね。
W：Yes, we had a really good time together.	女：ええ，とても楽しい時間を一緒に過ごしたわ。

問　Who did she eat lunch with?（彼女は誰と昼食を食べたか。）
① Both her brother and sister（彼女の兄と姉の両方）
② Everyone in her family（彼女の家族全員）
③ **Her brother's and sister's children（彼女の兄と姉の子供たち）**
④ Her two nieces and two nephews（2人の姪と2人の甥）

女性は1つ目の発言でI took all my nieces and nephews to lunch.「姪と甥を全員ランチに連れて行ったわ。」と言っているので，①と②はまず外れる。続けて女性は2つ目の発言でmy sister has two boys, and my brother has three girls「姉には男の子が2人いて，兄には女の子が3人いる」と言っている。つまり，彼女は甥2人，姪3人と昼食を食べたことがわかるので，③が正解で，④は不適当。

[語句]
◇ niece「姪」⇔ nephew「甥」

問16　16　②

スクリプト	和訳
M：I think I'll have the pasta.	男：僕はパスタにしようと思う。
W：The fish looks nice. I'll order that.	女：魚が美味しそうね。私はそれを注文するわ。
M：What about for dessert?	男：デザートはどうする？
W：Both the pie and the cake look delicious.	女：パイもケーキも美味しそう。
M：Well, why don't we each order different ones? Then we can share.	男：じゃあ，それぞれ違うものを注文しない？　そしたらシェアできるよ。
W：OK, I'll order the pie and you can order the cake.	女：いいわよ，私がパイを注文するから，あなたはケーキを注文してね。
M：Sure, that's fine.	男：わかった，それがいいね。

問　What is true according to the conversation?（会話によると何が正しいか。）
① The man will order fish and pie.（男性は魚とパイを注文する。）

② **The man will order pasta and cake.**（男性はパスタとケーキを注文する。）
③ The woman will order fish and cake.（女性は魚とケーキを注文する。）
④ The woman will order pasta and pie.（女性はパスタとパイを注文する。）

> 男性と女性がそれぞれ何を注文するのかを整理しよう。まず料理について，男性は1つ目の発言でI think I'll have the pasta.「僕はパスタにしようと思う。」，女性は1つ目の発言でI'll order that(=fish).「私はそれ（＝魚）を注文するわ。」と言っている。デザートについては，女性が3つ目の発言でI'll order the pie and you can order the cake「私がパイを注文するから，あなたはケーキを注文してね」と言い，男性が賛同している。これらをまとめると，男性はパスタとケーキ，女性は魚とパイを注文することがわかる。したがって，②が正解。
>
> [語句]
> ◇ share「シェアする；共有する」

問17 17 ②

スクリプト	和訳
M：Hi, Monica, would you like some help?	男：やあ，モニカ，助けが要る？
W：Ah, thank you. Could you take one of these bags?	女：ああ，ありがとう。これらのバッグのうちの1つを持ってもらえる？
M：Sure, are you going to the subway?	男：いいよ，君は地下鉄に行くところなの？
W：No, I'm going to take them home in my car. I've parked just around the corner.	女：いいえ，私はそれらを車で家に持って帰るわ。すぐそこの角に駐車しているの。
M：That's fine. Actually, it's on my way. That's just before my bus stop.	男：それはいいね。実は，それは僕が向かう方向だよ。ちょうど僕のバス停の手前だ。

問 What will the man do?（男性は何をするか。）
① Go to the subway with the woman（女性と一緒に地下鉄に行く）
② **Help the woman with one of the bags**（女性のバッグのうちの1つを手助けする）
③ Take the bags home for the woman（女性のためにバッグを家に持ち帰る）
④ Walk with the woman to the bus stop（女性と一緒にバス停まで歩く）

> 男性の「助けが要る？」という問いかけに，女性はCould you take one of these bags?「これらのバッグのうちの1つを持ってもらえる？」と依頼し，男性はSureと応じている。さらに女性は2つ目の発言で，I'm going to take them (=bags) home in my car. I've parked just around the corner.「私はそれらを車で家に持って帰るわ。すぐそこの角に駐車しているの。」と説明しているので，女性は，男性に（複数ある）バッグのうち1つを車の所まで持っていくのを助けてもらい，その後自分の車で家まで（すべての）バッグを持ち帰ろうと考えていることがわかる。したがって，②が正解。男性の最後の発言から，女性が車を停めているのは男性が使うバス停の手前であることがわかる。男性と女性は女性の車まで一緒に歩くのであって，その後バス停まで歩くのは男性だけなので，④も不適当。
>
> [語句]
> ◇ subway「地下鉄」
> ◇ corner「角」

第4問

A

問18 18 ③　**問19** 19 ④　**問20** 20 ①　**問21** 21 ②

スクリプト

To understand our campus services, we researched the number of students who used the cafeteria, computer room, library, and student lounge over the last semester. As you can see, the student lounge had a continuous rise in users over all four months. The use of the computer room, however, was the least consistent, with some increase and some decrease. Library usage dropped in May but grew each month after that. Finally, cafeteria use rose in May, and then the numbers became stable.

和訳

キャンパスサービスを理解するために，前の学期に学校食堂，コンピューター室，図書館，学生ラウンジを利用した学生の数を調査しました。ご覧のとおり，学生ラウンジの利用者は4か月間連続して増加しました。しかし，コンピューター室の使用は多少の増加と減少があり，最も一貫性がありませんでした。図書館の利用は5月に減少しましたが，その後毎月増加しました。最後に，学校食堂の利用は5月に増加し，その後は数値が安定しました。

グラフのタイトルは「キャンパス共用エリアの学生利用」であり，各折れ線グラフがどの共有エリアの4月から7月の利用者数推移を表しているのかを答える問題。第2文のthe student lounge had a continuous rise in users over all four months「学生ラウンジの利用者は4か月間連続して増加しました」から，常に右肩上がりの 19 がStudent Lounge（④）。第3文のThe use of the computer room, however, was the least consistent, with some increase and some decrease.「しかし，コンピューター室の使用は多少の増加と減少があり，最も一貫性がありませんでした。」から，上がったり下がったりしている 21 がComputer Room（②）。第4文のLibrary usage dropped in May but grew each month after that.「図書館の利用は5月に減少しましたが，その後毎月増加しました。」から，4月から5月で下がった後は上がっている 18 がLibrary（③）。第5文のcafeteria use rose in May, and then the numbers became stable「5月に学校食堂利用は増加し，その後は数値が安定しました」から，4月から5月で上がった後は変化がない 20 がCafeteria（①）。

語句
◇ semester「学期」
◇ continuous「連続して」
◇ consistent「一貫性のある」
◇ stable「安定した」

問22 22 ⑤　**問23** 23 ⑥　**問24** 24 ①　**問25** 25 ②

スクリプト

Let me explain our monthly membership plans. A regular membership with 24-hour access to all areas is ¥8,000. Daytime members can access all areas for ¥5,000. Students with a valid ID get half-off our regular membership fee. We also offer pool-only options for ¥2,000 off the price of our regular, daytime, and student memberships.

和訳

月額会員プランについてご説明します。全エリア24時間利用可能の一般会員は8,000円です。デイタイム会員は5,000円で全エリアをご利用いただけます。有効な身分証明書をお持ちの学生は，一般会員の会費の半額になります。また，一般会員，デイタイム会員，学生会員の価格より2,000円引きのプールのみのオプションもご用意しております。また，タオル

Oh, and our towel service is included in our regular membership with no extra charge but is available to daytime and student members for an additional ¥1,000.	サービスについては，一般会員は会費に含まれており，追加料金はありませんが，デイタイム会員と学生会員は1,000円追加でご利用いただけます。

表のタイトルは「クラブ会員プランと月額料金」で，各会員プランの料金が問われている。第2文の A regular membership with 24-hour access to all areas is ¥8,000.「全エリア24時間利用可能の一般会員は8,000円です。」と，第4文の Students ... get half-off our regular membership fee.「…学生は，一般会員の会費の半額になります。」から， 22 のStudent会員のAll areas料金は8,000円÷2=4,000円（⑤）。第5文の We also offer pool-only options for ¥2,000 off the price of our regular ... memberships.「また，一般会員…の価格より2,000円引きのプールのみのオプションもご用意しております。」から， 23 のRegular会員のPool only料金は8,000円－2,000円＝6,000円（⑥）。最終文の our towel service is included in our regular membership with no extra charge but is available to daytime ... members for an additional ¥1,000「タオルサービスについては，一般会員は会費に含まれており，追加料金はありませんが，デイタイム会員…は1,000円追加でご利用いただけます」から， 24 のRegular会員のTowel service料金は0円（⓪）， 25 のDaytime会員のTowel service料金は1,000円（②）。

語句
◇ access to ～「～を利用できること；～に入る権利」
◇ valid「（証書・定期券・チケットなどが）期限切れでない；有効な」
◇ ID（=identificationの略）「身分証明書」
◇ include「（全体の一部として）～を含める」
◇ extra charge「追加料金」 cf. additional「追加の」
◇ be available to ～「（主語を）～が利用〔入手〕できる」

B

問26

スクリプト	和訳
1. I suggest the Ashford Center. It has twenty rooms we can use for sessions that hold up to forty people each and a conference room for meetings. It's recently been updated with Wi-Fi available everywhere, and it has an excellent food court.	1. 私はアシュフォード・センターをお勧めします。それぞれ最大40人収容可能な総会に使用できる20の部屋と，会議用の会議室が1室あります。最近改修され，どこでもWi-Fiが利用できるようになり，素晴らしいフードコートがあります。
2. I recommend the Founders' Hotel. It's modern with Wi-Fi in all rooms, and many great restaurants are available just a five-minute walk from the building. They have plenty of space for lectures with eight large rooms that accommodate seventy people each.	2. 私はファウンダーズ・ホテルをお勧めします。全室Wi-Fi完備のモダンな造りで，徒歩たった5分圏内に美味しいレストランがたくさんあります。それぞれ70人収容の大部屋が8室あり，講義のためのスペースも十分にあります。
3. I like Mountain Terrace. Of course, there are several restaurants inside for people to choose from, and Wi-Fi is available throughout the	3. 私はマウンテン・テラスが好きです。もちろん，ホテル内には人々が選択できるレストランがいくつかあり，ホテル全体でWi-Fiを利用できます。

hotel. They have ten rooms that can hold sixty people each, but unfortunately they don't have a printing service.	それぞれ60人収容可能な部屋が10室ありますが,残念ながら印刷サービスはありません。
4. Valley Hall is great! They have lots of space with five huge rooms that fit up to 200 people each. There's a restaurant on the top floor with a fantastic view of the mountains. If you need Wi-Fi, it's available in the lobby.	4. バレー・ホールが素晴らしい！ それぞれ最大200人まで収容できる大きな部屋を5室備えた広々としたスペースがあります。最上階には山々の素晴らしい景色を望むレストランがあります。Wi-Fiが必要な場合は，ロビーでご利用いただけます。

問 26 があなたが選択する可能性が最も高い場所です。

① アシュフォード・センター
② ファウンダーズ・ホテル
③ **マウンテン・テラス**
④ バレー・ホール

各会場の説明を聞きながら，3つの条件「A. 50人以上収容可能な部屋が8室以上」「B. 施設内全体でWi-Fi利用可能」「C. 施設内で食事可能」について表にメモを書き込んでいくことで，正解を導くことができる。①のAshford Centerは最大40人収容可能な20室と，会議室1室しかないので，条件Aを満たしていない。②のFounders' Hotelは全室Wi-Fi完備だが，ロビーなどを含む全施設内で使用できるとは書いていないし，徒歩5分圏内にレストランがたくさんあるが，施設内で食事ができないので，条件BとCを満たしていない。③のMountain Terraceは60人収容可能な部屋が10室あり，ホテル全体でWi-Fiを利用でき，ホテル内にいくつかのレストランがあるので，3つの条件をすべて満たしている。よって③が正解。④のValley Hallは最大200人収容可能な部屋が5室しかなく，Wi-Fiはロビーでのみ利用可能で，条件AとBを満たしていない。

場所	条件A (50人以上収容可能な部屋が8室以上)	条件B (施設内全体でWi-Fi)	条件C (施設内で食事)
① Ashford Center	× 最大40人収容可能な20室，会議室1室	○ どこでも利用可能	○ 施設内にフードコート
② Founders' Hotel	○ 70人収容の大部屋8室	× 全室完備	× 徒歩5分圏内にたくさんのレストラン
③ Mountain Terrace	○ 60人収容可能な10室	○ ホテル全体で利用可能	○ 施設内にいくつかのレストラン
④ Valley Hall	× 最大200人収容可能な5室	× ロビーで利用可能	○ 施設の最上階にレストラン

語句
◇ session「総会」
◇ up to ~「最大〔最高〕で~まで」

◇ conference「会議」 *cf.* meeting「会議」
◇ update「～を改修する；～を最新の状態にする」
◇ plenty of ～「たくさんの～」
◇ lecture「講義；講演」
◇ accommodate「～を収容できる」 *cf.* hold, fit「～を収容できる」

第5問

スクリプト

Today, we're going to focus on art in the digital age. With advances in technology, how people view art is changing. In recent years, some art collections have been put online to create "digital art museums." Why are art museums moving to digital spaces?

One reason has to do with visitor access. In digital museums, visitors can experience art without the limitation of physical spaces. If museums are online, more people can make virtual visits to them. Also, as online museums never close, visitors can stay for as long as they like! Another reason is related to how collections are displayed. Online exhibits enable visitors to watch videos, see the artwork from various angles, and use interactive features. This gives visitors much more specific information about each collection.

Putting collections online takes extra effort, time, and money. First, museum directors must be eager to try this new format. Then, they have to take the time to hire specialists and raise the money to buy the necessary technology. Of course, many people might still want to see the actual pieces themselves. These factors are some reasons why not all museums are adding an online format.

Many art museums have been offering digital versions of their museums for free, but this system might change in the future. Museums will probably need to depend on income from a hybrid style of both in-person and online visitors. This kind of income could enable them to remain financially

和訳

今日は，デジタル時代のアートに焦点を当てます。技術の進歩により，人々のアートに対する見方が変化しています。近年，一部のアートコレクションはオンライン公開され，「デジタル美術館」を作っています。美術館はなぜデジタル空間に移行しているのでしょうか？

1つの理由は，訪問者のアクセスに関係しています。デジタル美術館では，訪問者は物理的な空間に制限されることなくアートを体験できます。美術館がオンラインにあれば，より多くの人がバーチャルで美術館を訪れることができます。また，オンライン美術館は休館しないため，訪問者は好きなだけ滞在できます！　もう1つの理由はコレクションの展示方法に関連しています。オンライン展示では，訪問者はビデオを見たり，さまざまな角度からアート作品を見たり，インタラクティブな機能を使用したりできます。これにより，訪問者は各コレクションに関するより詳細な情報を得ることができます。

コレクションをオンライン化するには，さらなる労力，時間，お金がかかります。まず，美術館の館長はこの新しい形式を試みることに意欲的でなければなりません。次に，美術館は時間をかけて専門家を雇い，必要な技術を購入するための資金を調達する必要があります。もちろん，多くの人々が今でも実物を見たがっている可能性もあります。これらの要因が，すべての美術館がオンライン形式を追加しているわけではない，いくつかの理由です。

多くの美術館は美術館のデジタル版を無料で提供していますが，このシステムは将来変更される可能性があります。美術館はおそらく，実際の訪問者とオンライン訪問者の両方のハイブリッド・スタイルからの収入に頼る必要があります。この種の収入により，美術館は将来の世代のために財政的に持続可

| sustainable for future generations. Now, let's do our presentations. Group 1, start when you are ready. | 能であり続けることができるかもしれません。では，プレゼンテーションをしましょう。グループ1のみなさん，準備ができたら，始めてください。 |

ワークシート

デジタル時代のアート

○デジタル技術が美術館に与える影響

デジタル美術館は，人々がアートと交流する方法を変えている。なぜなら美術館は　27　からである。

○デジタル美術館のはっきりと異なる特徴

美術館にとってのメリット	訪問者にとってのメリット
◆訪問者数の増加の可能性	◆アクセスが容易 ◆柔軟性のある　28 ◆詳細な　29

美術館の課題
～の必要性： ◆熱心な　30 ◆デジタルの専門家 ◆　31　の増加

問27　27　①

① are no longer restricted to physical locations（もはや物理的な場所に制限されない）
② can now buy new pieces of artwork online（今，新しいアート作品をオンラインで購入できる）
③ do not have to limit the types of art created（作成されるアートの種類を制限する必要がない）
④ need to shift their focus to exhibitions in buildings（建物内の展示に焦点を移す必要がある）

> デジタル美術館が人々とアートの関わりをどのように変えたかについては，第2段落第2文に In digital museums, visitors can experience art without the limitation of physical spaces.「デジタル美術館では，訪問者は物理的な空間に制限されることなくアートを体験できます。」とあるので，①が正解。その他の選択肢については本文中で述べられていないので，すべて不適当。

問28　28　⑥　　**問29**　29　④　　**問30**　30　③　　**問31**　31　②

① artists（芸術家）　　② budget（予算）　　③ directors（館長）
④ information（情報）　⑤ physical paintings（物理的な絵画）　⑥ visiting time（訪問時間）

> 28 と 29 はデジタル美術館の訪問者にとってのメリットを完成すればよい。これらは第2段落に述べられている。第4文に as online museums never close, visitors can stay for as long as they like「オンライン美術館は休館しないため，訪問者は好きなだけ滞在できます」とあり，これは「柔軟性のある訪問時間」に相当するので，28 には⑥が入る。第6～7文に Online exhibits enable visitors to watch videos, see the artwork from various angles, and use interactive features. This gives visitors much more specific information about each collection.「オンライン展示では，訪問者はビデオを見たり，さまざまな角度からアート作品を見たり，インタラクティブな機能を使用したりできます。これにより，訪問者は各コレクションに関するより詳細な情報を得ることができます。」とあり，specific information は detailed information と言い換えられるので，29 には④が入る。30 と 31 は，デジタル化す

るにあたっての美術館側の課題を完成すればよい。これらは第3段落に述べられている。第2文に museum directors must be eager to try this new format「美術館の館長はこの新しい形式を試みることに意欲的でなければなりません」とあり，これは「熱心な館長」に相当するので，30 には③が入る。第3文に they have to take the time to ... raise the money to buy the necessary technology「時間をかけて…必要な技術を購入するための資金を調達する必要があります」とあり，これは「予算の増加」に相当するので，31 には②が入る。

問32 32 ②

① More art museums are planning to offer free services on site for visitors with seasonal passes.
（より多くの美術館が季節パスを持っている訪問者にサイト内で無料サービスを提供することを計画している。）

② **Museums may need to maintain both traditional and online spaces to be successful in the future.**
（美術館が将来的に成功するために，従来のスペースとオンラインスペースの両方を維持する必要があるかもしれない。）

③ One objective for art museums is to get younger generations interested in seeing exhibits in person.
（美術館の目的の1つは，若い世代に展示品を直接見ることに興味を持ってもらうことだ。）

④ The production of sustainable art pieces will provide the motivation for expanding digital art museums.
（持続可能なアート作品の制作は，デジタル美術館を拡大する動機を提供するだろう。）

第4段落第2～3文に Museums will probably need to depend on income from a hybrid style of both in-person and online visitors. This kind of income could enable them to remain financially sustainable for future generations.「美術館はおそらく，実際の訪問者とオンライン訪問者の両方のハイブリッド・スタイルからの収入に頼る必要があります。この種の収入により，美術館は将来の世代のために財政的に持続可能であり続けることができます。」と述べている。これを要約した内容である②が正解。この sustainable や future generations に惑わされて，本文に出てこない③や④を選ばないようにする。第4段落第1文に Many art museums have been offering digital versions of their museums for free「多くの美術館は美術館のデジタル版を無料で提供しています」とあるが，季節パスを持っている訪問者限定とは言っていないので，①も不適当。

語句
◇ advance「進歩」
◇ limitation「制限」 *cf.* 問27 ① be restricted to ～「～に制限される」
◇ physical「物理的な」
◇ be related to ～「～に関連がある」
◇ enable O to *do*「Oが…するのを可能にする」
◇ interactive「インタラクティブな；双方向の」
◇ specific「詳細な；具体的な」 *cf.* ワークシート detailed「詳細な」
◇ be eager to *do*「しきりに…したがっている；…することに意欲的である」
◇ raise money「資金を調達する」
◇ actual「実在の；現実の」 *cf.* in person「じかに；生で」
◇ depend on ～「～に依存する；～に頼る」
◇ hybrid「ハイブリッドの；混合の」
◇ financially「財政的に；金融的に」
◇ sustainable「持続可能な」

- ◇ ワークシート　enthusiastic「熱心な」
- ◇ 問32　②　maintain「〜を維持する」
- ◇ 問32　③　objective「目的」
- ◇ 問32　④　motivation「動機」

問33　33　②

スクリプト

Our group looked at a survey of 56 art museums conducted in the fall of 2020. Many art museums are currently thinking about how to go digital. This survey specifically asked if art museums were putting their exhibition videos on the internet. Here are those survey results.

和訳

私たちのグループは，2020年秋に行われた56館の美術館の調査に注目しました。現在，多くの美術館がデジタルへの移行方法を検討しています。この調査では，美術館が展示動画をインターネットに公開しているかどうかを具体的に尋ねました。こちらがその調査結果です。

① As visitors want to see art in person, 14 museums decided that putting exhibition videos online is unnecessary.
（来場者はアートを直接見たいと考えているため，14館の美術館が展示動画をオンラインに公開する必要はないと判断した。）

② **Despite problems in finding money and staff, more than 10 museums have already put their exhibition videos online.**
（お金とスタッフを見つけるのに問題があるにもかかわらず，すでに10館以上の美術館が展示動画をオンラインに公開している。）

③ Eight museums are putting exhibition videos online, and they will put their physical collections in storage.
（8館の美術館が展示動画をオンラインで公開しており，実物のコレクションを倉庫に片づける予定だ。）

④ Most of the 56 museums want to have exhibition videos online because it takes very little effort and the cost is low.
（労力がほとんどかからずコストも低いため，56館の美術館のほとんどが，オンラインでの展示動画の公開を希望している。）

グラフのタイトルは「あなたの美術館はオンラインで展示動画を公開する予定ですか。」。グラフより「すでに公開中」の美術館が14館，「検討中」の美術館が34館，「不必要」の美術館が8館であることが読み取れる。よって，すでに展示動画をオンラインで公開している美術館は10館以上であり，なおかつ，デジタル化するにあたっての美術館の課題として，講義本体の第3段落第3文に they have to take the time to hire specialists and raise the money「美術館は時間をかけて専門家を雇い，資金を調達する必要があります」とあることから，正解は②。このようにデジタル化は労力とコストがかかるため，グラフで一番多い答えは検討中なので，④は不適当。グラフからオンライン公開が不必要と答えた美術館は14館ではなくて8館なので，①は不適当。グラフから，すでにオンライン展示を公開中の美術館は8館ではなく14館であり，また講義でも，倉庫にコレクションを片付けるといったことは言及されていないので，③は不適当。

語句
- ◇ survey「調査」
- ◇ conduct「〜を実施する」
- ◇ specifically「詳細に」
- ◇ ③　put 〜 in storage「〜を倉庫に片づける」

第6問

A

スクリプト	和訳
Raymond: Our trip is getting close, Mana!	レイモンド:僕たちの旅行が近づいてきたね,マナ!
Mana: Yes, I need to buy a new bag to protect my camera and lenses.	マナ:ええ,私はカメラとレンズを守るための新しいバッグを買わなくちゃ。
Raymond: Aren't they heavy? I'm just going to use my smartphone to take pictures. With smartphone software you can edit your photos quickly and easily.	レイモンド:重いんじゃない? 僕は写真を撮るのにスマートフォンだけ使うつもりだよ。スマートフォンのソフトウェアを使えば,写真をすばやく簡単に編集できるよ。
Mana: Yeah, I guess so.	マナ:ええ,そうだと思うわ。
Raymond: Then, why do you want to bring your camera and lenses?	レイモンド:じゃあ,どうしてカメラとレンズを持っていきたいの?
Mana: Because I'm planning to take pictures at the wildlife park. I want my equipment to capture detailed images of the animals there.	マナ:野生動物公園で写真を撮るつもりだからよ。私は私の機材でそこにいる動物の詳細な写真を撮影したいのよ。
Raymond: I see. Then, I'll take pictures of us having a good time, and you photograph the animals.	レイモンド:なるほど。じゃあ,僕らが楽しんでいる写真を僕が撮るから,君は動物の写真を撮ってよ。
Mana: Sure! I have three lenses for different purposes.	マナ:いいわよ! 私は目的別のレンズを3本持っているの。
Raymond: That's going to be a lot of stuff. I hate carrying heavy luggage.	レイモンド:それなら荷物が多くなるね。僕は重い手荷物を持ち運ぶのが嫌いなんだ。
Mana: I do, too, but since I need my camera and lenses, I have no choice. I think it'll be worth it, though.	マナ:私も嫌いだけど,カメラとレンズが必要だから,仕方ないわ。でも,それだけの価値はあると思うわ。
Raymond: I'm sure it will. I'm looking forward to seeing your pictures!	レイモンド:きっとそうだと思うよ。君の写真を見るのを楽しみにしているよ!
Mana: Thanks.	マナ:ありがとう。

問34 34 ①

問 Which statement best describes Mana's opinion?(どの説明がマナの意見を最もよく表しているか。)

① Bringing a camera and lenses on a trip is necessary.(旅行にはカメラとレンズを持参する必要がある。)
② Getting the latest smartphone is advantageous.(最新のスマートフォンを入手することは有益だ。)
③ Packing for an international trip is time-consuming.(海外旅行の荷造りは時間がかかる。)
④ Updating software on the phone is annoying.(電話でソフトウェアを更新するのはやっかいだ。)

レイモンドの1つ目の発言から,2人は近々旅行に行くことがわかる。マナは1つ目の発言で「カメラとレンズを守るための新しいバッグを買う必要がある」と言っており,旅行にカメラとレンズを持参するつもりであることがわかる。レイモンドは2つ目の発言で,「重いカメラとレンズを持って行く代わりにスマートフォンを使うこと」を提案しているが,マナは3つ目の発言で,「自分の機材(equipment)で動物の詳細な写真を撮影したい」と答えている。equipmentは集合名詞でカメラとレンズを指す。またマナは5つ目の発言でも,I need my camera and lenses「カメラとレンズが必要

だ」と言っており，旅行にカメラとレンズを持って行く姿勢に終始変わりはないので，①が正解。写真撮影にスマートフォンを使うのはレイモンドの意見なので，②は不適当。③や④のような内容は，2人とも言っていないので，③と④も不適当。

問35　35　③

問　Which of the following statements would both speakers agree with?
（2人の話者が同意するのは次の説明のうちのどれか。）

① It's expensive to repair broken smartphones.（壊れたスマートフォンを修理するには費用がかかる。）
② It's impossible to take photos of running animals.（走っている動物の写真を撮ることは不可能だ。）
③ **It's unpleasant to carry around heavy luggage.**（重い荷物を持ち歩くのは不愉快だ。）
④ It's vital for both of them to buy a camera and lenses.
（2人ともにとってカメラとレンズを買うことが極めて重要だ。）

問34で見たように，レイモンドは，旅行中の写真撮影に重いカメラではなく，スマートフォンを使うという意見である。それに対してマナは，旅行にカメラとレンズを持参する必要があるという意見であり，この点で2人の意見は異なる。2人が同意している箇所は，レイモンドの5つ目の発言の I hate carrying heavy luggage.「僕は重い荷物を運ぶのが嫌いだ。」を受け，マナも I do (=hate), too「私も嫌いだ」と賛同しているところである。したがって，③が正解。マナの5つ目の発言から，「重いのは嫌いだけれども，カメラとレンズは必要で持って行く価値がある」と考えていることを理解することが大切。残りの選択肢については，会話に出てこないので不適当。

【語句】
◇ edit「～を編集する」
◇ equipment「機材；道具」
◇ capture「～をとらえる；～を撮影する」
◇ luggage「荷物」
◇ 問34　describe「～を述べる」
◇ 問34　②　advantageous「有益な；好都合な」
◇ 問34　③　time-consuming「時間のかかる」
◇ 問34　④　annoying「イライラさせる；やっかいな」
◇ 問35　③　unpleasant「不愉快な」
◇ 問35　④　vital「極めて重要な」

B

スクリプト	和訳
Jeff：So, Sally, we have to start thinking about graduation research.	ジェフ：さて，サリー，僕たちは卒業研究について考え始めないと。
Sally：I know, Jeff.	サリー：わかっているわ，ジェフ。
Jeff：And we can choose to work together as a group or do it individually. I'm leaning towards the group project. What do you think, Matt?	ジェフ：そして，僕たちはグループで一緒にやるか，個人でやるかを選ぶことができる。僕はグループプロジェクトに傾いているけど。どう思う，マット？
Matt：Well, Jeff, I'm attracted to the idea of doing it on my own. I've never attempted anything	マット：えーと，ジェフ，僕は1人でやるという考えに引かれているよ。僕はこれまでそんなこと

like that before. I want to try it. How about you, Sally?
Sally : Same for me, Matt. I want to really deepen my understanding of the research topic. Besides, I can get one-on-one help from a professor. Which do you prefer, Aki?
Aki : I prefer group work because I'd like to develop my communication skills in order to be a good leader in the future.
Jeff : Cool. Coming from Japan, you can bring a great perspective to a group project. I'd love to work with you, Aki. Matt, don't you think it'd be better to collaborate?
Matt : Yes, it does sound fun, Jeff. Come to think of it, I can learn from other students if I'm in a group. We can work on it together. Would you like to join us, Sally?
Sally : Sorry. It's better if I do my own research because I'm interested in graduate school.
Aki : Oh, too bad. Well, for our group project, what shall we do first?
Jeff : Let's choose the group leader. Any volunteers?
Aki : I'll do it!
Matt : Fantastic, Aki!

をしたことがなかったよ。挑戦してみたいな。君はどう、サリー？
サリー：私も同じよ、マット。自分の研究テーマの理解を本当に深めたいわ。それに、教授から1対1のサポートを受けられるし。あなたはどっちがいい、アキ？
アキ：私は、将来、良いリーダーになるためにコミュニケーションスキルを伸ばしたいから、グループワークの方がいいわ。
ジェフ：かっこいいね。日本出身だから、君はグループプロジェクトに素晴らしい視点をもたらすことができるよ。僕は君と一緒にやりたいな、アキ。マット、共同で取り組む方がいいと思わない？
マット：うん、楽しそうだね、ジェフ。考えてみると、グループに入ればほかの学生から学ぶことができるよね。僕たちは一緒に取り組もうよ。僕たちに加わらない、サリー？
サリー：ごめんなさい。私は大学院に興味があるから、独自に研究する方がいいわ。
アキ：あら、残念。じゃあ、私たちのグループプロジェクトでは、まず何をしようか？
ジェフ：グループリーダーを選ぼうよ。希望者はいる？
アキ：私がやるわ！
マット：素晴らしいね、アキ！

問36 36 ①

ジェフは2つ目の発言で「グループプロジェクトに傾いている」と述べ、その後も3つ目の発言でアキに「君と一緒にやりたい」と言い、マットには「共同で取り組む方がいいと思わない？」とグループ研究を勧めている。また最後の発言で「グループリーダーを選ぼう」と述べており、ジェフは一貫してグループ研究に積極的である。アキも最初の発言で「コミュニケーションスキルを伸ばしたいから、グループワークの方がよい」と述べ、最後の発言で「自分がグループリーダーをやる」と述べているので、アキもグループ研究に積極的である。マットは最初の発言で、「1人でやることに引かれている」と単独での研究に傾いていたが、ジェフとアキの考えを聞き、2つ目の発言で「グループに入ればほかの学生から学べるので、一緒に取り組もう」と考えを変え、さらに「僕たちに加わらない？」とサリーにグループ研究を勧めている。よって、マットもグループ研究を選択している。サリーは2つ目の発言で「自分の研究テーマの理解を本当に深めたいし、教授から1対1のサポートを受けられる」と単独での研究の利点を述べている。また最後の発言で「大学院に興味があるから、独自に研究する方がいい」と述べており、サリーは一貫して単独での研究に積極的である。したがって、会話終了時に単独での研究を選択しているのはサリーだけなので、正解は①。

問37 　37　　②

① （図表）グループで作業するときの問題
② **（図表）上位3つの重要なリーダーシップ技術**
③ （図表）効果的なグループ作業の手順
④ （図表）大学院に進学する大学生

> アキは1つ目の発言で，I'd like to develop my communication skills in order to be a good leader in the future「私は，将来，良いリーダーになるためにコミュニケーションスキルを伸ばしたい」と述べているので，「上位3つの重要なリーダーシップスキル」というタイトルで，「コミュニケーション」が2位に入っているグラフは，アキの考えの根拠となる。よって②が正解。アキはグループ研究に積極的なので，「グループで作業するときの問題」というタイトルのグラフ（①）は，アキの考えの根拠とならないので不適切。大学院への進学を考えているのは，アキではなくサリーなので，「大学院に進学する大学生」というタイトルのグラフ（④）も不適当。グループ研究を始めるにあたって，まずグループリーダーを選ぶことを提案したのは，アキではなくジェフなので，「効果的なグループ作業の手順」というタイトルで，最初の工程が「グループリーダーの選出」となっている表（③）も不適切。
>
> 語句
> ◇ individually「個人的に」
> ◇ lean towards ~「(気持ちなどが) ~に傾く」
> ◇ be attracted to ~「~に引きつけられる」
> ◇ attempt「~を試みる」
> ◇ deepen「~を深める」
> ◇ besides「その上；さらに」
> ◇ one-on-one「1対1の」
> ◇ in order to do「…するために」
> ◇ Coming from Japan（= Because you come from Japan）「あなたは日本出身だから」理由を表す分詞構文
> ◇ perspective「視点；見解」
> ◇ collaborate「協力する」
> ◇ graduate school「大学院」
> ◇ 図表1　attendance「出席」
> ◇ 図表2　problem solving「問題解決」
> ◇ 図表2　coaching「コーチング」
> ◇ 図表3　establish「~を定める」

共通テスト対策 おすすめ書籍

❶ 基本事項からおさえ、知識・理解を万全に　　問題集・参考書タイプ

ハイスコア！共通テスト攻略

Z会編集部 編／A5判／定価 各1,210円（税込・予価）
リスニング音声はWeb対応

全15冊

英語リーディング	数学I・A	国語 現代文
英語リスニング	数学II・B	国語 古文・漢文

化学基礎	日本史B	現代社会
生物基礎	世界史B	政治・経済
地学基礎	地理B	倫理

ここがイイ！
英数国にはオリジナル模試付！

こう使おう！
- 例題・類題と、丁寧な解説を通じて戦略を知る
- ハイスコアを取るための思考力・判断力を磨く

---

❷ 過去問6回分で実力を知る　　過去問タイプ

共通テスト 過去問 英数国

Z会編集部 編／A5判／定価 1,760円（税込）
リスニング音声はWeb対応

収録科目
英語リーディング／英語リスニング／
数学I・A／数学II・B／国語

収録内容
2023年本試　2022年本試　2021年本試第1日程
2023年追試　2022年追試　2021年本試第2日程

ここがイイ！
最新（2023年）の追試も掲載！
追試も取り組めば、演習量が増え、
傾向をより正確につかめます！

こう使おう！
- 共通テストの出題傾向・難易度をしっかり把握する
- 目標と実力の差を分析し、早期から対策する

---

❸ 実戦演習を積んでテスト形式に慣れる　　模試タイプ

共通テスト 実戦模試

Z会編集部編／B5判　　※1 定価 各1,430円（税込）
リスニング音声はWeb対応　※2 定価 各1,100円（税込）
解答用のマークシート付

全14冊

英語リーディング ※1	数学I・A ※1	化学基礎 ※2	物理 ※1	日本史B ※1	地理B ※1
英語リスニング ※1	数学II・B ※1	生物基礎 ※2	化学 ※1	世界史B ※1	倫理、政治・経済 ※1
	国語 ※1		生物 ※1		

ここがイイ！
☑ 最新の過去問も収録！
☑ オリジナル模試は、答案にスマホを
　かざすだけで「自動採点」ができる！

こう使おう！
- 予想模試で難易度・形式に慣れる
- 解答解説もよく読み、共通テスト対策に必要な重要事項をおさえる

※表紙デザインは変更する場合があります。

---

❹ 本番直前に全教科模試でリハーサル　　模試タイプ

共通テスト 予想問題パック

Z会編集部編／B5箱入／定価 1,485円（税込）
リスニング音声はWeb対応

収録科目（6教科18科目を1パックにまとめた1回分の模試形式）
英語リーディング／英語リスニング／数学I・A／数学II・B／国語／物理／化学／化学基礎／生物／
生物基礎／地学基礎／世界史B／日本史B／地理B／現代社会／倫理／政治・経済／倫理、政治・経済

ここがイイ！
☑ 答案にスマホをかざすだけで
　「自動採点」ができ、時短で便利！
☑ 全国平均点やランキングもわかる

こう使おう！
- 予想模試で難易度・形式に慣れる
- 解答解説もよく読み、共通テスト対策に必要な重要事項をおさえる

※表紙デザインは変更する場合があります。

書籍の詳細閲覧・ご購入が可能です。▶▶▶　　検索　https://www.zkai.co.jp/books/

2次・私大対策 おすすめ書籍

Z会の本

英語

入試に必須の1900語を生きた文脈ごと覚える
音声は二次元コードから無料で聞ける!

速読英単語 必修編 改訂第7版増補版
風早寛 著／B6変型判／定価 各1,540円(税込)

速単必修7版増補版の英文で学ぶ

英語長文問題 70
Z会出版編集部 編／B6変型判／定価 880円(税込)

この1冊で入試必須の攻撃点314を押さえる!

英文法・語法のトレーニング
1 戦略編 改訂版
風早寛 著／A5判／定価 1,320円(税込)

自分に合ったレベルから無理なく力を高める!

合格へ導く 英語長文 Rise 読解演習
2. 基礎～標準編(共通テストレベル)
塩川千尋 著／A5判／定価 1,100円(税込)
3. 標準～難関編
(共通テスト～難関国公立・難関私立レベル)
大西純一 著／A5判／定価 1,100円(税込)
4. 最難関編(東大・早慶上智レベル)
杉田直樹 著／A5判／定価 1,210円(税込)

難関国公立・私立大突破のための1,200語+推測法

速読英単語 上級編 改訂第5版
風早寛 著／B6変型判／定価 1,650円(税込)

添削例+対話形式の解説で
英作文の基礎力を身につける!

必修編 英作文のトレーニング
実戦編 英作文のトレーニング 改訂版
Z会編集部 編／A5判／定価 各1,320円(税込)
音声ダウンロード付

英文法をカギに読解の質を高める!
SNS・小説・入試問題など多様な英文を掲載

英文解釈のテオリア
英文法で迫る英文解釈入門
倉林秀男 著／A5判／定価 1,650円(税込)
音声ダウンロード付

英語長文のテオリア
英文法で迫る英文読解演習
倉林秀男・石原健志 著／A5判／定価 1,650円(税込)
音声ダウンロード付

数学

教科書学習から入試対策への橋渡しとなる
厳選型問題集

Z会数学基礎問題集
チェック&リピート 改訂第2版
数学Ⅰ・A／数学Ⅱ・B／数学Ⅲ
亀田隆・髙村正樹 著／A5判
数学Ⅰ・A、数学Ⅱ・B：定価 各1,100円(税込)
数学Ⅲ：定価 1,210円(税込)

入試対策の集大成!

理系数学 入試の核心 標準編 改訂版
Z会出版編集部 編／A5判／定価 1,100円(税込)

文系数学 入試の核心 改訂版
Z会出版編集部 編／A5判／定価 1,320円(税込)

国語

全受験生に対応。現代文学習の必携書!

正読現代文 入試突破編
Z会編集部 編／A5判／定価 1,320円(税込)

現代文読解に不可欠なキーワードを網羅!

現代文 キーワード読解 改訂版
Z会出版編集部 編／B6変型判／定価 990円(税込)

基礎から始める入試対策。

古文上達 基礎編
仲光雄 著／A5判／定価 1,100円(税込)

1冊で古文の実戦力を養う!

古文上達
小泉貴 著／A5判／定価 1,068円(税込)

基礎から入試演習まで!

漢文道場
土屋裕 著／A5判／定価 961円(税込)

地歴・公民

日本史問題集の決定版で実力養成と入試対策を!

実力をつける日本史 100題 改訂第3版
Z会出版編集部 編／A5判／定価 1,430円(税込)

難関大突破を可能にする実力を養成します!

実力をつける世界史 100題 改訂第3版
Z会出版編集部 編／A5判／定価 1,430円(税込)

充実の論述問題。地理受験生必携の書!

実力をつける地理 100題 改訂第3版
Z会出版編集部 編／A5判／定価 1,430円(税込)

政治・経済の2次・私大対策の決定版問題集!

実力をつける政治・経済 80題 改訂第2版
栗原久 著／A5判／定価 1,540円(税込)

理科

難関大合格に必要な実戦力が身につく!

物理 入試の核心 改訂版
Z会出版編集部 編／A5判／定価 1,540円(税込)

難関大合格に必要な、真の力が手に入る1冊!

化学 入試の核心 改訂版
Z会出版編集部 編／A5判／定価 1,540円(税込)

書籍の詳細閲覧・ご購入が可能です。▶▶▶ Z会の本 検索 https://www.zkai.co.jp/books/

Z会の通信教育

毎月の効率的な実戦演習で
得意科目を9割突破で難関大合格へ!

専科 共通テスト攻略演習

— 6教科17科目セット　教材を毎月1回お届け —

セットで1カ月あたり **3,190円**（税込）　※「12カ月一括払い」の講座料金

セット内容：英語（リーディング・リスニング）／数学I・数学A／数学II・数学B／国語／化学基礎／生物基礎／地学基礎／物理／化学／生物／世界史B／日本史B／地理B／現代社会／倫理／政治・経済／倫理、政治・経済（12月・1月のみ出題）

専科 共通テスト攻略演習の3つのおすすめポイント

POINT 1　共通テストならではの問題に慣れることができる!

共通テストでは、全科目において、「思考力・判断力」が求められます。読解量が多いだけでなく、設定や問われていることを理解して、知識を活用して考える必要があります。早めに毎月の演習で共通テスト型の問題に慣れておけば、入試直前に焦ることなく準備を進めることができます。

共通テストならではの問題を出題し確実に得点できる力を養成!

▲数学の教材例　　▲英語の教材例

POINT 2　毎月の戦略的カリキュラムで、着実に得点力アップ!

「共通テスト対策は直前にやればいい」と思っている人がいるかもしれませんが、科目数の多さをあなどってはなりません。毎月の戦略的なカリキュラムに取り組むことで、基礎固めから最終仕上げまで無理なく力をつけていくことができます。

3〜8月　知識のヌケをなくして基礎を固めながら実戦演習も行います。
9〜11月　より実戦的な演習で、得点力を磨きます。
12〜1月　本番形式の予想問題で、9割獲得への最終仕上げを行います。

基礎固め＆弱点克服　／　得点力強化　／　最終仕上げ
3月　4月　5月　6月　7月　8月　9月　10月　11月　12月　1月
本番で9割獲得!

POINT 3　月60分の実戦演習で、効率的な「時短学習」

解いたらすぐに復習できるのが本講座の特長。全科目を毎月バランスよく継続的に取り組めるよう工夫された内容と分量で、着実に得点力を伸ばします。1科目につき月60分の実戦演習なので、忙しい受験生の「時短学習」にぴったりです。

●英数国は1授業10分の「ポイント映像」つき!
英数国は、毎月の出題に即した「ポイント映像」を視聴できます。共通テストならではの攻略ポイントや、各月に押さえておきたい内容を厳選した映像授業で、さらに理解を深めることができます。

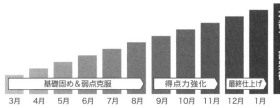

●Z会員専用Webサイト「Z会MyPage」で視聴できます。

必要な科目を全部対策できる 6教科17科目セット

*12月・1月は、共通テスト本番に即した学習時間（解答時間）となります。
※2022年度の「共通テスト攻略演習」と同じ内容を含みます。

英語（リーディング）
学習時間（問題演習） 60分×月1回*

3月	情報の検索
4月	情報の整理
5月	情報の検索・整理
6月	概要・要点の把握①
7月	概要・要点の把握②
8月	テーマ・分野別演習のまとめ
9月	速読速解力を磨く①
10月	速読速解力を磨く②
11月	速読速解力を磨く③
12月	直前演習1
1月	直前演習2

英語（リスニング）
学習時間（問題演習） 30分×月1回*

3月	情報の聞き取り①
4月	情報の聞き取り②
5月	情報の比較・判断など
6月	概要・要点の把握①
7月	概要・要点の把握②
8月	テーマ・分野別演習のまとめ
9月	多めの語数で集中力を磨く
10月	速めの速度で聞き取る
11月	1回聞きで聞き取る
12月	直前演習1
1月	直前演習2

数学Ⅰ・数学A
学習時間（問題演習） 60分×月1回*

3月	数と式、2次関数
4月	データの分析
5月	図形と計量、図形の性質
6月	場合の数と確率
7月	整数の性質
8月	テーマ・分野別演習のまとめ
9月	日常の事象～もとの事象の意味を考える～
10月	数学の事象～一般化と発展～
11月	数学の事象～批判的考察～
12月	直前演習1
1月	直前演習2

数学Ⅱ・数学B
学習時間（問題演習） 60分×月1回*

3月	三角関数、指数・対数関数
4月	微分・積分、不等式
5月	図形と方程式
6月	数列
7月	ベクトル
8月	テーマ・分野別演習のまとめ
9月	日常の事象～もとの事象の意味を考える～
10月	数学の事象～一般化と発展～
11月	数学の事象～批判的考察～
12月	直前演習1
1月	直前演習2

国語
学習時間（問題演習） 60分×月1回*

3月	評論
4月	文学的文章
5月	古文
6月	漢文
7月	テーマ・分野別演習のまとめ 1
8月	テーマ・分野別演習のまとめ 2
9月	図表から情報を読み取る
10月	複数の文章を対比する
11月	読み取った内容をまとめる
12月	直前演習1
1月	直前演習2

化学基礎
学習時間（問題演習） 30分×月1回*

3月	物質の構成（物質の構成、原子の構造）
4月	物質の構成（化学結合、結晶）
5月	物質量
6月	酸と塩基
7月	酸化還元反応
8月	テーマ・分野別演習のまとめ
9月	解法強化～計算～
10月	知識強化1～文章の正誤判断～
11月	知識強化2～組合せの正誤判断～
12月	直前演習1
1月	直前演習2

生物基礎
学習時間（問題演習） 30分×月1回*

3月	生物と遺伝子 1
4月	生物と遺伝子 2
5月	生物の体内環境の維持 1
6月	生物の体内環境の維持 2
7月	生物の多様性と生態系
8月	テーマ・分野別演習のまとめ
9月	知識強化
10月	実験強化
11月	考察力強化
12月	直前演習1
1月	直前演習2

地学基礎
学習時間（問題演習） 30分×月1回*

3月	地球のすがた
4月	活動する地球
5月	移り変わる地球
6月	大気と海洋
7月	宇宙の構成、地球の環境
8月	テーマ・分野別演習のまとめ
9月	資料問題に強くなる1～図・グラフの理解～
10月	資料問題に強くなる2～図・グラフの活用～
11月	知識活用・考察問題に強くなる～探究活動～
12月	直前演習1
1月	直前演習2

物理
学習時間（問題演習） 60分×月1回*

3月	力学（放物運動、剛体、運動量と力積、円運動）
4月	力学（単振動、慣性力）、熱力学
5月	波動（波の伝わり方、レンズ）
6月	波動（干渉）、電磁気（静電場、コンデンサー）
7月	電磁気（回路、電流と磁場、電磁誘導）、原子
8月	テーマ・分野別演習のまとめ
9月	解法強化 ～図・グラフ、小問対策～
10月	考察力強化1 ～実験・考察問題対策～
11月	考察力強化2 ～実験・考察問題対策～
12月	直前演習1
1月	直前演習2

化学
学習時間（問題演習） 60分×月1回*

3月	結晶、気体、熱
4月	溶液、電気分解
5月	化学平衡
6月	無機物質
7月	有機化合物
8月	テーマ・分野別演習のまとめ
9月	解法強化～計算～
10月	知識強化～正誤判断～
11月	読解・考察力強化
12月	直前演習1
1月	直前演習2

生物
学習時間（問題演習） 60分×月1回*

3月	生命現象と物質
4月	生殖と発生
5月	生物の環境応答
6月	生態と環境
7月	生物の進化と系統
8月	テーマ・分野別演習のまとめ
9月	考察力強化1～考察とその基礎知識～
10月	考察力強化2～データの読解・計算～
11月	分野融合問題対応力強化
12月	直前演習1
1月	直前演習2

世界史B
学習時間（問題演習） 60分×月1回*

3月	古代の世界
4月	中世～近世初期の世界
5月	近世の世界
6月	近・現代の世界1
7月	近・現代の世界2
8月	テーマ・分野別演習のまとめ
9月	能力別強化1～諸地域の結びつきの理解～
10月	能力別強化2～情報処理・分析の演習～
11月	能力別強化3～史料読解の演習～
12月	直前演習1
1月	直前演習2

日本史B
学習時間（問題演習） 60分×月1回*

3月	古代
4月	中世
5月	近世
6月	近代（江戸後期～明治期）
7月	近・現代（大正期～現代）
8月	テーマ・分野別演習のまとめ
9月	能力別強化1～事象の比較・関連～
10月	能力別強化2～事象の推移／資料読解～
11月	能力別強化3～多面的・多角的考察～
12月	直前演習1
1月	直前演習2

地理B
学習時間（問題演習） 60分×月1回*

3月	地図／地域調査／地形
4月	気候／農林水産業
5月	鉱工業／現代社会の諸課題
6月	グローバル化する世界／都市・村落
7月	民族・領土問題／地誌
8月	テーマ・分野別演習のまとめ
9月	能力別強化1～資料の読解～
10月	能力別強化2～地形図の読図～
11月	能力別強化3～地誌～
12月	直前演習1
1月	直前演習2

現代社会
学習時間（問題演習） 60分×月1回*

3月	私たちの生きる社会／青年期
4月	政治
5月	経済
6月	国際政治・国際経済
7月	現代社会の諸課題
8月	テーマ・分野別演習のまとめ
9月	分野別強化1～現代社会の諸課題～
10月	分野別強化2～政治～
11月	分野別強化3～経済～
12月	直前演習1
1月	直前演習2

倫理
学習時間（問題演習） 60分×月1回*

3月	青年期の課題／源流思想1
4月	源流思想2
5月	日本の思想
6月	近・現代の思想1
7月	近・現代の思想2／現代社会の諸課題
8月	テーマ・分野別演習のまとめ
9月	分野別強化1～源流思想・日本思想～
10月	分野別強化2～西洋思想・現代思想～
11月	分野別強化3～青年期・現代社会の諸課題～
12月	直前演習1
1月	直前演習2

政治・経済
学習時間（問題演習） 60分×月1回*

3月	政治1
4月	政治2
5月	経済
6月	国際政治・国際経済
7月	現代社会の諸課題
8月	テーマ・分野別演習のまとめ
9月	分野別強化1～政治～
10月	分野別強化2～経済～
11月	分野別強化3～国際政治・国際経済～
12月	直前演習1
1月	直前演習2

倫理，政治・経済
学習時間（問題演習） 60分×月1回*

3月	
4月	
5月	
6月	※[倫理][政治・経済]を個別に学習。
7月	
8月	
9月	
10月	
11月	
12月	直前演習1
1月	直前演習2

Z会の通信教育「共通テスト攻略演習」のお申し込みはWebで

Z会 共通テスト攻略演習 検索

https://www.zkai.co.jp/juken/lineup-ktest-kouryaku-s/

Z会の映像

自宅で何度でもトップレベルの授業が受けられる

「Z会の映像」は、東大をはじめとする難関大入試を知り尽くした精鋭講師陣による渾身の授業。質の高い授業で、考え方・解き方の根本からスマートな解答の書き方まで、志望大合格につながる力を身につけられます。

個別試験対策に！　東大・難関大対策講座

塾さながらの映像授業が、1講座から自宅で受講できます。質の高い授業で、志望大合格につながる力を身につけられます。

通年受講（一括受講）：1年分の学習内容が見放題！

視聴できる授業 ▶ 本科0期　春期講習　本科Ⅰ期　夏期講習　本科Ⅱ期　冬期講習　直前講習

最難関大合格シリーズ

主要科目の講座をセットにした講座です。1講座ごとの受講に比べ、断然お得です。

特典　受講者にはもれなく、要点確認映像授業見放題の特典付きです。

共通テスト対策に！　共通テスト対策映像授業

Z会オリジナルテキストと精鋭講師陣による解説で、難関大合格に必要な得意科目で9割突破をめざします。

※テキストは、「Z会の通信教育」[専科] 共通テスト攻略演習に準拠しています。
※本冊子『実戦模試』とは問題の重複はありません。

基礎固めに！　要点確認映像授業

理系数学・理科・歴史の基本知識をインプットできるセット講座。1カ月あたり990円（税込）で、自宅にいながら、946本の映像授業をいつでも視聴できます。

※各科目の単元や分野をさらに細分化した10分程度の映像授業です。
※テキストはありません。
※本講座は3カ月単位（2,970円（税込））、通年受講（9,405円（税込））でのご受講となります。

 詳細・サンプル映像・お申し込みはWebへ

Z会の映像　[検索]　https://www.zkai.co.jp/vod/